O Coração Inteligente

O Coração Inteligente

As Leis do Amor
PODEM MUDAR
A SUA VIDA

David McArthur
Bruce McArthur

Tradução
MARTA ROSAS

EDITORA PENSAMENTO
São Paulo

Título do original:
The Intelligent Heart

O primeiro número à esquerda indica a edição, ou reedição, desta obra. A primeira dezena
à direita indica o ano em que esta edição, ou reedição, foi publicada.

Edição	Ano
1-2-3-4-5-6-7-8-9	00-01-02-03-04-05

Direitos de tradução para a língua portuguesa
adquiridos com exclusividade pela
EDITORA PENSAMENTO LTDA.
Rua Dr. Mário Vicente, 374 — 04270-000 — São Paulo, SP
Fone: 272-1399 — Fax: 272-4770
E-mail: pensamento@cultrix.com.br
http://www.pensamento-cultrix.com.br
que se reserva a propriedade literária desta tradução.

Impresso em nossas oficinas gráficas.

DEDICATÓRIA

Este livro é dedicado a Bruce McArthur. Sua constante busca pela compreensão das Leis Universais foi seu princípio e seu empenho por viver a lei foi sua paixão. O coração desta obra é o interesse que ele sempre teve pelos semelhantes, do qual nasceu seu esforço pioneiro para trazer a lei à forma escrita. Quando alguém vive a lei, torna-se a lei. Fui abençoado com a dádiva de ser seu filho e discípulo, e por ela sou profundamente grato.

ÍNDICE

AGRADECIMENTOS

Minha mulher, Kathryn, com sua paciência, fé e amor, foi uma tremenda fonte de força e estímulo, sem a qual este livro não existiria. Nossos filhos, Lisa, Peter e Anna, há muitos anos vêm me ensinando a lei e são um inesgotável manancial de amor, alegria e realização.

Há várias pessoas cujo interesse e colaboração afetaram este livro ao longo dos anos. Pelas diversas contribuições, minha sincera gratidão a Cheryl Ramos, Helen Pohlman, Shirley Keller e Thora e Weaver Hess. Agradeço especialmente a Deborah Rozman, Sara Paddison e Doc Lew Childre por sua colaboração, apoio e inspiração, e a toda a equipe do HeartMath por saber demonstrar tão bem a força, a inteligência e o calor do coração. Agradeço ainda a Kieth VonderOhe e a Kathleen Prata por seu talento como editores.

Muita gente estudou as leis e compartilhou comigo sua experiência de vida, contribuindo assim para que a minha compreensão aumentasse. Agradeço, de todo o coração, a todos aqueles cujas experiências são aqui relatadas, direta ou indiretamente.

Meu arrimo, inspiração e mestre foi meu pai, Bruce, que divide comigo a autoria deste livro. Seu empenho em dar às leis uma expressão clara foi uma inspiração não apenas para minha vida como também para este texto. Minha mãe, Charlotte McArthur, deu-nos seu apoio constante, acompanhando-nos em nossa jornada e elevando nosso raciocínio e compreensão a um plano mais alto. Ela é também criadora desta obra, tanto quanto eu e meu pai.

Para mim, é realmente uma bênção ter tido a oportunidade de conhecer as leis na companhia de seres tão maravilhosos.

INTRODUÇÃO

Caro leitor,

Ofereço a você a dádiva que me foi concedida. A primeira parte dessa dádiva consistiu em compreender como realmente criamos nossa vida. Essa parte, eu a recebi há um bom tempo e a achei muito frustrante. Acabei percebendo que meu verdadeiro desejo não fora satisfeito com a simples compreensão do modo como eu havia criado minha própria vida. O que eu gostaria mesmo de saber era como transformar a vida que tinha criado. Foi a compreensão da transformação, a segunda parte da dádiva, que teve real valor para mim. É ela que espero poder compartilhar com você, ainda que só um pouquinho, por meio desta obra.

Este livro é o resultado de muitas coisas maravilhosas que sucederam em minha vida e me levaram a aprofundar-me no estudo e na vivência das Leis Universais. Meu interesse no processo da transformação humana conduziu-me a um amplo exame dessas leis. Nele, contei com o apoio, a orientação e o incentivo de meus pais, Bruce e Charlotte McArthur. Seu apoio e companheirismo nessa busca imprimiram-lhe uma riqueza e uma rapidez que eu não teria encontrado sozinho. Nós sempre fomos abertos à exploração de formas de conhecimento e percepção diferentes. Ao resgatá-los para nossa experiência e conhecimento comuns, consegui evitar perder-me na massa dos conceitos espirituais e seus diversos planos de consciência.

O pioneiro nesse campo foi Bruce McArthur. Foi ele quem reconheceu que as revelações encontradas nos textos do médium Edgar Cayce estavam muito acima do plano de conhecimento espiritual que encontrávamos nos diversos mestres e líderes espirituais que líamos. Além da excepcionalmente alta qualidade dos dons mediúnicos de Cayce, há uma razão específica para a excelência que nele encontramos: seu conhecimento se concentrava na prática. Ele lidava com pessoas que tinham perguntas, dificuldades e desafios reais na sua vida e utilizava o conhecimento de que dispunha para ajudá-las a resolvê-los. Nisso é que está também o problema de trabalhar com seu material: não se trata de uma argumentação coerente que explique conceitos aos leitores; cada situação diz respeito à pessoa que solicitava ajuda. A grande vantagem é que não é um material teórico, mas algo que deve ser utilizado, aplicado e vivido. A chave para chegar à sabedoria armazenada nesses textos é fruto dos anos de pesquisa que Bruce e Charlotte investiram em sua leitura. Na última vez que olhei na sala de estudo da sua casa vi seis grandes armários e diversas estantes só para essa pesquisa, além de inúmeros livros de sabedoria espiritual de todas as correntes.

Juntei-me a eles nesse esforço e procurei testar as leis conforme as compreendia. O maior de todos esses testes foi acompanhar pessoas comuns em sua aplicação e observar se as leis resultavam em verdadeira transformação para elas. Algumas dessas experiências são apresentadas aqui.

Essas experiências, nas quais as pessoas aplicaram as Leis da Transformação principalmente pela prática do amor, foram profundamente gratificantes e caracterizaram-se por uma força que vai além do que eu posso descrever neste livro. Como são, na maioria, pessoais, não estou autorizado a compartilhá-las. Algumas se repetem com tamanha freqüência que foram aqui condensadas e apresentadas como histórias compostas, em vez de pertinentes a uma só pessoa. Onde eu relato situações com nomes verdadeiros, as pessoas citadas consentiram expressamente em compartilhar com você suas experiências. Enquanto acompanhava essas pessoas em sua vivência e aplicação das leis (e, ao mesmo tempo, as testava em minha própria vida), sua ordem e sua clareza foram ficando evidentes. É a partir dessas observações da vida, assim como da pesquisa sobre a perspectiva de outros, que me proponho dividir com você essa compreensão das Leis da Transformação.

Em nossa pesquisa, descobrimos que muitos mestres mencionam as leis, embora poucos as definam ou categorizem. Decidimos dar início a nosso estudo a partir do conhecimento daqueles que o fazem, sem, todavia, incluir neste trabalho as diversas definições que encontramos. Isso representaria em si mesmo um trabalho distinto. Na maioria das vezes, utilizamos as classificações encontradas nas leituras de Cayce. Em outras, usamos o título e a definição que acreditamos serem os mais precisos e adequados à compreensão do leitor.

Um esboço preliminar das Leis Universais surgiu no livro *Your Life: Why It Is the Way It Is and What You Can Do About It*, de Bruce McArthur, publicado pela A.R.E. Press. Essa obra concentra-se principalmente nas Leis de Causa e Efeito, por meio das quais criamos a maior parte de nossa experiência de vida. Elas condicionam nossos pensamentos, sentimentos, convicções e atos. Tenho a esperança de que você lerá também *Your Life*. Enquanto trabalhávamos com essas leis, Bruce e eu passamos a compreender a importância das Leis da Transformação. É por intermédio dessas grandes leis transformadoras que encontramos a realização e conseguimos dar os saltos de consciência que nos libertam das limitações mundanas e impulsionam as nossas mais sublimes criações. Este livro trata dessas leis maravilhosas e da incrível vivência do amor que constitui sua fonte.

Ao longo dos últimos anos, nossa compreensão das leis deu um salto quântico, desde que começamos a trabalhar com Doc Lew Childre e seu Institute of HeartMath, em Boulder Creek, na Califórnia. Childre vem coletando dados científicos que tiram a transformação do âmbito do mito e a situam na realidade. Sua compreensão das leis e da natureza dimensional de seu funcionamento foi de valor inestimável para nós. Ele nos ajudou a abandonar muitos conceitos que limitavam nossa visão do poder das Leis da Transformação e a aprender como elas realmente operam, fazendo-nos testá-las em nossa própria vida. Com sua sabedoria, ele simplificou a aplicação dessas leis tão complexas.

Bruce e eu trabalhamos algum tempo fazendo cada um uma parte deste livro. Em seguida, quando começamos a fazer os ajustes nos textos que havíamos escrito para reuni-los em um só volume, tivemos de parar devido à súbita progressão de um câncer com o qual Bruce vinha lutando havia alguns anos. Pensando agora, sua doença — que resultou em sua transição do plano terreno — propiciou à nossa família a oportunidade de aprender como colocar essas leis em prática numa de suas formas mais elevadas. Parte da dádiva que veio desse período foi a compreensão de que aquilo que ele tinha no corpo não era uma criação kármica, mas sim a opção que sua alma fizera para finalizar a jornada de sua vida.

A preparação deste livro concedeu-me ainda outra dádiva muito especial: a de poder ler o que meu pai escrevera e trazer suas introvisões até você. Este livro é, de fato, um trabalho "nosso". Nossas contribuições individuais o perpassam do início ao fim. A não ser nos trechos em que Bruce conta certos incidentes pessoais, mantive o texto em primeira pessoa sem distinguir o autor. Ambos estudamos minuciosamente essas leis e facilmente falaríamos delas a uma só voz.

De todo o coração, oferecemos a você essas leis simples e, no entanto, infalíveis, que trazem em si o potencial para criar uma experiência de vida de tremenda significação, alegria e realização. Desfrute-as.

David McArthur
Junho de 1997

SOBRE A UTILIZAÇÃO DAS LEITURAS DE EDGAR CAYCE

A Association for Research and Enlightenment, Inc. (A.R.E.), é uma organização cujos membros dedicam-se ao estudo e à utilização das leituras de Cayce.

Para fins de referência e para preservar o anonimato, cada pessoa responsável por uma leitura recebeu também um número, de forma que a leitura leva esse número, em vez do nome da pessoa. Por exemplo, a leitura número 3902-2 corresponde à pessoa que tem o número 3902. Essa leitura específica é a segunda que ela recebeu de Cayce, conforme indica o "-2" acrescentado depois do número da pessoa.

Ao ditar o texto das leituras, Cayce às vezes usava linguagem bíblica arcaica. A fim de torná-la mais fácil de entender, fomos autorizados pela A.R.E. a substituir os arcaísmos por seus equivalentes atuais. Essas substituições não alteram o sentido da mensagem. Nesses casos, acrescentou-se a abreviatura RA ("Revisão de Arcaísmos") ao número de referência da leitura.

Em outros casos, para maior clareza, eu parafraseei uma leitura. O número então é seguido da letra P ("Paráfrase").

Capítulo 1

As Leis Universais

"Quando tal Ahimsa (puro amor) torna-se abrangente, transforma tudo aquilo que toca. Não há limite para seu poder."

M. K. Gandhi[1]

EXISTE ORDEM EM MEU CAOS?

O conceito de que existem leis que regem a vida não é novo. Esse pensamento subjaz ao paradigma científico que estuda a ordem no mundo físico e o modo como as coisas se relacionam por meio de um sistema de leis. Mas e os fatos e experiências de nossa vida? E a forma como se inter-relacionam? Eles também são regidos por leis? Existem causas para os eventos que estão sob nosso controle? Somos nós mesmos os arquitetos de nossa vida, ou simplesmente seus ocupantes?

Por eras, nós, seres humanos, temos acreditado que desempenhamos um papel em nosso destino. Percebemos que a qualidade e a natureza de nossas ações determinam o tipo de vida que temos. E no entanto há muitas questões que surgem quando observamos o que nos acontece na vida. Eu causei tudo isso, ou fui mais uma das incontáveis vítimas dos caprichos do destino? Se eu fui o fator determinante no que me aconteceu, como poderia ter reagido para que minha vida melhorasse e alguns de meus desejos se realizassem? Essas questões têm me fascinado e se tornaram o principal objeto de estudo em minha vida.

Há muitas referências a leis que nos regem a vida. A literatura sacra, os escritos de místicos e filósofos e muitos aspectos da sabedoria popular reconhecem a existência dessas leis. As leituras do médium Edgar Cayce constituem também um *corpus* de informação particularmente fértil para o exame mais profundo desse conceito de lei. Em estado de transe, o sr. Cayce diagnosticava doenças, sugeria tratamentos e descrevia as condições físicas que provocavam as doenças das pessoas. Ele também lhes explicava como suas experiências de vida eram resultantes de sua interação com aquilo que ele chamava de leis que lhes regiam a vida. Ele falava do que elas realmente eram, Leis Universais, e de como se aplicavam à situação de cada pessoa. Suas leituras deram-me a oportunidade de ver essas leis em ação, à medida que entravam em jogo na vida de gente que tentava dar conta dos desafios do dia-a-dia.

Comecei a estudar as Leis Universais nas leituras de Cayce e nos escritos de outros grandes mestres numa tentativa de responder a algumas de minhas questões a respeito de "por que" as coisas aconteciam em nossa vida. O que causava nossos êxitos e fracassos, alegrias e satisfações? Realmente, as Leis Universais explicavam como criamos nossa vida. À medida que a compreensão disso se tornava mais clara, descobri que o conhecimento dessas leis representava uma dádiva ainda maior — a chave para transformar qualquer situação que enfrentemos em algo pleno de sentido e realização. Essa transformação é resultado de uma alteração fundamental na percepção de uma experiência. Ela às vezes é tão profunda que as pessoas conseguem transformar uma situação que parece fragilizadora em algo significativo e fortalecedor.

Essa mudança fundamental é viabilizada por um determinado conjunto de leis: as Leis da Transformação. Edgar Cayce descreveu muitas delas e ajudou diversas pessoas a aplicá-las para elevar a qualidade de sua experiência de vida. No trecho transcrito a seguir, ele ensina como o trabalho com essas leis conduz ao crescimento pessoal e a novas oportunidades:

> Deixa que a lei do *Senhor*, como *tu a conheces* em teu coração, *seja* a *regra* de *tua* vida — e de teu comércio com o próximo! Então descobrirás que o crescimento da mente espiritual, da mente mental, do corpo físico abrirá caminho para ti, dia após dia.[2] (601-11)

É principalmente dessas leis, as Leis da Transformação, que trata este livro. Porém abordaremos também um plano mais elementar de lei, chamado de Leis de Causa e Efeito, para entender por que ou como se cria uma situação. Pelas Leis de Causa e Efeito, podemos entender nosso papel na criação de nossa vida. Todavia, são as Leis da Transformação que nos dão a fiança para sair da prisão — a saída para as dificuldades e limitações que criamos na vida. Elas nos dão a oportunidade de ganhar uma perspectiva mais elevada e significativa, permitindo-nos vencer nossas dificuldades e tornando nossa experiência plena de realização.

Nos últimos anos, surgiu uma grande contribuição para a compreensão das Leis da Transformação e de seu modo de operação. Essa contribuição provém de recentes avanços na ciência que explicam as mudanças verificadas em nossos sistemas fisiológico, psicológico e eletromagnético quando pomos as Leis da Transformação em prática. Além das mudanças subjetivas que vivenciamos em termos de sentimento, perspectiva, clareza e inteligência, podemos ver também os dados objetivos dessas transformações na freqüência cardíaca, na pressão sangüínea, nos sistemas respiratório e imunológico e no espectro eletromagnético.

As imagens arquetípicas da literatura popular, as mentes privilegiadas dos maiores mestres do mundo inteiro, os dons mediúnicos de pessoas como Edgar Cayce e as descobertas da ciência moderna nos ajudam a compreender como discernir essas leis que transformam nossa vida. Mas o verdadeiro teste delas é a sua própria vida. Já que este livro descreve essas leis e as técnicas para pô-las em prática, seja você mesmo o cientista e ponha-as à prova. Elas transformam sua experiência?

Edgar Cayce descreveu essa prova que, creio, todos devemos fazer à medida que aprendemos sobre a vida e como vivê-la. Ele disse:

> (...) pois a Ele, a Suas leis, tudo deve convergir; quanto mais as praticarmos (...), maiores as bênçãos que recairão sobre o ser, maiores talvez as bênçãos *do* ser que recairão sobre os outros. (2906-1) RA

AS LEIS UNIVERSAIS

Uma das coisas mais importantes sobre as Leis Universais é que elas não são fruto do acaso. Elas são tão confiáveis e imutáveis quanto as da física. Sempre funcionam.

> Uma Lei Universal é um princípio da criação que vigora em todas as etapas da vida e existência da humanidade, para todos os seres humanos em toda parte, todo o tempo.[3]

Um exemplo de Lei Universal em vigor no plano físico é a da refração da luz através de um prisma. Enquanto estou aqui sentado, a luz do sol está batendo na janela onde foi colocado um prisma. As leis da ótica agem no sentido de fragmentar o raio de luz e projetá-lo sob a forma das várias cores do espectro do arco-íris sobre a parede. Posso interferir, mediante as leis da ótica, para aumentar a nitidez desse arco-íris pela qualidade e limpidez do prisma que utilizo. O prisma age da mesma forma para minha filhinha, que não entende as leis da ótica. Quando ela o expõe à luz, vários arco-íris aparecem.

Graças ao meu conhecimento, sei como colocá-lo na janela, limpá-lo e posicioná-lo. Porém, quando o faço, ele não funciona por eu ser bom ou mau, inteligente ou bobo. Ele não julga minhas intenções. Ele funciona porque as leis da ótica são parte das Leis Universais e se aplicam de igual maneira a todas as pessoas, em toda parte, todo o tempo.

Neste livro, examinamos as Leis Universais por meio das quais criamos nossas experiências de vida. Há muita gente que nunca ouviu falar nelas e que provavelmente questionaria sua existência. O mesmo ocorreu com as leis da ótica em certo momento. Nada disso importa à lei. Ela rege nossa vida de modo perfeito, quer acreditemos nela, quer não. Ao contrário das leis feitas pelos homens, não podemos revogá-las. Elas vigoram sempre. O que nos cabe é optar ou não por conhecê-las e usá-las em nossa vida de uma forma construtiva.

AS LEIS DE CAUSA E EFEITO

Ao descobrir como aplicar as Leis da Transformação, é bom saber como as Leis Universais fazem nossas experiências de vida se manifestarem. Muitas pessoas têm noção disso, mas de uma forma casual. Todos nós reconhecemos que as Leis de Causa e Efeito são os pilares de nossa vida. Reconhecemos também a lei que afirma que "o semelhante cria o semelhante" — quando dizemos que "colhemos o que semeamos" — e que "o semelhante atrai o semelhante" — quando dizemos "cada qual com seu igual".

Ensinamos nossos filhos a cultivar certas qualidades de caráter porque sabemos que a qualidade de sua personalidade vai determinar a qualidade de sua experiência de vida. Contamos inúmeras histórias cujos ensinamentos morais ilustram a convicção de que nossos atos determinam a maneira como somos tratados. Temos em alta conta ensinamentos como "não faças a outrem o que não queres que te façam" porque reconhecemos que é isso que, na verdade, ocorre. Essas convicções não se restringem à cultura ocidental, mas estão disseminadas em todo o mundo.

Embora haja amplo reconhecimento dessas leis em nossa sociedade, pouco se tenta descrevê-las em suas relações entre si. Uma das obras que o fazem é *Your Life*, que explica em profundidade as Leis de Causa e Efeito, bem como sua relação com as Leis da Transformação. Vejamos duas das mais elementares dentre essas leis.

A LEI DA ORIGEM
"O semelhante cria o semelhante"

Aquele que não confia o bastante não merecerá confiança.

Eles não discutem, e assim ninguém discute com eles.

O sábio jamais tenta acumular posses.
Quanto mais ele faz pelos outros, mais tem para si.
Quanto mais ele dá aos outros, maior é a sua prosperidade.

Lao-Tsé

Assim como as galinhas dão origem a galinhas, e cavalos a cavalos, nossos atos dão origem a atos semelhantes que retornam para nossa vida. Em seu sentido mais elementar, a Lei da Origem afirma que aquilo que fizermos ao próximo será feito a nós. Nossos atos algum dia nos serão devolvidos, as emoções que expressamos nos serão expressas, e as condições que criamos para os outros serão as mesmas que criarão para nós. Essa lei é também a força por meio da qual sentimentos, pensamentos e convicções que guardamos se tornam parte de nossa experiência de vida. Ela determina muitos dos atos, atitudes e condições que fazem parte de nossa situação atual na vida.

Lembra-te — isto é como as leis imutáveis:
Assim como fizeres aos outros, será feito contigo. Assim como gostarias que os outros agissem contigo, age com eles.
Isso se aplica seja entre familiares ou apenas conhecidos; a qualquer tipo de contato. (1688-9)RA

Todos nós já vivemos a experiência de oferecer amizade sincera a uma pessoa e ganhar a mesma amizade em troca. Entretanto, também podemos lembrar de pessoas com quem agimos amigavelmente e que não agiram assim conosco. Todos já amamos e recebemos amor em troca, mas também amamos sem ser correspondidos. A lei não diz que a pessoa a quem expressamos algo nos devolverá a mesma coisa. Ela apenas diz que o que expressarmos nos será devolvido. Há quase sempre uma certa defasagem de tempo nessa lei.

HAROLD

Harold era um colega de sala de aula que ia fazer uma apresentação à classe naquele dia. Sua apresentação foi excelente, e, quando acabou, ele se colocou à disposição dos presentes para responder perguntas. Qual não foi sua surpresa quando um de nossos colegas reagiu a essa apresentação com uma súbita explosão de raiva que parecia totalmente despropositada. "Por que será que ele fez isso?", Harold me perguntou após a aula. Ele provavelmente queria dizer: "O que será que há de errado com esse colega?", pensando que a explosão fora tão injusta que ele mesmo não tinha nada que ver com ela, era apenas uma vítima.

Eu o fiz lembrar do que aconteceu mais ou menos meia hora antes da aula começar, quando Harold pensava em sua iminente apresentação. Concentrado como estava, ele não percebeu as brincadeiras que nós, seus amigos, estávamos fazendo. Um dos colegas puxou a cadeira de Harold antes de ele se sentar. Harold reagiu com uma explosão de raiva inadequada para as circunstâncias. Enquanto refletia sobre isso, vi que essa reação irracional e até mesmo sua intensidade lhe foram devolvidas exatamente da mesma forma que ele as havia manifestado sessenta minutos antes.

Harold havia vivenciado um exemplo da Lei da Origem, que lhe trouxe o mesmo tipo de reação que ele havia dirigido ao amigo. Conforme essa lei, nossos atos e atitudes para com os outros nos são devolvidos por alguém cuja disposição mental e emocional contém um componente semelhante àquele que expressamos inicialmente.

A LEI DA ATRAÇÃO
"O semelhante atrai o semelhante"

Já lhe aconteceu de estar numa sala quando entrou alguém cheio de alegria e felicidade? Quase todos os presentes começam a sentir e expressar mais alegria e felicidade também. É como se a felicidade de uma pessoa trouxesse à tona a dos outros. Todos começam a rir e a falar de coisas alegres.

Lembro-me de uma ocasião em que estava no trabalho, sentindo muita raiva nesse dia. Então chegou uma colega que era sempre positiva e alegre e começou a conversar animadamente com o pessoal. Eu me arrepiava só de pensar que ela poderia dirigir a palavra a mim. Sua vibração de felicidade era incompatível com a minha, de negatividade. Eu quase podia sentir a alegria ser arrancada de dentro de mim. Era a Lei da Atração em plena ação. Como eu não estava disposto a abrir mão de meu "baixo-astral", senti mesmo vontade de escapar à influência dela. Então inventei uma desculpa para ir continuar o trabalho que estava fazendo em outro lugar.

Esse é um exemplo muito simples da Lei da Atração. Acontece tanto que chegamos a achar que é lugar-comum. Somos atraídos por quem tem atitudes e interesses semelhantes aos nossos. Os que gostam de fofocar costumam ficar juntos; os esportistas, os caçadores e os filósofos também acabam formando seus grupos. Como diz o ditado, "cada qual com seu igual".

A Lei da Atração se descreve, em palavras simples, como "o semelhante atrai o semelhante". Normalmente penso nela como a Lei do Reflexo. Compreendendo-a, podemos olhar para trás e ver como tudo representa um reflexo de algum aspecto de nós mesmos. Algo dentro de nós que se apresenta como afim às situações exteriores verificadas age no sentido de atraí-las. Para isso ser verdade, é evidente desde já que essa lei não opera simplesmente em planos superficiais. Nossa vida está normalmente cheia de pessoas e situações variadas, algumas aparentemente muito diferentes do modo como percebemos a nós mesmos. Para compreender como funciona a máxima "o semelhante atrai o semelhante", devemos reconhecer que não apenas os planos mentais conscientes, mas também os subconscientes, se refletem em nossa experiência.

RUTH — SENTIMENTOS DESCONHECIDOS SE MANIFESTAM

Ruth se esforçara muito para conseguir comunicar-se bem com a sogra, por quem tinha respeito e admiração. Um dia, viu-se alvo de uma tirada venenosa da parte dela. Tentando entender o fato, perguntou a um mestre que compreendia as Leis Universais por que isso tinha acontecido. Ela tinha conhecimento da Lei da Origem, segundo a qual vivenciamos aquilo que fazemos aos outros. Mas afirmava, com toda a sinceridade, que não havia jamais demonstrado nem raiva nem hostilidade como aquelas a ninguém.

O mestre explicou-lhe que a Lei da Origem tem uma contraparte, a Lei da Atração, e que esta funciona no sentido de atrair para nós emoções e situações que refletem aquilo que guardamos no íntimo. Não bastava não manifestar a raiva. Se estivesse prendendo essa raiva, acabaria atraindo para sua vida a raiva de outras pessoas. Ao examinar mais detidamente seus próprios sentimentos, reconheceu que estava guardando em si uma raiva muito grande em relação à sogra e às figuras maternas em geral. E então começou a trabalhar a cura dessa raiva.

MUDANDO O QUE CRIAMOS

Os pensamentos, sentimentos, convicções e atitudes que acalentamos na mente e no coração criam as situações que nos surgem na vida segundo a Lei da Atração. Os atos que cometemos voltam a nós pela Lei da Origem. É fácil ver que a única forma de mudar nossa vida é mudando esses pensamentos e sentimentos. Mas, embora talvez seja fácil chegar a essa conclusão, fazer essa mudança não é tão fácil. Tentei de todas as maneiras controlar meus pensamentos e mudar algumas de minhas maiores convicções. Infelizmente, eles mudam quando eu me concentro neles e voltam à forma anterior quando minha concentração hesita, o que normalmente acontece em um ou dois minutos.

Imagine por um momento que você seja um fabricante de automóveis e que esteja vendendo um carro que produziu. Você descobre que muitas das idéias que usou para a fabricação desse carro não eram boas, do ponto de vista estrutural, e que parte do material empregado apresentava defeitos. Você não iria querer então, naturalmente, fazer um outro carro, melhor, no qual pudesse aplicar os novos conceitos e o material de melhor qualidade que descobriu? O mesmo acontece conosco quando começamos a aprender mais sobre o modo como construímos nossas experiências de vida: naturalmente desejamos atingir maior eficácia na criação de uma vida que expresse nossa capacidade interior.

Em decorrência das Leis de Causa e Efeito, vemo-nos diante de cada aspecto daquilo que criamos, pois atraímos para nossa vida os efeitos de nossos pensamentos, sentimentos, convicções e atos, de maneira que possamos aprender com aquela situação, encontrar uma reação superior e expressar o poder criador de nossa reação. A cada reação à nossa antiga criação, temos a chance de criar algo ainda maior. Com isso, podemos a cada instante reconstruir aquilo que criamos.

As Leis de Causa e Efeito são uma forma muito sábia de conhecer o nosso poder criador. Mas e se tivermos cometido o mesmo erro dez vezes? Será que precisamos repeti-lo tanto, mesmo que possamos aprender a lição na quinta vez? Temos de enfrentar cada um de nossos medos para mudar nosso sistema de crenças e convicções? Um fabricante de automóveis joga fora os projetos antigos quando cria um modelo novo. Às vezes ele projeta um carro inteiramente novo, em vez de simplesmente refazer o antigo. Pode ser que, usando as Leis de Causa e Efeito para mudar nossa vida, tenhamos a impressão de estar fazendo um carro novo ao substituir um parafuso que quebra ou uma peça cujo defeito descobrimos. À medida que o vamos reformando, ficamos com peças novas no mesmo carro velho.

Felizmente, a sabedoria que estabeleceu as Leis Universais da consciência criou também uma maneira de aprendermos não só a *não repetir* nossos erros, mas também a projetar um carro novo e daí partir para um avião. O sistema de leis que nos dá a oportunidade de promover mudanças substanciais em nosso padrão criador é o das Leis da Transformação.

Comecemos nosso exame dessas leis com duas experiências: a primeira, de mudança drástica, demonstra claramente o poder de uma outra ordem da lei em ação; a segunda ilustra a transformação comum, cotidiana, daquele tipo que realmente determina a qualidade de nossa experiência de vida a cada minuto. Ambas envolvem uma mudança decorrente da ação das Leis da Transformação.

MARTHA

Martha sofria de fadiga crônica. Precisava de um esforço imenso para fazer o que quer que fosse. Além disso, sofria de uma doença nervosa que lhe causava um mal-estar constante. Com dietas e exercícios, chegou a controlar os efeitos desses problemas até conseguir viver dentro de um mínimo de normalidade. Mas, ainda assim, ansiava um dia ter boa saúde e energia. Martha procurava enfrentar sua situação com uma atitude positiva e confiante, mas as dificuldades pareciam não ter fim.

Na tentativa de entender o que se passava e de descobrir maneiras de ajudar a si mesma, Martha leu, pesquisou e refletiu bastante. Como seu desejo era autêntico, ela teve uma profunda experiência interior. Certa noite, em vez de cansada, sentiu-se estranhamente desperta, muito tranqüila e relaxada. Começou a rever fatos de sua vida como se guiada por, segundo sua própria definição, uma "presença como a de Jesus". Martha não apenas se sentiu amada, mas sentiu também amor sincero por aqueles com quem compartilhava sua vida. Depois dessa experiência, revigorada e com energia de sobra, saiu e contou aos amigos o que havia acontecido naquela noite. Martha descobriu que estava curada — em vez da doença, tinha saúde, disposição, a sensação de que há propósito na vida e toda uma nova alegria de viver.

Muita gente venceu problemas semelhantes ao de Martha e promoveu a própria cura mudando gradualmente seus padrões de raciocínio, compreendendo suas reações emocionais e optando por outras diferentes. Ao perceber que o modo como pensamos, sentimos e agimos influi diretamente — devido às Leis de Causa e Efeito — sobre nossa experiência de vida, essas pessoas se valeram desse conhecimento para melhorar gradativamente a própria saúde, tendo a coragem de abandonar o velho modo de perceber as coisas e mudá-lo a cada dia, a cada nova experiência. Num dia, havia um problema; no outro, não havia mais. Qual a diferença entre a experiência de Martha e a dos demais? A diferença é que ela vivenciou as Leis da Transformação. Restavam ainda partes de sua antiga criação a alterar, mas ela as enfrentou com uma nova disposição, uma disposição que lhe dava a saúde e a energia que lhe eram negadas pelo que ela havia criado anteriormente.

Muitos dos casos de transformação rápida das situações de doença para situações de saúde, nas quais as limitações emocionais, mentais e até físicas aparentemente desaparecem, são resultado da ação das Leis da Transformação. Nos capítulos seguintes, teremos oportunidade de conhecer as experiências de muitas pessoas enquanto analisamos essas leis notáveis, que parecem mudar virtualmente o passado e proporcionar um novo presente e um novo futuro.

Apesar de ser útil sabermos que as mudanças drásticas e fulminantes como as de Martha são possibilitadas pelas Leis da Transformação, na maioria das vezes aquilo de que precisamos é mais simples, embora não menos importante. Hoje os cientistas afirmam que o que têm maior impacto sobre o nosso bem-estar são as experiências de cada momento, a forma como reagimos às pequenas coisas do dia-a-dia. Pesquisas sobre a medicina, a psicologia e o *stress* revelam que o acúmulo de reações a pequenas e sucessivas situações estressantes está por trás de cerca de 75% das consultas ao médico. Conhecido por *stress* crônico, ele é responsável por fragilizar o corpo, a mente e o espírito.

É a tensão de não encontrar os sapatos do filho justamente na hora de levá-lo à escola, de chegar atrasado ao trabalho, de enfrentar um engarrafamento na via expressa, de deparar com 87 mensagens de e-mail ao sentar-se diante do computador ou de não poder deixar de comparecer a uma reunião urgente que vai atrasar ainda mais a entrega de um projeto. Esses fatos não têm

nada de extraordinário; são coisas comuns do dia-a-dia. Porém eles se suce-
dem, se acumulam e roubam nossa energia, nosso prazer, nossa saúde e o sentido e a qualidade de nossa vida. É aqui que a aplicação das Leis da Transformação é mais importante.

A MULHER NA PONTE

Eu vivo no interior, numa região de montanhas. A estradinha que liga minha casa à estrada principal acompanha um rio por um quilômetro e meio, mais
ou menos. Aí cruza uma pontezinha e depois sobe até a rodovia principal. Um
dia em que estava muito atrasado para o trabalho, fiz o percurso da estradinha
mais rápido que o habitual e logo cheguei à ponte. Minha mulher vinha bem
atrás de mim em seu carro.

Um velho ônibus Volkswagen descia o morro em direção à ponte, mas eu
já havia cruzado três quartos da sua extensão quando ele chegou à cabeceira.
Minha mulher continuava me seguindo. Ao parar o ônibus, a motorista não
deixou espaço para que saíssemos da ponte; em vez disso, ela nos fechou a saída. Não havia como cruzar a ponte. Paramos para não bater no ônibus e espe-
rávamos que ela nos desse passagem. Mas ela ficou ali parada. Levei alguns instantes até compreender que aquela motorista não nos deixaria passar. Pensei
em saltar e conversar com ela (se é que eu conseguiria conversar!), mas não
havia tempo. Acenei para minha mulher, indicando-lhe que desse marcha à
ré, e voltamos os dois para a outra margem do rio. A mulher cruzou a ponte e
passou por nós, e foi assim que pudemos chegar ao trabalho.

Enquanto dirigia, sentia raiva e frustração por aquela experiência ridícu-
la que acabara de ter. A verdade é que ela nos havia custado apenas dois minutos e seria insignificante no cômputo geral do dia. Entretanto, não conseguia
parar de pensar nela. Analisava-a de diferentes ângulos e imaginava as frases
que devia ter dito à motorista.

Sei que meus pensamentos e atitudes têm profunda influência em minha
vida. Disse a mim mesmo que devia parar de pensar naquilo. Porém, como
vocês mesmos devem saber, continuava pensando e sentindo a mesma irrita-
ção que sentira antes, o que deflagrava as reações físicas estressadas que esses
pensamentos e sentimentos provocam. Enquanto isso acontecia, os hormônios
que transbordavam em meu organismo literalmente aceleravam meu processo
de envelhecimento e reduziam minha capacidade de raciocinar com clareza.
Por sorte, existem técnicas de uso das Leis da Transformação que nos permi-
tem provocar mudanças no organismo e libertar-nos da tirania dos padrões cir-
culares e repetitivos de raciocínio.

Depois de usar as técnicas que dão acesso às Leis da Transformação, percebi de repente que aquela era uma manhã belíssima. Estava dirigindo em meio

a uma floresta, e os raios de sol que penetravam pela copa das árvores eram de uma beleza rara. Então entreguei-me à alegria daquela manhã ensolarada e ao prazer de libertar-me da cadeia de meus próprios pensamentos e de minha reação emocional.

Essa constitui uma aplicação bastante simples das Leis da Transformação. Entretanto, a mudança — a transformação instantânea do *stress* e da frustração em serenidade, beleza e clareza — não é um feito pequeno nem insignificante. Cada momento de nossa vida determina a sua qualidade total e nosso senso de realização. A capacidade de transformar o momento é um objetivo a que se dedicam religiosos, filósofos e sábios há séculos e séculos. É por meio das Leis da Transformação que atingimos essa mudança.

O restante deste livro enfocará principalmente as Leis da Transformação, como a Lei do Amor (Capítulo 3), a Lei da Doação (Capítulo 6), a Lei do Perdão (Capítulo 7), A Lei Mestra dos Relacionamentos (Capítulo 9), a Lei da Fé (Capítulo 10) e as Leis da Misericórdia e do Equilíbrio (Capítulo 11). Entretanto, me deterei também em outras Leis Universais fundamentais, como a Lei da Sabedoria (Capítulo 8), a Lei da Unidade (Capítulo 12) e a Lei da Graça (Capítulo 13). Para ajudar os leitores a compreender ainda mais as Leis Universais e a pôr em prática a transformadora Lei do Amor, foram incluídos os capítulos sobre a sintonização (4) e sobre a aprendizagem do amor (5).

No próximo capítulo ofereço um pouco da minha experiência pessoal na pesquisa e no estudo das leis, na esperança de esclarecer um pouco a importante dinâmica das Leis Universais. Apresento também o trabalho de Doc Lew Childre, cujas idéias me ajudaram a entender por que as Leis da Transformação podem atuar com tanta força na vida de cada um.

Capítulo 2

Descobrindo as Dimensões da Lei

UMA JORNADA PESSOAL

Minha jornada de descoberta pessoal não é muito diferente da de ninguém; pelo menos não mais do que seria se fôssemos a um mesmo local por caminhos distintos. Poderíamos percorrer rotas, cidades e paisagens diversas. Mas, na essência, estaríamos viajando por planícies e montanhas e conhecendo os habitantes dessas regiões. Minha jornada me leva repetidas vezes à exploração das leis e a uma compreensão que cresce e muda a cada experiência. Ao longo dessa jornada, questionei essas leis, trabalhei com elas, desacreditei delas e as ensinei. A esta altura, posso oferecer-lhe uma visão dessas leis como as entendo agora, intercalando-a de detalhes pessoais de minha jornada nos capítulos devotados às leis específicas.

UMA PERCEPÇÃO INFANTIL

Muitos de nós tiveram momentos na infância em que entraram em contato com a presença divina. Não julgamos esse fato extraordinário porque ele não o era; eram apenas momentos belos e cheios de amor. Nesses momentos de simplicidade, o coração se enchia de vida e nos permitia ver, embevecidos, toda a pungente e exuberante beleza da vida.

Lembro-me de um desses momentos. Eu teria uns doze anos, estava enchendo um balde de água e alimentando meu cavalo, sentindo muito prazer em minha tarefa. É impossível descrever o grau de plenitude que havia em meu coração, e no entanto esse estado era absolutamente simples; nada tinha de cósmico, nem se tratava de um estado alterado de nenhuma espécie. Era mais como estar integral, prazerosa e completamente presente em meio à ação do amor divino.

Voltando àquele momento, vejo que percebia não só o amor mas também a ordem das leis. Subconscientemente, sabia que essa ordem sustentava minha vida e trabalhava amorosamente a meu favor. É claro que isso não fazia parte da minha compreensão de criança. A percepção que eu tinha da lei então era apenas uma sensação que agora posso evocar, um entendimento que mal transpunha a superfície daquele momento em que meu coração estava ali por inteiro. Muitos anos depois, numa palestra no centro dedicado a Cayce, na Virginia, tive a oportunidade de conhecer Everett Irion, um dos mais eminentes intérpretes da sabedoria do médium. Ele descreveu a ordem que Edgar Cayce havia atribuído às Leis Universais, e eu fui tomado por aquela mesma sensação, a força do amor divino agindo para ensinar-me e fazer-me amadurecer e cuidar de mim mesmo.

Aquela palestra ocorreu quando eu era estudante. Ao longo de minha vida, tentei aprender mais sobre essas leis, pô-las à prova. Os conceitos desafiavam o mundo que eu via. O mundo parecia feito apenas de bem e mal, de sim e não, de injustiça e de uma grande necessidade de luta para fazer triunfar a ordem e a justiça. Escolhi o direito como profissão com o objetivo de participar dessa luta.

PERDA E DOR

Antes de minha formatura veio meu primeiro e maior teste. Minha mulher e eu havíamos participado de um grupo de meditação e vivíamos envolvidos com a família e a criação de nosso bebê, Lisa. Eu estava para me formar, e ela trabalhava como professora substituta, cumprindo o prazo para ser efetivada no cargo. A vida era boa, plena e bela. Então um dia tudo acabou. Um homem com um revólver tirou a vida de minha mulher e deixou-me a perda, o luto e uma profunda confusão, e eu passei a enxergar a vida com os olhos da dor.

Os conceitos que pregam que Deus é onipresente e cheio de bem-aventurança pareciam vazios de sentido e legitimidade. Entretanto, quando pensava em minha vida e na dor que sentia por mim mesmo, por minha filhinha e por nossas famílias, algo dentro de mim exigia que eu procurasse alcançar uma outra compreensão de minha realidade; que eu não deixasse que a dor fosse minha única verdade. Compreendo agora que, num genuíno questionamento interior, invoquei a grande Lei da Sabedoria (Capítulo 8). Na época, era apenas um desejo de conhecer a verdade. Parte daquele desejo consistia em perdoar se pudesse, mas o mais importante era concentrar-me no amor que minha mulher e eu tínhamos vivido e no amor por minha filha. Eu não devia cedê-los à dor nem à raiva.

UMA NOVA PERCEPÇÃO

Para algumas coisas, a compreensão que eu almejava não tardou; para outras, demorou alguns anos. Cerca de dois meses depois da morte de minha mulher, minha percepção sofreu uma mudança que constituiu a base onde eu pude construir uma nova compreensão daqueles fatos e da vida.

Eu me levantara do chão onde estava brincando com Lisa, que acabara de completar seu primeiro ano. Sentei numa cadeira e olhei para ela, desejando que pudesse ter ainda presentes em sua vida o grande amor e o carinho que sua mãe lhe havia dedicado. De repente percebi que ela continuava a brincar como se houvesse alguém ali com ela. Ela se virava, como se reagindo à presença de outra pessoa, e depois recuava e ria, como se estivesse sendo tocada. Por quinze ou vinte minutos ela continuou brincando, como tantas vezes eu a vira brincar com a mãe, enquanto eu a observava com alegria incrédula. Eu sabia que ela estava vivendo um momento em que sua mãe pudera atravessar as portas da percepção sensorial comum e estar ali com ela por inteiro, numa realidade especial aberta a ela, porém invisível para mim.

Então fui tomado por uma onda de amor. Foi tão profunda e abrangente que agora, enquanto escrevo, anos depois, ainda posso senti-la no corpo e no espírito. Foi a experiência de um amor puro — pessoal e muito além do pessoal. Eu soube que era amado, completa, incondicional e eternamente. Soube que aquela era a verdadeira realidade do ser, a minha e a de todo mundo. Não era algo racional, era vivenciado, eu simplesmente sabia.

Hoje compreendo um pouco dessa mudança de consciência. Uma nova percepção da vida se abriu para mim a partir do meu coração, do meu amor pela minha filha e da resposta do incrível poder do amor divino. Vivi por um instante em outra dimensão da realidade, na qual não a dualidade do nosso mundo, mas a presença da sabedoria e do amor infinito é que é a verdadeira realidade da vida. Não era uma dimensão à parte, separada do meu mundo e das minhas experiências de vida, mas sim uma dimensão à qual eu ainda não sabia como ter acesso. No entanto, ela se abrira porque meu anseio, meu interesse e meu carinho haviam posto em ação as Leis da Transformação.

Compreendi que os trágicos eventos que nos tinham tomado de surpresa eram parte de outra criação que eu não enxergava claramente, mas cuja bondade e presença agora sentia. Nos meses que se seguiram, muitas novas percepções e compreensões vieram a mim, de dentro e de fora. Passei a enxergar a morte de minha mulher a partir de uma outra perspectiva espiritual. Comecei a ver de forma diferente tanto aquela experiência como minha própria vida: como o resultado de muito amor e carinho que se punham em ação para atingir um objetivo com o qual todos concordávamos. O resultado disso foi uma visão muito pessoal das Leis Universais que eu usara para criar minha experiência de vida. Um resultado adicional foi a expansão da vivência do amor, do carinho, da aprendizagem e da boa vontade em minha vida, já que eu buscava conscientemente viver de acordo com o propósito dessas leis.

Alguns anos mais tarde, outra parte do pedido que eu fizera naquele momento com Lisa foi atendida. Uma mulher maravilhosa, que trouxe muito amor não só para mim como também para Lisa, entrou em nossa vida. Por muitos anos ela tem sido minha esposa e mãe para Lisa. Fui abençoado com a graça de ver a oração que fiz por minha filha naquele dia ganhar expressão em todos os planos.

Seria inadequado dizer que a experiência da morte não deixou nenhuma dor. Anos depois, quando conversava com Lisa, pude compreender que a perda da mãe roubou-lhe uma felicidade que jamais foi reposta. Ela construiu uma vida com significado, que contém uma felicidade própria. Mas aquela perda permanece. Para mim, houve a libertação da perspectiva do bem e do mal, à medida que buscava uma perspectiva superior. Nessa busca, minha dor foi curada em 99%, e minha realidade tornou-se a realidade do amor que está na base de todas as nossas criações. E o 1% restante? Persiste como uma emoção pungente e ao mesmo tempo suave em minha vida.

A CARREIRA DE ADVOGADO

Como advogado, participava de uma luta para tornar a vida melhor. Passei seis anos praticando a lei dos homens, a maior parte dos quais no Novo México, ajudando a encontrar soluções ambientalmente sustentáveis para a deterioração cada vez maior da qualidade do ar daquele belo Estado. Além disso, tentava pôr fim à difundida prática da fraude na seara do direito de propriedade rural, que ameaçava uma ecologia já fragilizada e roubava as economias de cidadãos de todo o país. Esses foram anos produtivos, da perspectiva tridimensional (de orientação exterior). Minha atividade me levava aos mais variados locais, desde a Suprema Corte dos Estados Unidos até o alto das chaminés de imensas usinas geradoras, encontrando no caminho pobres e ricos, gente que arcava com o custo do agudo desinteresse pelo outro que existe em nossa sociedade. Vi o quanto custa viver a partir de uma perspectiva tridimensional muito estreita: ganhar, perder, certo, errado, meus direitos... Passei a acreditar que de nada valia toda a sabedoria espiritual que conhecera e estudara durante todos aqueles anos se ela não representasse uma verdadeira mudança na vida das pessoas, até mesmo no plano físico.

Tive a oportunidade de ver as Leis Universais em ação em diversas situações. Enquanto as analisava e avaliava minha vida, percebi que estava no extremo dos efeitos, em vez de estar no extremo das causas da vida. As mudanças que fora capaz de promover no sistema legal dos homens provinham das tentativas de pessoas que buscavam mais harmonia dentro de si mesmas; de pessoas que davam ouvidos ao coração, e não apenas a um contracheque ou a uma perspectiva de ascender na política ou no poder. Percebi que a única verdadeira resposta para o meio ambiente dependia de uma mudança no meio ambiente interior, por assim dizer. E para aprender isso, tive não só as experiências que vivi nesses anos, mas também a visão de uma outra perspectiva.

AS LEIS AO LONGO DO TEMPO

Passei quase seis semanas trabalhando-me interiormente para tentar diminuir minhas alergias. Sabia que elas eram de fundo emocional; então comecei a investigar minhas emoções. Sem nenhum outro estímulo senão o pedido de um amigo para que eu olhasse mais para dentro de mim mesmo, as recordações de muitas vidas passadas na Terra se ofereceram a mim. Na maioria delas, lembrava-me de ter sido vítima da guerra, da doença, da escravidão, da violência, da fome e do abuso. Detive-me na análise da razão de tanto sofrimento e descobri que, em minhas primeiras experiências na Terra, usava meu poder pessoal para disseminar a miséria humana em todas essas formas. Quando busquei soluções para dar fim a esse ciclo, descobri vidas nas quais as pessoas haviam começado a partilhar comigo a experiência do interesse e da doação. Timidamente, comecei a ajudar os outros. Meu papel como vítima começava a acabar, ao mesmo tempo que nascia um propósito significativo.

Vi as leis em plena ação. Descobri que a vida, a longo prazo, é justa, que é na vida que nos encontramos e que, para mudar nossa vida, precisamos mudar a nós mesmos. Este era o desígnio das Leis Universais: permitir-nos, como co-criadores, conhecer a natureza de nossas criações e fazer-nos entrar em harmonia com o sublime propósito da vida por meio do interesse e do amor que há em nosso coração.

A partir dessas experiências, recordações interiores e observações, eu analisei o sentido de meu papel no mundo e decidi ir em busca de um caminho de transformação. Aos trancos e barrancos, entrei para o ministério.

O MINISTÉRIO, LABORATÓRIO DAS LEIS

Como ministro na Igreja da União é que comecei meu verdadeiro aprendizado. Eu atendia um grupo grande de pessoas que partilhavam comigo sua vida. Elas estavam trabalhando com as Leis Universais do modo como as entendiam, e eu as assisti com meu próprio entendimento. Tive o privilégio de ver a vida delas desabrochar à medida que punham as leis em prática. Às vezes, elas funcionavam como eu esperava; às vezes eu não conseguia entender os resultados e tinha de fazer uma análise mais profunda. Nesse processo, meu pai, Bruce, que também era fascinado pela declaração de Cayce das Leis Universais, juntou-se a mim. Ele e minha mãe pesquisaram a fundo as leis e as leituras de Cayce, enquanto eu me concentrava em estudar diferentes sistemas espirituais e padrões de comportamento. Todas as religiões do mundo reconheciam as leis, mas seus ensinamentos eram, na maioria, aplicações particulares, e não propriamente declarações das leis.

Foi como ministro que descobri a natureza dimensional das leis, os planos ordenados em que operam. Via as pessoas que enfrentavam algum problema aplicarem uma lei a sua vida. Elas amavam, perdoavam, oravam, perguntavam, afirmavam, buscavam pensamentos positivos, doavam ou ajudavam os outros. Enquanto eu observava, duas diferenças logo ficaram evidentes: a primeira é que determinadas leis acarretavam mudanças maiores e mais rápidas que outras. Percebi então que essas eram as Leis da Transformação. Elas transferiam a pessoa de um lugar na criação em que ela estava presa para uma experiência totalmente nova. As mais lentas eram as Leis de Causa e Efeito. Elas demonstravam uma relação mais linear entre a causa da mudança e o efeito sentido. As Leis de Causa e Efeito, embora trouxessem mudanças, demoravam muito mais para fazê-las manifestar-se plenamente.

AS DIMENSÕES E AS LEIS

Mesmo em se tratando de leis transformadoras, certas aplicações traziam resultados melhores e mais rápidos que as outras. Buscando compreender essa dinâmica, Bruce e eu procuramos o Institute of HeartMath, onde recorremos à sabedoria de Doc Lew Childre, seu fundador. Foi ele quem nos deu a chave para entender essa diferença de energia transformadora. A resposta está no fato de as Leis da Transformação nos colocarem em contato com planos superiores de energia dimensional.

O conceito de dimensão ajuda a compreender por que as Leis da Transformação agem num plano diferente e com eficácia distinta dos de outras leis, como as Leis de Causa e Efeito. Ele explica também algumas experiências minhas com as leis que me fizeram chegar a esta obra. Por isso, farei uma rápida digressão para compartilhar com você um conceito simples de inteligência e energia dimensional.

UMA OBSERVAÇÃO SOBRE A INTERPRETAÇÃO DE DIMENSÕES

A Lei do Amor (Capítulo 3) é a lei primária da transformação. A Lei do Amor é: "O amor transforma"; e, quando se ama sinceramente e com todo o coração, a transformação ocorre em diversos níveis do ser, conforme veremos no capítulo seguinte. Conhecendo um pouco mais os níveis de inteligência divina (dimensões) que a Lei do Amor nos oferece, nós transportamos sua operação do reino do mistério para o mundo de funcionamento ordenado ao qual pertencem as leis. O amor que se sente fundo no coração é o código de acesso a dimensões superiores de energia e inteligência. Quando falamos de dimensões, estamos simplesmente descrevendo níveis ordenados de inteligência que estão disponíveis para todos nós.

A TERCEIRA DIMENSÃO

Todos nós estamos acostumados à existência tridimensional. É nela que os aspectos físicos ou tridimensionais da vida constituem nossa realidade predominante — as necessidades físicas de alimentação e abrigo e os prazeres e receios associados ao mundo físico. O amor e o carinho existem sob formas importantes na terceira dimensão, como o suprimento das necessidades físicas da vida e a experiência dos maravilhosos prazeres do mundo material. A maioria dos seres humanos vive nessa realidade. Quando nos concentramos na realidade tridimensional, nossa percepção é muito dualista: bem e mal, certo e errado, vencedor e perdedor.

Essa dimensão constitui um excelente teste para nossa espiritualidade: ela introduz a transformação no plano físico da experiência? Ela torna nossa vida mais satisfatória e significativa? Nossa espiritualidade nos ajuda a cuidar da família e do próximo e a manifestar nossos objetivos individuais de maneira concreta?

A QUARTA DIMENSÃO INFERIOR

Os níveis da inteligência de quarta dimensão podem ser vistos em três aspectos básicos: inteligência da quarta dimensão inferior, média e superior. Na experiência da quarta dimensão inferior, o indivíduo se conscientiza de que há outros aspectos na vida tão importantes quanto suas próprias preocupações com as coisas da terceira dimensão. Aqui a consciência social desperta: cooperação com os demais, preocupação com os que têm fome, com a preservação do meio ambiente e do planeta e com o bem-estar da comunidade. As pessoas despertam para a percepção de que não somos seres separados, mas sim interdependentes, e assumem uma responsabilidade que vai além de si mesmas, para com o todo.

Entretanto, os interesses relativos à terceira dimensão não desaparecem. Na verdade, os níveis da quarta dimensão são cumulativos, cada um incluindo o precedente. O que muda a cada elevação de plano é nossa compreensão e nossa forma de perceber a vida, o que, por sua vez, muda tudo que tem sentido, valor e importância primários para nós. Uma inteligência de natureza distinta orienta as opções, as compreensões e percepções da vida em cada plano.

A QUARTA DIMENSÃO MÉDIA

Na quarta dimensão média, chegamos à compreensão de que é a partir de nosso interior que criamos nosso mundo. Grande parte do nosso trabalho de aprender a aceitar-nos e a aplicar as Leis de Causa e Efeito, que agem essencialmente a partir da mente, acontece neste plano. Muitas experiências e ensinamentos religiosos encontram-se aqui. Neste plano, rituais e processos convidam-nos a trabalhar sobre nós mesmos e a mudar, e assim mudar nosso mundo a partir do interior. O processo psicológico é em grande medida uso de inteligência da quarta dimensão média. Esse plano é muito importante porque assumimos a responsabilidade pelo que criamos e nos concentramos ativamente em nossa vida interior, na qual podemos liberar bloqueios e descobrir nossos maiores poderes criadores. Os fenômenos mediúnicos e o estudo do que está além do físico, incluindo os conhecimentos ancestrais, encontram-se também nessa energia dimensional.

A dificuldade relacionada à energia dessa dimensão envolve um processo muito intenso, do qual pouco se manifesta no mundo tridimensional. Nós estamos sempre tentando elucidá-la, assimilá-la, conhecê-la, orar por ela. Conseguimos mudar nossa relação com ela, seja ela o que for, mas essa mudança nem sempre traz grandes alterações a nossas vidas. Os avanços funcionam para nós como demonstrações, mas não como mudanças substanciais em tempo real que sejam sustentáveis. Não podemos pôr a culpa em nada do que fazemos nesse plano. Essa é a maneira como a energia se estrutura na quarta dimensão média. Essa energia não penetra com facilidade na densidade da terceira dimensão. Por isso, é preciso muito trabalho e tempo para promover as mudanças, e muitas vezes temos a impressão de dar um passo à frente e dois para trás.

A QUARTA DIMENSÃO SUPERIOR

A energia da quarta dimensão superior é muito diferente. Ela penetra na terceira dimensão e relaciona-se com ela com facilidade. É rápida, incisiva e não implica muito processamento. Como é capaz de penetrar na terceira dimensão, sua inteligência é muito eficaz em promover a manifestação de nossos valores e ideais. Ela é forte em seu propósito, e, quando agimos de acordo com sua inteligência, conseguimos manifestar nosso objetivo. Ela transforma nossa experiência de Deus, ou presença divina, numa experiência viva, ativa e aplicada, e não simplesmente contemplativa. Ela é eficaz e poderosa.

A experiência de amor que acompanha a quarta dimensão superior tem calor e carinho, mas não é piegas. Em vez disso, ela é transformadora. Em vez de processar, ela transforma. Quem tem mais afinidade com a quarta dimensão média é aéreo, desligado e tem dificuldade de relacionar-se com o mundo.

Já quem tem mais afinidade com a quarta dimensão superior tem energia, tem os pés no chão e capacidade de enfrentar a vida. Jesus falou sobre ela quando disse: "Estou no mundo, mas não sou deste mundo." Se Ele tivesse falado sobre a energia da quarta dimensão média, provavelmente teria dito: "Não estou no mundo e não quero ser deste mundo."

A inteligência da quarta dimensão superior vê as coisas de uma perspectiva mais ampla e toma atitudes práticas para trazer soluções e promover mudanças. Ela é, muitas vezes, bastante direcionadora, e o termo que mais freqüentemente se poderia associar a ela é "bom senso". Em minhas experiências com a inteligência da quarta dimensão média, a orientação mais comum era "paciência, tenha fé". A orientação que recebo da quarta dimensão superior é "faça isso", "experimente aquilo", "esta forma de abordar a questão seria melhor". Jesus deu mostras de possuir a energia da quarta dimensão superior e da quinta dimensão. Ele não induzia as pessoas ao conhecimento nem à análise de si mesmas para curá-las — dizia simplesmente: "Cura-te", e a cura se fazia.

A QUINTA DIMENSÃO

Quando entendemos a inteligência da quinta dimensão, é mais fácil conceptualizar a energia da quarta dimensão superior. Nessa inteligência, o critério está no uso eficaz da energia. Ela manifesta o desígnio divino sem alimentar os egos envolvidos. A frase bíblica para essa energia é: "Deus não deve respeito aos homens." Na inteligência pentadimensional, não há essa história de "ficar pensando nas coisas". Elas simplesmente são feitas. Um exemplo da entrada dessa energia na Terra está na queda do Muro de Berlim e no colapso da União Soviética. Essas coisas não foram planejadas. Ninguém esperava que acontecessem. Não houve um processo de mudança. Houve uma mudança de freqüência. As freqüências na consciência de massa que as sustentariam saíram de cena, não porque fossem boas ou más, mas porque já não eram úteis para um número representativo de pessoas ou para o desígnio divino.

Uma das razões para que pessoas de todos os tipos no mundo inteiro estejam sentindo que a vida se acelera e vivenciando mudanças vertiginosas é o fato de haver mais energia de quarta dimensão superior e quinta dimensão penetrando na Terra. O resultado disso é que precisamos da eficácia maior da inteligência quadridimensional superior para enfrentar com êxito essas mudanças. Quando não temos acesso a esses planos de energia, sofremos a tensão de não estar em harmonia com o desígnio divino. Sentimos o *stress* se acumular em nosso mundo e em nossos corpos.

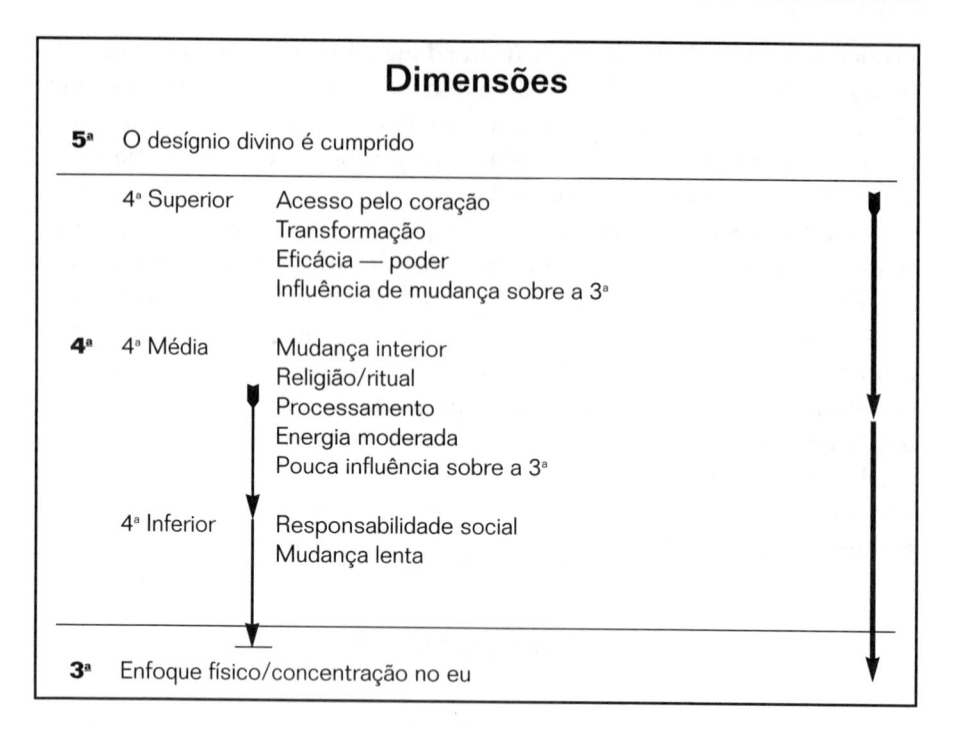

Figura 2A

CÓDIGO DE ACESSO

No mundo da informática, muitas vezes é preciso usar uma senha, ou código de acesso, normalmente um número ou frase, para poder trabalhar com um sistema de computador. Quando se conhece a senha, pode-se obter a informação que está armazenada lá; do contrário, nada feito. A senha para a inteligência quadridimensional superior é o amor. É ele a freqüência suprema da quarta dimensão superior e da quinta dimensão. A Lei do Amor é a chave que torna possível trazer esse poder transformador para nossa vida. O amor é a senha para cada um de nós e toda a humanidade. Contamos com milênios de existência na Terra e com inúmeros grandes mestres para ajudar-nos a transformar nosso mundo em um mundo baseado na consciência e na inteligência do amor sincero. O tempo de que dispomos para realizar essa transformação está se esgotando. Já é hora de levá-la a cabo. Isso só pode acontecer por intermédio do amor. A chave para o amor é o coração. É por ele que a inteligência espiritual das dimensões mais elevadas penetra no sistema humano.

À medida que nos detivermos para analisar a Lei do Amor e as demais leis transformadoras, voltaremos ao coração, pois ele é o ponto a partir do qual as leis são invocadas. Você lerá a respeito de processos e técnicas que se baseiam mais na energia da quarta dimensão média (mais processamento), bem como sobre técnicas mais simples, mais eficazes, que promovem uma ligação direta com as freqüências intrínsecas ao coração, entrando, assim, em contato com a inteligência da quarta dimensão superior.

Essas diferenças não são melhores nem piores. Em diferentes momentos, diferentes técnicas serão aconselháveis na tentativa de transformar sua experiência. Se você quiser ir até Chicago, poderá ir pelas rodovias expressas ou pelas estradas secundárias. Serão viagens distintas, paisagens diferentes ao longo do caminho. Às vezes, a viagem é tão importante quanto o destino. Muitas vezes, ela acaba em Chicago. Mas muitas vezes as pessoas se perdem nas estradas secundárias. Seja como for, a viagem sempre será importante. Quanto mais o seu trabalho interior o levar a viver a experiência do amor, mais você estará invocando a Lei do Amor e mais direta será a transformação.

AS DIMENSÕES EM MINHA EXPERIÊNCIA PESSOAL

Muito do meu trabalho com as Leis Universais estava no âmbito da estrutura da energia quadridimensional média. O grupo com o qual eu trabalhava orava por uma solução, pela afirmação de uma mudança que acreditávamos existir num plano espiritual, então nos esforçávamos para trazer a nova criação para o plano da manifestação, fosse ela cura, dinheiro, compreensão, harmonia no grupo, paz de espírito, orientação ou um novo emprego para alguém. Tudo isso se manifestaria à medida que fôssemos aplicando as diferentes leis. Apesar de criarem alguma mudança construtiva na vida da pessoa, muitas delas não promoviam a transformação integral que eu sabia ser possível. Entretanto, em meio a tantas dessas experiências, sempre havia alguma em que ocorria uma mudança profunda, rápida e eficaz. Se estávamos aplicando as mesmas leis o tempo todo, qual era a diferença?

A partir da orientação e dos escritos de Doc Lew Childre, pude perceber que a relação entre a mente e o coração influía sobre a lei. Nos casos em que a transformação era mais lenta, era a mente que tomava conta do processo. Como o amor estava envolvido, a energia do coração necessária para que a transformação ocorresse estava presente, e assim se chegava a algum resultado. Porém, esses resultados demoravam e, às vezes, eram incompletos. Quando consideramos a mente e o coração como co-presidentes de um comitê, há uma limitação na quantidade de energia que pode fluir através do coração. Por isso, a mudança não se manifesta de modo tão completo.

A energia da quarta dimensão média é uma mistura da energia tridimensional, na qual estão as percepções dualistas inerentes a nossa razão, e da inteligência da quarta dimensão superior, na qual não há dualismo. Muitas das Leis de Causa e Efeito, que podem ser usadas para trazer mudanças muito construtivas na vida de uma pessoa, atuam nesse plano da quarta dimensão média. É por isso que elas não produzem o mesmo tipo de mudança encontrado nas Leis da Transformação, que agem em conjunto com a energia da quarta dimensão superior.

Da perspectiva da quarta dimensão superior, o Espírito nos conduz à vivência de diferentes sentimentos, pensamentos e experiências enquanto tomamos conhecimento de nossas capacidades criadoras. Quando se efetiva um aprendizado e a compreensão é alcançada, passamos à forma seguinte e deixamos para trás a forma mais limitada. No momento em que nos rendemos verdadeiramente ao coração, como acontece quando empregamos as Leis da Transformação, abandonamos o sistema de comitê e liberamos o Eu superior para que cuide de tudo. Nesse momento, a mente muda de função e se torna uma grande tradutora e intérprete. Ela nos auxilia na tradução da inteligência superior para a compreensão linear. Esse é um processo muito importante, que usa todo o amor presente em nosso coração como energia transformadora. A ponte entre o plano de energia da quarta dimensão média e o da quarta dimensão superior é o amor mais profundo que há no coração.

Quando verifiquei a superioridade da inteligência e do poder do coração em relação ao trabalho realizado pela mente, percebi o quanto isso poderia ser bom para qualquer pessoa. Em meu trabalho como ministro, percebi que a inteligência da quarta dimensão superior era o instrumento-chave para aqueles dentre o clero que tentavam apoiar as pessoas em seu crescimento. Se eles e as pessoas de suas igrejas conseguissem entender a diferença que faria o bom uso do coração, conseguiriam promover transformações rápidas e significativas em sua vida. Essa visão foi um dos fatores que me orientaram a deixar o ministério do altar para dedicar-me a trabalhar como ministro de outros ministros no Institute of HeartMath.

A mudança em nossa compreensão da maneira como as leis funcionavam também serviu como impulso para que Bruce e eu puséssemos em prática o projeto deste livro. Bruce via na simplicidade e objetividade das novas técnicas desenvolvidas pelo HeartMath (baseadas diretamente nos sentimentos do coração) uma aplicação pura das leis transformadoras que vínhamos estudando havia tantos anos. Ele viu que, quando as pessoas empregavam essas técnicas, a inteligência da quarta dimensão superior as orientava de uma maneira que tinha impacto direto sobre a realidade tridimensional em que viviam. As respostas que elas obtinham aplicavam-se tão bem à sua vida profissional quanto à sua vida espiritual, transformando os padrões emocionais que as impediam de viver bem e fazendo com que reagissem à vida com mais sabedoria, eficiência e alegria.

Parte de nosso estudo das Leis Universais revelou que a bondade do amor de Deus não se restringia a um determinado sistema de crença, mas estava disponível a todas as pessoas, independentemente do grau de conhecimento espiritual. Para serem verdadeiramente universais, as leis espirituais devem funcionar tanto para a criança quanto para o padre, tanto para o empresário quanto para o motorista de táxi, tanto para o hindu como para o judeu e o agnóstico. A senha para a utilização plena dessas leis é o amor que despertamos dentro de nosso coração.

A força e a inteligência da quarta dimensão superior, acessíveis por intermédio de sentimentos inerentes ao coração, como amor, perdão, carinho, apreço, compreensão, coragem, etc., são o caminho para a mais sublime aplicação do poder transformador das Leis Universais.

CINDERELA

Essa descrição da transformação em termos de energia dimensional pode ser ou não novidade para você, mas o fato é que o movimento rumo ao coração para o impacto transformador da Lei do Amor é algo a que estamos expostos desde a infância. Nossos contos populares ilustram, com símbolos arquetípicos, o movimento da mente para o coração e a experiência dimensionalmente distinta que daí decorre, à medida que a transformação acontece. Vejamos um dos mais conhecidos contos de fadas, a história de Cinderela.

Enquanto Cinderela ainda é criança, sua mãe morre, seu pai morre, e ela se vê numa bela mansão dirigida por sua madrasta. A madrasta não a ama e reserva-lhe apenas os mais baixos e servis dos afazeres, como limpar as cinzas [cinder, em inglês] do borralho, de onde vem seu nome [em português, Gata Borralheira]. Ambas as filhas da madrasta são feias e vaidosas. Não aceitam Cinderela como igual, forçando-a a servi-las como empregada.

Essa história é a nossa história — a jornada de nossa alma sobre a face da Terra. Perdemos a consciência de ser filhos de Deus — o verdadeiro símbolo da mãe/pai. Crescemos com falsos conceitos sobre nós mesmos — a madrasta e as irmãs. Elas são os conceitos que temos de nosso eu. A madrasta simboliza a nossa falta de certeza de sermos dignos de ser amados e de ter valor, e as irmãs, nossos autojulgamentos de feiúra e inferioridade. Esses conceitos estão dentro de nossa mente — a mansão.

Mesmo quando pensamos diferente, quando chega o convite para o baile e deixamos de nos sentir rejeitados, os falsos conceitos continuam impedindo-nos de viver a verdadeira experiência de beleza e harmonia prometida pelo baile. Na história, as irmãs e a madrasta rasgam o vestido que Cinderela fez para poder ir ao baile. Cinderela ao menos era adepta do pensamento positivo e fez uso daquilo de que dispunha, mas a história nos diz que isso não basta enquanto os conceitos de falta de amor e inferioridade estiverem vivos em nossa mente.

Cinderela então sai da mansão e vai para o jardim. É lá que sua transformação ocorre. O jardim é um dos mais antigos símbolos do coração humano. Ela empreendeu a jornada da mente para o coração, e é aí que encontra sua fada madrinha. A fada madrinha é o amor divino, o profundo carinho que encontramos no coração. Mas esse carinho está obviamente num plano dimensional distinto. Não é preciso fazer o vestido — ele surge a um toque da varinha de condão, do mesmo modo que a transformação da abóbora em carruagem e a dos ratos em cavalos. Acessível pelo coração, a energia transformadora da quinta dimensão não processa nada disso; simplesmente o faz. Isso é transformação. O coração contém a energia para promover as mudanças em nossa vida. Nossos falsos conceitos de feiúra e desmerecimento são superados, e encontramos o poder que nos leva até o baile.

Claro, muitas vezes reincidimos em nossos antigos conceitos, da mesma forma que Cinderela volta a seus trapos e às cinzas quando o relógio bate as doze. Mas ela foi ao palácio, na verdade a casa da consciência, onde está no "reino de Deus" — na presença do rei (Deus) —, nossa verdadeira herança e casa.

A etapa seguinte da relação com o coração é colocá-lo em operação em nossa vida apesar dos falsos conceitos que temos de nós mesmos, fazer dele a consciência dominante até mesmo na casa (nossa mente). Cinderela o faz calçando o sapatinho de cristal — o símbolo da clareza de entendimento. Enfrentando os conceitos racionais da madrasta e das irmãs, ela busca a clareza de entendimento da sabedoria intuitiva, que é a inteligência do coração. Cinderela é então transportada da consciência antiga da mansão, onde a mente reinava, ao palácio, a percepção regida por Deus, o coração humano. Ali vive o príncipe — a inteligência que está sob a orientação do Divino, do rei.

Você vislumbrou a promessa de viver no palácio naqueles momentos em que sentiu que a vida deveria ser um baile, em vez de tensão, trabalho e labuta. E passa a viver no palácio de seu próprio coração quando entra em contato com Deus. Esta é a promessa que Cinderela nos oferece: por intermédio do amor em nosso coração, podemos realmente viver profundas transformações e ser felizes para sempre.

Capítulo 3

A Lei do Amor

Viver o amor é ser o amor (...) porque o amor é a lei, e a lei é o amor.

(900-331)

A LEI DO AMOR

"O amor transforma"

A Lei da Transformação fundamental, aquela que nos permite trazer a transformação do mundo da retórica espiritual para nossa vida, a lei que traz o céu à Terra, essa é a Lei do Amor. Isso pode soar um tanto piegas, meloso e pouco realista. Ou talvez pareça algo típico de Pollyanna. Mas a verdade é que essas palavras provêm da força pura que cria e mantém o universo, e nisso não há nada de piegas. A ternura, o carinho e a bondade estão no âmago da experiência dessa lei. Entretanto, é a bondade do poder infinito expressando carinho, como o pai ou a mãe por seus filhos e filhas, e não a brandura da fraqueza. Eu o convido a conhecer esta grande lei, sua bondade e sua força: a Lei do Amor.

A transformação que provém da Lei do Amor é, antes de mais nada, uma experiência interior. Ela muda nosso modo de sentir, pensar e perceber. Se o mundo em que vivemos muda é porque nós mudamos. O amor transforma não só a nossa natureza mental/emocional, mas também a parte física de nosso corpo, que sofre mudanças profundas.

Quando amamos, colocamos a Lei do Amor em ação. Porém o amor como conceito filosófico ou intelectual não traz transformação. Muitas pessoas estudaram, falaram e pensaram sobre o amor sem vivenciar seu poder transformador. A lei não diz que o conceito do amor transforma, pelo contrário: diz que é a vivência do amor — a passagem do amor pelo coração — que causa a transformação.

A LEI DO AMOR EM AÇÃO

Existem diversas maneiras de viver o amor, e todas resultam em algum grau de transformação. A maioria de nós, quando pensa no amor, inicialmente o conceptualiza como o ato de expressar ou sentir amor por outra pessoa. As duas experiências seguintes mostram o quanto é grande o efeito transformador do amor por alguém. Na primeira, o advogado compromete-se a mudar suas reações anteriores e a escolher o amor ao iniciar uma relação mais saudável entre a vida profissional e a vida familiar. Na segunda, a professora está simplesmente desincumbindo-se de suas responsabilidades cotidianas pelo amor espontâneo e sincero que tem por seus alunos.

O ESCRITÓRIO DE ADVOCACIA E O LAR

Tenho um amigo que, na época em que nos conhecemos, era um bem-sucedido advogado criminalista. Era durão, intransigente e fazia quase todas as testemunhas desmoronarem facilmente. À medida que íamos nos conhecendo melhor, soube que ele havia sido alcoólatra e que, por isso, se divorciara e acabara por distanciar-se dos filhos. Meu amigo, abstêmio já há muitos anos, começou a trabalhar a experiência do amor. Começou a ter carinho por si mesmo e resolveu tentar incluir o amor em sua vida profissional, apesar do receio de que isso acabasse com sua carreira.

Qual não foi sua surpresa ao ver que seus casos passaram a ter ainda mais sucesso e a solucionar-se mais rapidamente graças ao amor que ele estava introduzindo no trabalho. Ao dispor-se a ter cuidado e carinho pelas pessoas com quem convivia — clientes, testemunhas e outros advogados —, ele descobriu que as compreendia melhor e tinha mais facilidade de chegar à verdade, sem a desvantagem do distanciamento que a rispidez verbal de que se valia antes trazia. Os acordos e julgamentos em que se envolvia passaram a resultar mais satisfatórios. Seu escritório prosperava. Além disso, começou a fazer amizade com advogados que ele antes imaginava que o odiavam. Entretanto, o melhor resultado de sua experiência de amor foi a abertura que se estabeleceu entre seus filhos e ele. Um a um, eles foram se reaproximando e estabeleceram com o pai um relacionamento saudável e cheio de alegria. Observar o prazer que ele sentia com a volta dos filhos à sua vida era um verdadeiro deleite. Meu amigo conheceu o fantástico poder da Lei do Amor da única forma como se pode realmente apreciá-lo em sua plenitude: vivendo-o.

Eu suspeitava que a introdução do amor nos escritórios de advocacia daria resultado. Lembro-me de haver deparado com uma declaração impressionante de Edgar Cayce numa pesquisa das leis espirituais em meus tempos de advocacia. Eis o conselho que ele deu a um advogado:

(...) àqueles que buscam esses serviços [legais] que podem ser forne-
cidos, então esse serviço — como amor, como esperança, como confiança, como coragem — deve ser não apenas exibido; mas manifestado; e *a lei funciona!* (877-19)

Cayce não estava falando de uma lei feita pelo homem. Ele estava incentivando esse advogado a introduzir a Lei do Amor em sua prática. Essa é a lei
que funciona! Quando procuramos um advogado, não estamos buscando a transformação de uma limitação ou dificuldade em nossa vida? É por intermédio da
Lei do Amor que essa transformação ocorre. Essa é a lei que funciona.

Muitos anos atrás, encontrei este exemplo da força da Lei do Amor aplicada às favelas. Tive o prazer de redescobri-lo recentemente no livro *Chicken
Soup for the Soul [Canja de Galinha para a Alma]*.

A FORÇA DO AMOR DE UMA PESSOA

Um professor de sociologia levou sua turma às favelas de Baltimore
para coletar os históricos de duzentos garotos. Pediu depois aos alunos que fizessem uma estimativa do futuro desses meninos. Em todos
os casos, o veredicto dos alunos foi: "Sem chance." Vinte e cinco anos
depois, outro professor de sociologia encontrou o estudo com as ava-
liações. Resolveu então levá-lo a seus próprios alunos para que veri-
ficassem o que acontecera àqueles garotos: com exceção de vinte, que
tinham morrido ou se mudado, 176 haviam conseguido êxito superior à média como advogados, médicos e comerciantes.

O professor ficou admirado e decidiu investigar os resultados mais
aprofundadamente. Por sorte, todos os sujeitos do estudo encontra-
vam-se na região e foi possível perguntar a cada um: "A que você atribui seu sucesso?" Todos eles, comovidos, responderam: "Tive uma professora..."

Como essa professora ainda era viva, ele a procurou e perguntou à já
idosa porém lúcida senhora qual a fórmula mágica que ela usara para
conseguir tirar aqueles meninos da favela e fazê-los vencer na vida.

Os olhos da professora brilharam, e ela sorriu. "Na verdade, é muito
simples: eu amava aqueles garotos", disse.[1]

O efeito transformador que o amor exerce sobre nossas vidas nunca é
pequeno. Ele funcionou nas favelas de Baltimore. E também funciona em sua
vida, com sua família e seus amigos.

Nosso estudo das Leis Universais sugere que cada um de nós constrói seu
mundo a partir das percepções e padrões que traz dentro de si. A mais eficaz de

todas as aplicações da Lei do Amor é a nossa própria transformação. À medida que nossos padrões se transformam, nos libertamos dos limites que eles nos impõem e ganhamos também a liberdade de criar nossa vida. O exemplo abaixo constitui uma aplicação bastante específica da Lei do Amor a um padrão meu que me atrapalhou a vida por muito tempo.

CUT-THRU

Eu estava num congresso. Havíamos acabado de cumprir a programação prevista para a manhã. Todos saíam para o almoço, e eu não sabia a quem convidar para almoçar. A idéia de abordar algum dos presentes fez meu corpo reagir de uma forma desconcertante. Tive uma reação visceral de medo, tão forte que precisei me obrigar a ir até o refeitório. Aquilo não tinha o menor sentido. As pessoas formavam um grupo maravilhoso; alguns eram amigos ou conhecidos de vários anos. Apesar disso, a reação fora tão forte que meu corpo quase tremeu quando eu me forcei a tomar o caminho do refeitório. Parei e percebi que algo muito sério estava ocorrendo. E que descobrir o que era aquilo era muito mais importante que o almoço.

Então voltei ao meu quarto e comecei a introduzir a força do amor naquela reação tão intensa por meio de uma técnica que aprendera com o pioneiro da ciência do coração, Doc Lew Childre. Ao praticar essa técnica — chamada "Cut-Thru®"[2] — em ocasiões anteriores, percebera que havia conseguido finalmente encontrar uma forma eficaz de trabalhar o amor, tanto que poderia realizar grandes transformações em muito pouco tempo. Aquela reação de medo era tão forte que seria um bom teste para a técnica como meio de aplicação da Lei do Amor. (A técnica é descrita em detalhes no Capítulo 9.)

A Lei do Amor é muito eficaz e poderosa e, se o amor for realmente aplicado, sempre funciona. Entretanto, é difícil conseguir sentir amor nas situações em que reagimos de modo inflamado e nos deixamos tomar por emoções fortes, que dominam o que sentimos e percebemos. Quando estamos magoados, zangados ou amedrontados, não temos nenhuma vontade de amar.

Meu medo era muito intenso, e eu lembrei que ele quase sempre vinha à tona em situações sociais. Minha reação normal era reprimi-lo para poder agir normalmente. Daquela vez, optei por aplicar a Lei do Amor. Em primeiro lugar, reconheci os súbitos pensamentos e sensações de medo e concentrei-me neles. Depois, trouxe essas sensações para a região do meu coração e as embebi no calor de sua energia. Aquilo me fez lembrar de uma experiência que tivera numa nevasca em meio às montanhas Teton, no Wyoming. Tremendo de frio por estar exposto à borrasca, finalmente entrei num chalé aquecido. Mesmo sabendo que o ambiente estava quente, o que contava para mim era o frio terrível que estava sentindo. Só depois de ficar ali dentro por algum tempo é que o tremor começou a diminuir.

Da mesma maneira, no início, minha sensação de medo me parecia avassaladora, mal me permitindo sentir o calor do meu coração. Mantendo aquelas sensações na região do meu coração para deixar que se embebessem em sua energia, consegui que a força do medo começasse a ceder. Gradualmente me conscientizei da presença do amor em meu coração. Enquanto continuava a seguir as etapas da *Cut-Thru*, o sentimento de amor foi se transformando numa sensação de amor e compaixão por mim mesmo. A partir daquele amor que crescia, comecei a sentir-me forte e seguro. A sensação de medo lentamente se desvaneceu.

Uma das etapas da técnica consistia em sentir o carinho que, de algum modo, havia se transformado naquele medo. Na verdade, muitas das reações que consideramos negativas têm início numa tentativa de exprimir, pelo carinho, amor por nós mesmos ou por outras pessoas. Descobri que, naquele caso, o carinho original era uma espécie de amor-próprio, um desejo de não me expor a situações que pudessem resultar em mágoa ou rejeição. Aquele ímpeto original de carinho por mim mesmo se tornara excessivo, encontrando expressão num medo irracional. Nada naquela situação social representava uma ameaça a meu bem-estar.

Enquanto me concentrava na sensação daquele amor original como carinho por mim mesmo, a transformação continuou, liberando o antigo medo que subitamente viera à tona. Não identifiquei qual o incidente que havia causado o padrão, de onde ele vinha, alguma experiência anterior, nem do que se tratava afinal. Não era necessário entender nada disso. Tive apenas a compreensão bastante geral que acabo de descrever. A força do amor cresceu tanto que a sensação de medo e vulnerabilidade desapareceu. Tinha se transformado, e até hoje não ressurgiu.

O que fiz foi aplicar a Lei do Amor seguindo as etapas propostas pela *Cut-Thru*, entre as quais se inclui levar a sensação de medo para a região do coração. É como se fôssemos ao consultório do dr. Amor para curar-nos de um resfriado. Felizmente, o dr. Amor também atende em domicílio.

O AMOR MATERNO TRANSFORMA

O poder transformador do amor muitas vezes nos atinge por intermédio do amor de outra pessoa. Da mesma forma que Cayce sugeriu ao advogado que se tornasse um instrumento do amor na vida de outras pessoas (os clientes), outras pessoas em nossa vida também nos trazem a energia do amor. O importante é a nossa receptividade a esse amor e a mudança que ele nos oferece.

A experiência mais simples do amor e de seu poder de transformação é vivida por quase todos nós. Quando crianças, sempre que algo de mau nos acontecia, corríamos para a mamãe e nos aninhávamos em seu colo para que ela nos abraçasse e abrigasse em seu amor. À medida que sentíamos a segurança e a força de seu amor nos envolver, podíamos relaxar, e o mal-estar — fosse ele físico, mental ou emocional — começava a ceder e por fim se desvanecia. Em poucos instantes, a força do amor materno cumpria sua tarefa, e nós podíamos correr de volta para nossas travessuras, alegres e livres daquele sofrimento momentâneo.

Essa imagem simples, a da criança no colo da mãe amorosa, continua sendo para mim a mais forte expressão da Lei do Amor. É isto que fazemos quando trazemos a expressão do amor para nossas vidas: deixamos que o amor divino nos envolva, nos permeie e se expresse através de nós.

A CURA DE MINHA MÃE

Pai e mãe também recebem esse amor. Lembro-me de uma visita que minha mãe fez a mim e a minha filha quando morávamos em Santa Fé, Novo México. Ela passou muito mal na noite da chegada, tanto que pensei em levá-la ao hospital para um atendimento de emergência. Ela disse que preferia tentar dormir e ver se se sentiria melhor de manhã. Pois bem: no dia seguinte, levantou-se e até me ajudou a preparar o café, cheia de energia e sentindo-se ótima. Isso era difícil de entender, diante da gravidade do mal-estar que ela sentira na véspera. Então ela me contou a experiência que tivera durante aquela noite.

Ela orara por uma melhora de seu estado de saúde e depois tentara dormir. Como num sonho, vira surgir uma figura radiante, coberta de luz, na qual reconheceu Maria, a mãe de Jesus. A Mãe Cheia de Graça estava numa colina alta, para a qual acorria muita gente. As pessoas, sós ou acompanhadas de familiares, aproximavam-se e eram curadas. Minha mãe era testemunha desse evento. Maria estava vestida de branco e azul-claro. Ela tocava apenas alguns, mas para a maioria ela voltava seu olhar — abençoando-os — e orava. As curas vinham de dentro, curas de amor trazendo mudanças em todos os níveis e resultando em saúde, paz e serenidade. Minha mãe vivenciou o que era fazer parte de tudo aquilo — a luz, a bênção e a paz. Seu próprio mal-estar desapareceu, permitindo-lhe um sono reparador e a certeza de ter se livrado dele. Acordou então cheia de disposição e vitalidade.

Nessa experiência, minha mãe sentiu e aceitou o radiante amor que emanava de Maria. Aquele amor transformou seu mal físico, eliminando-lhe do corpo todos os vestígios. A transformação fora completa e imediata. O amor transforma.

Várias das experiências acima requerem a troca de amor: que as pessoas se disponham a expressar seu amor a alguém para descobrir o quanto ele transforma seus relacionamentos, sua saúde, seu trabalho e sua percepção de si mesmas. Quando expressamos esse amor, nos transformamos, como aconteceu com o advogado. Se os outros forem receptivos a esse amor, eles também se transformam, como ocorreu com as crianças da favela, com o filho assustado, com meu amigo advogado e sua família e também com minha mãe.

Não importa que estudemos física, psicologia ou as leis espirituais — acabamos concluindo que as dificuldades que enfrentamos na vida são as projeções em nosso mundo de padrões interiores. Para que a experiência da transformação se processe, devemos primeiro mudar esses padrões. No caso relatado a seguir, tive o privilégio de poder servir de apoio a uma amiga em seu processo de levar o amor até um padrão interno limitador para que ele o transformasse. Ela não tinha uma técnica simples, como a *Cut-Thru*, para aplicar o amor. Mas sabia que dentro de si estavam tanto o padrão quanto o amor que poderia transformá-lo. E empreendeu a jornada interior para identificar o padrão e levar seu amor até ele.

VICTORIA

Sua primeira reação foi de raiva; a segunda, de lágrimas. Victoria estava profundamente magoada com o que aquele grupo de pessoas — "o comitê" — lhe havia dito. Sabia que elas tinham por obrigação avaliá-la, mas, apesar disso, achava que aquelas pessoas a apoiariam ao se aproximar o término de sua preparação acadêmica para a nova carreira. E por que não lhe dariam apoio? Ela se saíra bem nos estudos, era talentosa, criativa, inteligente e bem-apessoada.

O curso estava para terminar. E então eles lhe disseram que a consideravam infantil, imatura demais para dar conta das responsabilidades do cargo para o qual estivera se preparando. Suas qualidades positivas de nada serviram. Se não houvesse alguma mudança, ela ficaria de fora — rejeitada —, impedida de fazer o que mais queria.

Por sorte, ela entendia as leis espirituais. Embora quisesse negar o que lhe havia sido dito ("Já provei que tenho maturidade e competência em minha carreira anterior!"), ela sabia que o comitê não poderia simplesmente inventar alguma coisa a seu respeito. A lei espiritual da atração, "o semelhante atrai o semelhante", que Victoria sabia ser infalível, lhe dizia que aquilo era uma criação dela. Com isso em mente, ela deu início a uma análise de si mesma e, assim, descobriu a pequena Vicki.

Ela encontrou Vicki aceitando a idéia de que devia estar mostrando aos outros um eu infantil. Lembrou-se das sensações que tinha quando estava insegura. Eram idênticas ao que sentia quando era pequena e as coisas iam mal em casa. Quanto mais lembrava, mais fortes se tornavam essas sensações, até que conseguiu "ver" a criança e sentir o medo que sentira na infância. Quando não podia esconder-se para escapar à violência doméstica, esforçava-se para ser esperta e adorável para conseguir que todos a amassem e a mantivessem segura. Victoria reconheceu que naquele momento, como adulta, aquela era uma sensação que vinha à tona sempre que ela sentia medo ou insegurança. Tornava-se aquela menininha agindo através da adulta. Tentava ser agradável ou desaparecer e esconder-se. Tornava-se Vicki. O comitê havia percebido isso.

Victoria conscientizou-se de que boa parte de sua vida adulta dependia agora de seu controle do padrão daquela garotinha que havia nela. Ela era uma adulta, mãe, profissional, mas não conseguia esconder Vicki. Refletiu então sobre a sua própria experiência da maternidade. Lembrou-se de como a filha às vezes sentia medo até que ela a abraçasse e lhe desse amor e compreensão totais e incondicionais. Quando fazia isso, os medos da filha cediam sempre, e logo ela estava de novo pronta para retomar suas atividades sentindo-se confiante e segura. Victoria lembrou-se também de que, toda vez que tentava controlar a filha dizendo-lhe que não se sentisse ou agisse de determinada forma, a garota ficava com raiva, e a situação piorava.

Com o mesmo amor e a mesma compreensão, Victoria voltou-se para aquela parte de seu íntimo que era como uma criancinha amedrontada. Lembrou-se do que era ser aquela garotinha ao ver e sentir interiormente os medos de Vicki. Ao reviver aquelas lembranças dolorosas, Victoria deixou que a parte de si que agora era adulta tratasse com carinho e doçura a parte imatura de seu próprio ser. À medida que seu amor e sua compaixão cresciam, ela podia imaginar-se abraçando a criança que havia dentro de si até que esta fosse completamente envolvida por seu amor.

Eu a acompanhava no processo de abraçar a criança em seu coração. A dor e as lágrimas que corriam pelo rosto de Victoria enquanto recordava a mágoa e os medos da criança começaram a diminuir e, finalmente, cederam à medida que ela a confortava, dizendo-lhe: "Amo você como você é." Por fim, passados a mágoa e os medos de Vicki, o semblante de Victoria encheu-se de paz e ela esboçou um sorriso. Repetiu a experiência algumas vezes nos dias que se seguiram. Quando voltou a reunir-se com o comitê, este ressaltou a mudança em sua expressão de maturidade e recomendou entusiasticamente a aprovação de seu certificado na nova carreira.

Victoria descobriu a Lei do Amor. O amor que dera a Vicki — que constituía um padrão limitador de sentimento e comportamento vindo de seu passado — curara todos os machucados emocionais que ela carregava havia tantos anos. Quando o amor fez sarar aquelas feridas, elas se transformaram em algo que lhe dava apoio e estava em harmonia com o resto de seu ser.

Foi com a cura de Victoria que aprendi como curar feridas emocionais com amor. Nesse caso, ela levou o amor até o coração recordando uma antiga experiência do sentimento e, a partir daí, amando a parte de si mesma que ainda trazia na memória aquele eu ferido. Para isso, foi preciso analisar o passado para descobrir as causas do padrão. Não era necessário entender nada da situação; bastava lembrar a mágoa e levar a força transformadora do amor até ela para promover a cura. A princípio, aquilo me pareceu um método muito eficaz, pois curava rapidamente mágoas guardadas durante muito tempo. Porém, havia uma dificuldade.

UM MANUAL DE INSTRUÇÕES MAIS SIMPLES

Como essa maneira de aplicar a Lei do Amor requer que se relembrem o fato do passado e as emoções a ele associadas, é muito difícil conseguir que ela funcione sem outra pessoa para auxiliar na experiência e guiar o interessado. Mesmo com a ajuda de alguém tarimbado, há uma tendência a se prender à história e às emoções e percepções evocadas. Sem um facilitador, as pessoas geralmente se perdem nas antigas sensações e, muitas vezes, não dão o passo rumo ao amor profundo.

Recentemente aprendi com Doc Lew Childre várias maneiras de chegar ao mesmo resultado sem ter de voltar à lembrança e às sensações originais. As técnicas — das quais uma, a *Cut-Thru*, já foi mencionada — representam o meio mais simples para transformar mágoas emocionais profundas, guardadas em nossa memória celular. Elas trabalham com a emoção no nível de sua energia ou freqüências, em vez de trabalhar com as lembranças associadas a ela. Essas técnicas, descritas no Capítulo 5, "Como Amar", são altamente eficazes na aplicação da Lei do Amor, facilitando bastante a introdução dessa força transformadora em cada aspecto de nossa vida.

Esse segredo transformador do amor já não é privilégio de iniciados nas coisas do espírito nem de peritos facilitadores profissionais. É devido à sua simplicidade que essas técnicas, desenvolvidas por Childre, estão sendo usadas para aplicar a Lei do Amor em escritórios, nas forças armadas, em salas de aula e em lares de todos os tipos. Conhecemos o amor desde que Jesus e outros grandes mestres espirituais nos ensinaram a utilizá-lo. Graças à simplicidade e à eficácia dessas "instruções", podemos agora aplicar nosso conhecimento da Lei do Amor mesmo com a vida agitada que levamos hoje em dia.

O amor é uma expressão da presença de Deus, da Verdade ou da verdadeira natureza espiritual. O ensinamento "Deus é amor" não significa que Deus ame, mas sim que Deus é o amor que experimentamos. Quando encontramos a presença divina, nós a reconhecemos pelo conjunto de sentimentos que convencionamos chamar de amor. Na verdade, esses sentimentos são a resposta da natureza humana à presença do amor, ou Deus, que move nosso coração. Quando deixamos que essa presença espiritual dentro de nós flua para as áreas onde guardamos padrões limitadores de raciocínio ou de emoção, as limitações se transformam.

A TRANSFORMAÇÃO DO CORPO FÍSICO

As situações descritas acima referem-se principalmente à aplicação da Lei do Amor às feridas emocionais e às percepções que resultam delas. Vimos o exemplo da cura de minha mãe, na qual houve um efeito sobre o corpo físico. O uso que fazemos do amor afeta sistematicamente nosso corpo físico? O efeito das disposições mentais e emocionais positivas sobre o organismo humano foi objeto de pesquisas pioneiras no Institute of HeartMath, dirigido por Childre. Essas pesquisas nos possibilitam vislumbrar como o poder do amor transforma o corpo físico, fazendo que ele funcione num plano de operação mais eficaz. Vejamos como se dá esse processo detendo-nos um pouco nos efeitos de diferentes estados e sensações sobre o corpo.

VARIABILIDADE DA FREQÜÊNCIA CARDÍACA

Os médicos descobriram que é possível entender e avaliar o funcionamento do corpo pela análise de certas funções de nosso sistema biológico. Uma função muito importante é a variabilidade da freqüência cardíaca (VFC), isto é, a aceleração e a desaceleração dos batimentos cardíacos. Sabemos que o coração pulsa em freqüências variadas, às vezes mais rápido, às vezes mais lento. Se tomamos o pulso quando estamos sentados lendo, a freqüência média é de 65 batimentos por minuto. Se o fazemos quando acabamos de subir um morro, ela está em torno de 120 batimentos por minuto. Essa capacidade que o coração tem de variar a velocidade é importantíssima para nossa saúde. Se precisamos de mais energia para subir um morro, o coração bombeia mais rápido; quando não precisamos de tanta energia, ele "sabe" que deve trabalhar mais lentamente. Se observássemos mais atentamente nossa freqüência cardíaca, veríamos que ela se altera não só conforme o grau de exercício físico, mas também a cada batimento. Quando tomamos o pulso para verificar a freqüência, obtemos uma freqüência média.

Transpondo essas alterações de freqüência cardíaca para um gráfico, o médico poderia aprender muito sobre a saúde de vários de nossos sistemas biológicos. Os gráficos a seguir são mapas de variabilidade da freqüência cardíaca. Quando a linha sobe, a freqüência está aumentando; quando desce, está baixando. Uma grande amplitude entre a freqüência mais alta e a mais baixa é bom sinal:

indica um coração saudável e capaz de promover mudanças rapidamente. Embora a fonte do batimento cardíaco esteja no próprio coração, ele recebe ordens do cérebro por meio do sistema nervoso autônomo, que o instrui para acelerar ou desacelerar. A parte do sistema nervoso autônomo responsável pelas instruções de aceleração é o sistema nervoso simpático; a que é responsável pelas instruções de desaceleração é o sistema nervoso parassimpático. Ao examinar o padrão de variabilidade da freqüência cardíaca, os médicos obtêm informações também sobre nosso sistema nervoso autônomo. O gráfico da VFC fornece informações ainda sobre a maneira como o corpo reage diante de situações de *stress* ou frustração e de sentimentos de amor, como a estima sincera.

VARIABILIDADE DA FREQÜÊNCIA CARDÍACA — FRUSTRAÇÃO

Os cientistas descobriram uma notável demonstração do poder transformador do amor ao examinar a diferença entre os efeitos do amor e os da frustração sobre a variabilidade da freqüência cardíaca. Se uma pessoa estiver frustrada quando sua freqüência for transcrita, o gráfico produzido será o seguinte (ver Fig. 3A).

Com a sensação de frustração, a relação entre o aumento e a diminuição da freqüência cardíaca é muito caótica. O que na verdade ocorre é que os dois ramos do sistema nervoso autônomo estão em conflito. Um (o sistema nervoso simpático) tenta fazer o coração acelerar enquanto o outro (o sistema nervoso parassimpático) tenta fazê-lo desacelerar. É como tentar dirigir um automóvel com um pé no freio e o outro no acelerador. Isso traria muito desgaste ao

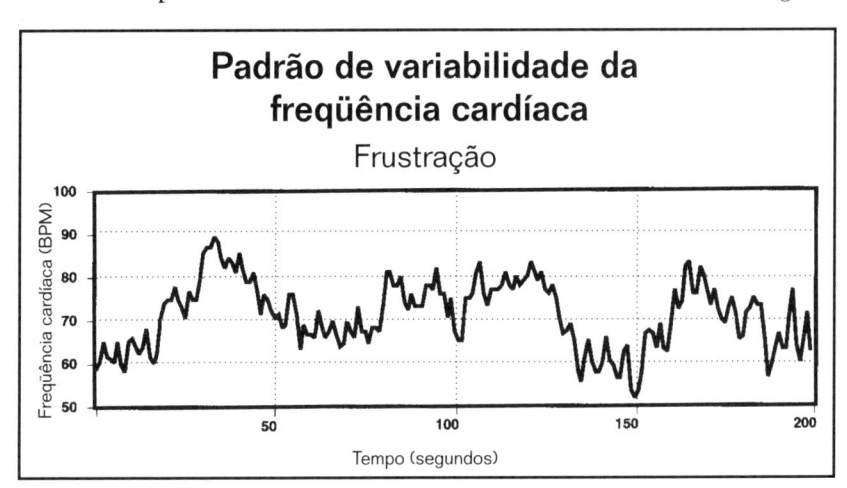

Figura 3A

A Figura 3A ilustra o padrão de VFC de uma pessoa que sente frustração, o qual se caracteriza por padrões aleatórios e espasmódicos, resultantes de desequilíbrio do sistema nervoso autônomo.[3]

motor e à correia de transmissão, tornaria a viagem desconfortável e desperdiçaria muita energia. O mesmo se aplica ao coração. Esse padrão demonstra um alto grau de ineficiência, *stress* e desperdício de energia.

VARIABILIDADE DA FREQÜÊNCIA CARDÍACA — ESTIMA

Quando usamos a estima sincera para expressar o amor profundo, temos o seguinte gráfico de freqüência cardíaca (ver Fig. 3B).

Um gráfico como esse demonstra que as duas funções do sistema nervoso autônomo se realizam em harmonia. Isso representa uma utilização mais jovial, eficaz e equilibrada da energia do organismo e um exemplo dinâmico do poder transformador do amor atuando no plano do corpo físico. Entretanto, trata-se apenas de um dos vários efeitos transformadores da Lei do Amor sobre a fisiologia humana. Esse padrão equilibrado de VFC é também a base de outra profunda mudança biológica. Quando esse padrão se verifica no coração, sua ordem e eficiência influem fortemente sobre outros sistemas do corpo.

ALINHAMENTO

Você certamente já observou como os pássaros se movimentam em perfeita harmonia dentro do bando, assim como os peixes nos cardumes. Isso é expres-

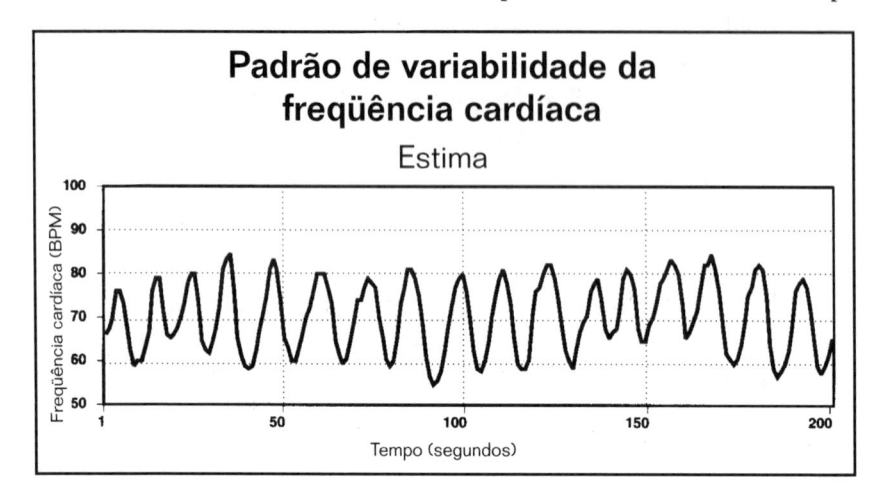

Figura 3B

A Figura 3B ilustra o padrão de VFC de uma pessoa sob o efeito do sentimento da estima. O padrão equilibrado e ordenado é geralmente associado a uma função cardiovascular satisfatória, resultante da operação conjunta e eficiente dos sistemas nervosos simpático e parassimpático.[4]

são de um fenômeno chamado alinhamento. Ele pode ser observado também em relógios de pêndulo que, a princípio, oscilam em diferentes freqüências, mas, com o tempo, entram em sincronia uns com os outros. O alinhamento se verifica também entre as pulsações do coração da mãe e do bebê, pois as deste geralmente entram em sincronia com o padrão apresentado pelo coração da mãe.

Do mesmo modo que um relógio de pêndulo, o coração também é um oscilador. No caso dos relógios, o menor se alinha com o ritmo do maior. O mesmo se passa no corpo humano: muitos de seus sistemas são osciladores que se alinham com o ritmo do coração, o maior de todos os osciladores do corpo.

A Figura 3C representa três sistemas do corpo — o da respiração, o da variabilidade da freqüência cardíaca e o da pressão arterial — inicialmente fora de sincronia e posteriormente em alinhamento, depois da utilização de uma técnica chamada FREEZE-FRAME®, que emprega a força transformadora do amor que flui através do coração humano.[5] (A técnica é descrita no Capítulo 5.)

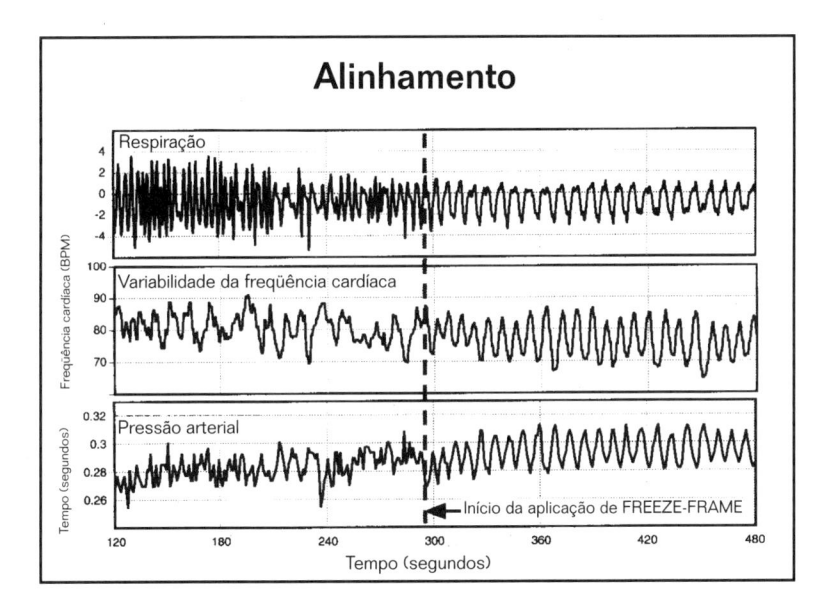

Figura 3C

A Figura 3C ilustra um fenômeno chamado pelos cientistas de alinhamento. O alinhamento se verifica quando sistemas biológicos discretos entram em sincronia uns com os outros para uma operação mais eficiente. Neste gráfico, os parâmetros medidos são respiração, variabilidade da freqüência cardíaca e pressão arterial. Observa-se que os sistemas não apresentam inter-relação no lado esquerdo do gráfico. Entretanto, após a utilização da técnica FREEZE-FRAME, que é uma aplicação específica de um sentimento sincero e cordial, como o amor, os sistemas entraram em sincronia e passaram a oscilar na mesma freqüência. (O último gráfico é invertido, isto é, valores mais altos de tempo correspondem à pressão arterial mais baixa.)[6]

Quando isso ocorre, o corpo passa a trabalhar com outro nível de eficiência, muito mais alto, poupando energia e contribuindo para aumentar a sensação de disposição e harmonia. Isso é um exemplo do poder transformador do amor no plano físico da experiência. O amor nos transforma, em todos os planos. Em capítulos posteriores, veremos como a Lei do Amor pode transformar também outros aspectos de nosso sistema fisiológico.

O AMOR ROMÂNTICO

Mas será que qualquer tipo de amor pode produzir esse resultado? Que dizer do amor romântico, uma das formas mais universais de experiência amorosa? É comum que se pense que o amor romântico seja algo que não a experiência da presença divina, mas todo amor é a reação interior ao Divino em nossa vida.

É bem verdade que pode haver muitos outros elementos presentes na situação romântica, inclusive a excitação sexual e o aumento da auto-estima por causa da atenção que nos dedica o outro, além de sentimentos de segurança ou possessividade. Entretanto, aquilo que envolve a aceitação incondicional de uma outra pessoa e atesta seu valor e sua singularidade é a experiência do Divino. Abrimo-nos então à apreciação e ao reconhecimento do grande valor, das qualidades e da beleza daquela alma ou ser espiritual. Geralmente nos apaixonamos pelas qualidades que percebemos como "divinas" no outro. Quando nos apaixonamos, o sentimento de amor que nos enche o coração realmente libera um nível mais elevado de inteligência em nosso sistema, permitindo-nos ver os outros a partir de uma perspectiva mais ampla e abrangente. Passamos a enxergar aspectos únicos e preciosos de seu ser que estavam vedados à nossa percepção antes que começássemos a amá-los.

EFEITOS SOBRE OUTRA PESSOA

Quantas vezes o amor de alguém não nos fez mudar nossa percepção limitada, fazendo com que nos víssemos como pessoas de valor? Um dos efeitos da Lei do Amor é que o nosso amor ajuda os outros a se amarem e, assim, a vivenciar a presença divina em si mesmos. Mas esse nosso amor pode apenas ajudá-los. Ele não pode obrigar ninguém a se abrir, a curar-se nem a vivenciar o amor divino que está à espera até mesmo do convite mais tímido para curar e transformar. Qualquer um tem também o direito de não aceitar o poder transformador do amor que temos a oferecer. Pode permanecer como está, preferindo não dar início à experiência da transformação. Quando damos nosso amor espontaneamente aos que nos cercam, ele transforma não apenas nosso corpo e nosso mundo, mas também os daqueles que se abrirem para ele.

SINTONIZAÇÃO

As Leis da Transformação agem em parte pela promoção em nós de uma sintonização com energias e inteligências de dimensões superiores. Embora tenha suas próprias leis, o processo de sintonização é deflagrado pelas Leis da Transformação. No próximo capítulo, veremos como se manifesta esse processo de sintonização com os mais importantes aspectos da consciência. A partir daí, examinaremos a sua relação com as Leis da Transformação, detendo-nos em algumas técnicas que usam especificamente essa noção de sintonização para colocar em ação a Lei do Amor, mesmo quando não estivermos sintonizados — que é geralmente quando mais necessitamos dela.

Capítulo 4

Sintonização

O ser humano é uma parte — limitada em tempo e espaço — do todo a que chamamos "Universo". Ele vivencia a si mesmo, seus pensamentos e sentimentos como algo separado do resto, numa espécie de ilusão de óptica de sua consciência. Essa ilusão é para nós uma espécie de prisão, pois nos restringe a nossos desejos pessoais e nos permite ter afeto apenas pelos poucos que nos rodeiam. Nossa tarefa é libertar-nos dessa prisão, ampliando os limites de nossa compaixão para que abarquem todas as criaturas vivas e toda a natureza em sua beleza. Ninguém consegue realizar plenamente esse feito. Mas a luta para chegar lá é, em si mesma, uma parte dessa libertação e a base da segurança interior.

Albert Einstein[1]

Por intermédio das Leis Universais, podemos entrar em sintonia com planos superiores de inteligência e de sabedoria, com nosso objetivo de vida e com meios de trabalhar em harmonia com as pessoas e situações que encontramos na vida. Todas as Leis Universais exigem algum grau de sintonização. Para compreendermos melhor as leis que abordaremos, especialmente o poder transformador da Lei do Amor, examinemos a dinâmica pela qual nós literalmente nos sintonizamos com essas forças que já deram à luz muitos mundos. O que é sintonização? O dicionário define *sintonizar* como: "ajustar, promover acordo, harmonia ou relação de empatia".

Nós nos sintonizamos a cada instante do dia, à medida que vamos fazendo opções. Por meio delas, concentramos mente e corpo em determinadas atividades. Em outras palavras, fazemos um ajuste em nossos circuitos internos para que nossa atenção se volte para determinada coisa. Isso é uma forma de sintonização. Todos sabemos o que é preciso para entrar em sintonia com atividades concretas, como comer, vestir-se, dirigir um automóvel ou assistir à televisão. A maioria das pessoas as realiza facilmente, quando não de forma automática. Sabemos também como sintonizar-nos com atividades mais introspectivas, como dormir ou pensar. Mas como nos sintonizar com nossa própria natureza espiritual?

FREQÜÊNCIAS E VIBRAÇÕES

Para aprender mais sobre a sintonização, lembremos do que é preciso fazer para sintonizar um rádio ou uma TV: basta ajustar um botãozinho, e sintoniza-se a estação ou o canal desejado. A explicação técnica para isso é que os circuitos do botão estão sintonizados — isto é, são receptivos — com a freqüência ou vibração específica previamente determinada para aquela estação ou canal. Os princípios técnicos da sintonização são bem claros. A freqüência básica de uma estação é uma onda oscilante que, com equipamento adequado, pode até ser visualizada. Um ciclo ou vibração representa um fluxo de corrente elétrica, primeiro numa direção e depois na direção oposta.

O número de ciclos por segundo é a freqüência ou taxa de vibração. Cada estação de rádio e cada canal de TV têm sua própria freqüência ou vibração. É por isso que se pode encontrá-los colocando o botão do aparelho numa determinada posição. O programa, som ou imagem, é superposto à vibração básica e transmitido junto com ela.

A TORRE DE RÁDIO

Há muitos anos, quando Bruce ainda era estudante de engenharia, trabalhou como operador de rádio numa pequena estação que mantinha convênio com a universidade que ele freqüentava. Eis o que ele diz sobre aquela época:

Um dos trabalhos de verão dos operadores era pintar a torre de rádio. Dava um friozinho na barriga subir naquela armação triangular de madeira, estreita e aberta, mantida na vertical com o auxílio de cabos. Tinha quase cem metros de altura. No meio da torre, suspensa pelo topo, ficava a antena, um pesado tubo de cobre do qual o sinal de transmissão era irradiado.

Subíamos na torre e nos amarrávamos a ela para pintá-la, tendo sempre o cuidado de não tocar na antena de alta voltagem, que ficava a uns trinta centímetros de nós. Descobríramos na prática que ela podia nos queimar seriamente, pois continuava em operação enquanto pintávamos a torre. Mas descobríramos também que podíamos segurar uma chave inglesa, tocar a antena e, assim, criar um belo arco elétrico. No som do arco, podíamos até ouvir o programa que estava sendo transmitido. Isso era totalmente contrário às regras, mas nunca se aprende se não se passa um pouco dos limites. Anos depois, eu me perguntava como não tínhamos morrido fazendo aquelas loucuras.

Seja como for, estava muito consciente da energia que percorria aquela antena, pela qual o sinal era irradiado para a região. Daquele lugar, bem acima de todos, eu podia visualizar as centenas de pessoas que sintonizavam seus rádios na freqüência da nossa estação e ouviam o programa que estava sendo transmitido. Sabia que tudo aquilo estava acontecendo. No entanto, apesar de estar no centro de tudo em meu lugarzinho lá no alto, não podia sentir, ouvir nem ver nada do que se passava.

FORÇAS ELÉTRICAS

Damos um grande passo ao perceber que você e eu somos também estações transmissoras que irradiam seus sinais para o mundo. Temos uma freqüência ou vibração específica — uma consciência ou sinal — que irradiamos ou transmitimos. Ela é composta das freqüências ou vibrações inerentes a nosso corpo, mente, coração e espírito. Somos também receptores, pois podemos nos sintonizar para captar os sinais que vêm tanto de dentro quanto de fora. Segundo Edgar Cayce, a eletricidade é de nossa natureza.

Ano após ano, a medicina comprova cada vez mais essa verdade. Da mesma forma que você sintoniza uma estação ajustando os circuitos internos do rádio, pode sintonizar seu corpo, mente e coração com vibrações superiores, ajustando para tanto seus circuitos internos. Estudos recentes demonstram cientificamente que o cérebro e o coração emitem diferentes ondas elétricas de acordo com os diferentes estados de consciência e que nós podemos alterar esses estados. Esses processos, como todos os outros, são regidos pelas Leis Universais.

Entre as leituras encontra-se esta desconcertante afirmação:

Sabe então que a força da natureza conhecida como elétrica ou eletricidade é a mesma força que tu adoras como força Criadora ou Deus em ação! (1299-1)RA

Outra leitura dá um passo além, explicando que as forças elétricas de nosso corpo são, na verdade, vibrações com as quais podemos nos sintonizar, sejam elas as vibrações de um dos cinco sentidos, como a audição, ou as de nossa força espiritual:

(...) a vida — Deus — é, em essência, vibração e — como todos os seres concretos também possuem essa [mesma] força atômica (...), a *percepção* disso [Deus] está relacionada ao grau de consciência que essa vibração pode alcançar (...) (281-4)

A leitura prossegue explicando que, no corpo, a visão, a audição, o paladar e a fala não são senão vibrações diferentes com as quais nos sintonizamos conscientemente e assim ficamos cientes delas. Podemos, da mesma forma, aprender a nos sintonizar com as vibrações superiores, a essência da força divina dentro de nós.

AS FREQÜÊNCIAS DO CORAÇÃO

Essa sintonização corresponde ao ajuste de nossas próprias vibrações ou freqüências. Conseguimos isso por meio de nossos pensamentos e sentimentos, pois eles também são expressões de freqüências. À medida que estimulamos essas freqüências, nós as vivenciamos e associamos a determinados pensamentos ou sentimentos. Temos a capacidade de selecionar as freqüências, de escolher nossos pensamentos e sentimentos. Essas escolhas afetam a nossa receptividade, assim como a estação que selecionamos com o botão do rádio determina que freqüências de rádio vamos receber. Quando colocamos os pensamentos e sentimentos nas freqüências que estão perto da inteligência criadora ou alinhadas com ela, vivenciamos essa inteligência.

Como podemos ajustar nossos sentimentos aos da inteligência criadora? A chave está no ensinamento da escritura que diz que "Deus é amor" (1 João 4:8). Vivenciamos essa presença divina como sentimento de amor. Quando somos receptivos a essa freqüência, recebemos também a inteligência ou sabedoria que é a expressão desse amor em nossa vida.

Como podemos selecionar a freqüência do amor se o momento em que mais precisamos desse amor e dessa sabedoria é justamente quando estamos numa situação em que o amor é a coisa mais difícil de sentir? A resposta, mais uma vez, está nas vibrações. Selecionando um sentimento específico que tenha ressonância com a freqüência do amor — um dos sentimentos inerentes ao coração. Sentimentos inerentes ao coração são aqueles que as pessoas sempre reconheceram como profundas expressões das qualidades associadas ao coração. Entre eles encontram-se o carinho, a compaixão, a compreensão, o perdão, a estima, a coragem, a alegria e a paz. Pode acontecer de não conseguirmos selecionar o sentimento de amor toda vez que quisermos devido à presença e à ação de outras emoções e percepções em nosso sistema. Todavia, podemos optar por vivenciar uma das freqüências específicas, como a compaixão, o carinho ou a estima. Ela ativará a energia do coração pela qual sentimos a vibração do amor.

O CAMPO ELETROMAGNÉTICO DO CORAÇÃO

Quando vivenciamos algum desses sentimentos relacionados ao amor, estimulamos o campo eletromagnético criado pelo pulsar do coração.

A Figura 4A é um diagrama que representa a configuração matemática do campo eletromagnético gerado pelo coração. Através dele, recebemos a energia do amor e sua sabedoria. Esse é o local em que o Espírito encontra a matéria. Os demais sistemas de nosso corpo ajudam a armazenar, receber e irradiar em diversos planos as freqüências que transmitem a informação dessa fonte ilimitada de inteligência.

JANE E A INTELIGÊNCIA DO CORAÇÃO

Outro dia, num de meus *workshops*, uma jovem a quem chamarei de Jane me abordou. Numa conversa particular, ela me contou que havia desistido de encontrar um meio de relacionar-se com o marido numa situação específica que se desenvolvera em seu relacionamento. Ela tentara descobrir formas alternativas de reagir, mas não conseguira nada. Então sugeri um exercício em que ela se sintonizaria com a grande sabedoria acessível a ela pelo campo eletromagnético do coração. Jane concentrou-se em seu próprio coração e procurou sentir uma das freqüências relacionadas ao amor.

Naquele instante, não conseguiu sentir amor, mas pôde lembrar-se de um momento feliz em que estivera brincando com os filhos. Ao rememorar e reviver aquele sentimento, ela estava estimulando o campo eletromagnético de seu coração. Estava ajustando o botão de seu aparelho receptor para sintonizar o canal da sabedoria divina. Quando aquele sentimento ficou bem forte, Jane perguntou ao seu coração qual seria a forma mais eficaz de lidar, juntamente com o marido, com aquela situação.

Ela começou então a ver os atos dele a partir de uma nova perspectiva e, em vez de vê-lo como se a estivesse criticando, percebeu que ele estava buscando reconhecimento e legitimação. Jane disse que isso não seria difícil para ela. Viu também que poderia legitimar a si mesma com aquela interação. Havia entrado em sintonia com a sabedoria superior de seu coração, que expressava a inteligência divina que poderia orientar sua vida. Além da Lei do Amor, ela usara a Lei Mestra da Sintonização para estabelecer o contato com a sabedoria divina. Examinemos como essa Lei Universal se relaciona com nossas experiências de sintonização.

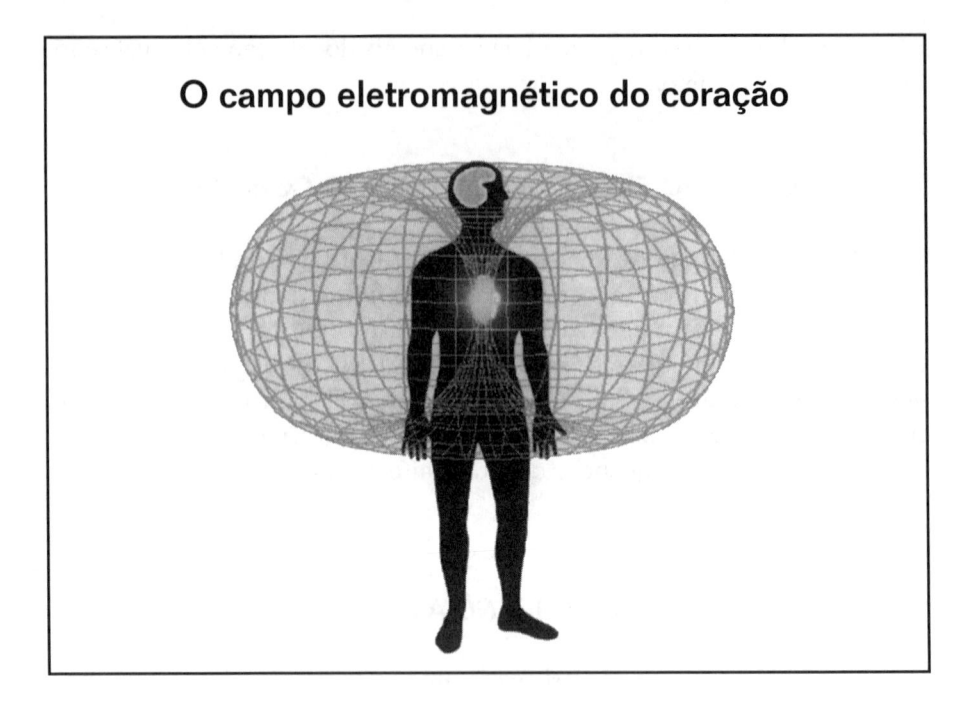

Figura 4A

A Figura 4A é uma ilustração do modelo matemático do campo eletromagnético que circunda o coração humano. Ele pode ser medido a uma distância de até 3,5 metros do indivíduo. O diagrama não implica que a cabeça esteja excluída porque as ondas se irradiam em todas as direções. Ele indica a forma arredondada do campo.[2]

A LEI MESTRA DA SINTONIZAÇÃO

Durante a Grande Depressão, Cayce ofereceu a um certo sr. Amos uma leitura que é representativa das centenas que ele fez naqueles anos difíceis. Essa leitura explica que o medo dominava os Estados Unidos naquela época porque a ganância, a avareza e a falta de compreensão haviam roubado a muitos a capacidade de discernimento, levando as pessoas a lutar sem saber por que ou para quê. A fonte exortava todos, até os que tinham medo, a abrir o coração, a mente e a alma à lei que sempre foi a resposta para tudo isso: a Lei Mestra da Sintonização.[3]

**A Lei Mestra da Sintonização: "Se vos tornardes meu povo,
eu me tornarei vosso Deus."**

No nível pessoal, isso é:

A Lei da Relação Divina: "Se vos tornardes meus, eu me tornarei vosso Deus."

Essa lei é a promessa divina feita por intermédio de Moisés aos Filhos de Israel.

Estarei no meio de vós, serei o vosso Deus, e vós sereis o meu povo. Levítico 26:12

Nessa declaração simples está a solução para os seus problemas, os meus e os do mundo. Mas cabe a nós dar o primeiro passo. Se preferirmos recorrer à Presença, ao Criador de todas as coisas, para entrar em sintonia com a fonte da vida, então essa Presença será para nós a fonte de tudo — todo o conhecimento, toda a sabedoria, toda a orientação, toda a abundância — porque essa é a sua natureza.

A fonte de Cayce frisa que as forças divinas são a única força segura e sã à qual se pode recorrer, que essa lei é a chave para a nossa relação com o Divino e que a ignoramos por nossa conta e risco:

O homem sempre (...) buscou conhecer sua associação, sua ligação com as forças divinas que criaram os mundos quando estava aflito mental, espiritual ou fisicamente. Na medida em que se buscar isso, a promessa continuará valendo — ou o que foi dado ao homem desde o início: "Se vos tornardes meus filhos, eu me tornarei vosso Deus!"; "Se me virardes o rosto, eu vos virarei o meu"; e as coisas que foram construídas com seu próprio esforço para manifestar seus próprios poderes trazem a destruição certa à vida das pessoas no presente (...) os poderes [divinos] que tanto são considerados tabu pelos mundanos, que são desprezados como lendas e fábulas dos antigos; e, no entanto, com a força desses poderes não se criam mundos? (3647-11)RA

Se optarmos por ser Seu povo, aceitaremos e reconheceremos que somos Seus filhos e que Ele cuida de nós, e de nossos problemas, independentemente das condições em que nos encontrarmos. Recorremos a essa força divina que há em nós para nos orientar, em vez de tentar usar simplesmente nossa própria força ou a influência sobre aqueles que detêm o poder no mundo.

MENTE E CORAÇÃO

Como é que essa sintonização se processa, e o que Cayce quer dizer com "seus próprios poderes", como se estes fossem algo errado ou destrutivo? A forma mais fácil de decifrar essa charada é entender a relação entre a mente e o coração. Quando a mente opera por si mesma (isto é, sem ligação com o coração), nosso intelecto e nossas reações emocionais, despertados pelos pensamentos e percepções mentais, ficam muito limitados em alcance e sabedoria. Acabamos não percebendo toda a situação porque não aplicamos uma parte importante da nossa inteligência: aquela que vê e compreende o todo. Essa reserva extra de inteligência é acessível pelo coração. O coração tem a capacidade de ver com os "olhos do Espírito", e a sabedoria, para compreender as conseqüências e opções que nos esperam adiante. Para que o coração se envolva, é preciso que sintonizemos uma freqüência associada ao amor. Em outras palavras, precisamos entrar em sintonia com Deus.

Essa capacidade de compreender a partir de uma perspectiva mais ampla, de ver as situações com mais sabedoria e inteligência tem diversos nomes nas diferentes tradições espirituais. Minha descrição favorita dessa capacidade que todos nós temos é a expressão cunhada pela dra. Emilie Cady: "compreensão espiritual". No livro *Lessons in Truth* [*Lições sobre a Verdade*],[4] essa mestra de cura explica como podemos nos valer dessa capacidade. Ela diz:

> A compreensão é um nascimento espiritual, uma revelação de Deus
> no coração dos homens.

Não é por intermédio de uma determinada religião ou sistema de crença que se processa essa sintonização na qual elegemos o Divino como "nosso Deus". Muitas pessoas com sistemas de crença distintos e até mesmo sem uma estrutura de crença formal vivenciam essa sabedoria, compreensão e orientação por meio da sintonização com Deus pelo exercício do amor. Pois é por intermédio do amor que essa sintonia se processa. O amor estimula o campo eletromagnético do coração, o receptor e condutor dessa inteligência. Ele ativa os elementos presentes na alma para que dêem expressão ao carinho e à realização inerentes à Lei Mestra da Sintonização.

Quando Jane abandonou a percepção que tinha do marido e concentrou-se em sentir o amor em seu próprio coração — algo que conseguiu relembrando a experiência com os filhos —, ela sintonizou essa sabedoria maior, sua compreensão espiritual ou inteligência superior. Pela ação da Lei do Amor e da Lei da Relação Divina, ela ficou mais receptiva à sabedoria divina, que lhe mostrou como lidar satisfatoriamente com a incômoda situação que havia em seu relacionamento.

A ORIENTAÇÃO UNIVERSAL

Recentemente, fiz um trabalho de treinamento com um grupo de líderes empresariais. Eles estavam interessados em aprender a tomar decisões com mais sabedoria. Não eram de uma determinada religião; alguns deles até declararam não professar nenhuma crença religiosa. Apesar disso, todos puderam sentir o carinho, a estima ou a compaixão que ativam o campo do coração e receber orientação lúcida e substancial para suas questões. Emocionados com essa sabedoria, eles prontamente reconheceram que a orientação que ela oferecia era superior às intuições que haviam tido em outras ocasiões.

Um desses líderes era um cristão da Igreja Pentecostal. Mais tarde, ele me disse que aquilo era semelhante à orientação que ele recebia quando orava e louvava a Deus com todo o fervor, pedindo que o guiasse. Graças a sua fé e ao apoio de seu treinamento religioso, ele compreendeu essa experiência como uma resposta que Deus lhe dava. Sabia que poderia usar essa sabedoria em muitas outras áreas de sua vida e com ela aumentar ainda mais a sua fé.

BEE — VIAGEM À RÚSSIA

Em meio a uma vida muito ocupada, uma mulher chamada Bee de repente percebeu em si um profundo desejo de visitar a União Soviética. Não tinha o dinheiro para essa viagem, mas achava importante tentar travar relações com pessoas daquele país — que, na época, eram consideradas inimigas e hostis. Como sua vida era tão cheia, era difícil para ela conceber a necessidade de fazer essa viagem. Falou a respeito com uma amiga, perguntando-lhe se não deveria esperar que lhe fosse enviado algum sinal. A amiga lembrou-lhe que fora a própria Bee quem a havia ensinado a assumir o compromisso primeiro — depois, os sinais viriam. Bee reconheceu então que o sinal que buscava já havia sido dado: era o desejo que sentia em seu coração. Sabia que se aquele fosse o seu maior e mais verdadeiro desejo, o desejo de seu coração, tudo aquilo que precisasse lhe seria fornecido.

Tão logo disse "sim" à viagem, vários amigos se apresentaram com idéias maravilhosas para seu financiamento. Um deles disse: "Estava só esperando você dizer que queria ir. Vou pagar a entrada de sua passagem e a da minha, pois quero ir com você." Os sinais assumiram a forma de uma reação generosa do universo ao desejo de Bee, levando-a a tornar-se uma das pioneiras na viagem e no estabelecimento de amizades além da Cortina de Ferro. Por vários anos depois disso, Bee ajudou outras pessoas que tinham no coração o desejo de fazer aquela mesma viagem.

Durante muito tempo, Bee havia procurado uma forma de estabelecer uma relação profunda com o Divino. Então, quando sentiu aquele desejo no coração, viu-se mais uma vez no processo de aceitar aquela orientação intuitiva para o próximo passo em sua vida. Ela havia construído aquela relação interior — a Relação Divina. Seu Deus a estava guiando, e, quando ela aceitou a orientação, o dinheiro e o tempo de que precisava facilmente surgiram. Bee estava vivenciando a Lei Mestra da Sintonização a nível pessoal, a Lei da Relação Divina. Estava tomando a decisão de deixar que o poder e a sabedoria infinitos orientassem sua vida e provessem suas necessidades. Se vós fordes meus, eu serei vosso Deus.

A diferença entre usar a inteligência do coração para guiar o intelecto e usar a inteligência da mente dissociada do coração é a mesma que há entre fazer algo sob a orientação divina e sob a orientação pessoal. Quando aguardava um sinal, Bee tentava entender as coisas com o cérebro, buscando algo que pudesse analisar. Quando escutou o coração, entrou em sintonia com o amor e a orientação de Deus. Cayce fazia uma distinção entre escutar a mente ("seus próprios poderes") e deixar-se cuidar e orientar por Deus. O discernimento maior e mais profundo do coração nos permite dar expressão à sabedoria de Deus em nossa vida. Não é que sejamos maus nem errados se não utilizarmos essa sabedoria, mas nossos atos surtirão menos efeito e nós provavelmente criaremos sérios problemas para nós mesmos, tomando decisões pouco acertadas por causa de nossa visão limitada. A referência bíblica a essa condição está na bela dissertação sobre o amor na qual o apóstolo Paulo diz: "E ainda que eu tivesse (...) o conhecimento de todos os mistérios e toda a ciência (...) se não tivesse o amor, eu nada seria." (I Coríntios 13:2)

Outra interpretação da descrição que Cayce faz dessa lei é que não é preciso estar sujeito às vicissitudes, às provações, aos problemas e comoções do mundo em que se vive. Pode-se viver **no** mundo e, ainda assim, **não ser do** mundo. É só mudar de canal. Procure entrar em sintonia com a consciência superior do Espírito. As leituras de Cayce às vezes nos citam como filhos de Deus, como neste trecho que fala com eloquência da realidade pessoal que se pode vivenciar sintonizando um canal superior ao do mundo em que vivemos:

E, no entanto, é o legado de toda alma despertar para a consciência de que Deus, com efeito, interessa-Se pelos filhos do homem e diz para sempre: "Se fordes meus filhos, eu serei vosso Deus."
Essa então é a mensagem que devemos transmitir, pois há um Pai amoroso que Se interessa. Essa é tua mensagem!
Existe, pois tu o vivenciaste; tu podes vivenciá-lo em tua *própria* vida!
Acaso existe alguma coisa, uma experiência, uma situação, que possa ter mais valor? Que — apesar de haver as coisas que amedrontam os homens, as comoções nos relacionamentos da experiência humana que podem aterrorizar-te momentaneamente — *Ele* exista e Se interesse! E que Ele possa caminhar e falar contigo!
Isso tu poderás vivenciar em tua própria vida! Faze-o. (254-95)RA

É nisso que consiste a sintonização. Você pode alcançá-la se quiser. Pode vivê-la pessoalmente.

QUANDO ALGUÉM CUIDA DE NÓS

A Lei Mestra da Sintonização indica claramente que, se preferirmos depender de nós mesmos — de nossas vontades e idéias, manipulando e controlando o exterior ou investindo nossa fé naquilo que se passa em volta —, só teremos isso; mas, *se tivermos fé e confiança nas Forças Criadoras, haverá quem cuide de nós*.

Isso por acaso quer dizer que jamais teremos problemas se O fizermos nosso Deus? Quase sempre é esse o nosso conceito de "ser cuidado por alguém". Não creio nisso, tampouco vi isso se concretizar na vida de ninguém que eu conheça. Na minha opinião, esse ensinamento significa que ganharemos acesso à sabedoria e ao amor infinitos ao enfrentar os problemas e desafios que surgirem em nossa vida. Nas palavras de Cayce: "Ele caminhará e conversará conosco."

Aqueles que usaram conscientemente essa lei, enfrentaram seus problemas e desafios não apenas com sabedoria, mas também com o amor e o apoio cada vez maiores das pessoas que os cercavam. Mesmo nas maiores tribulações, pareciam estar em estado de graça. Naturalmente, esse era o resultado de uma vida dedicada a expressar o amor que há no coração. Quando se pensa até na mais simples forma de Lei Universal, a Lei da Atração — "o semelhante atrai o semelhante" —, fica fácil perceber por que o amor e o apoio se manifestavam.

Conheço diversas pessoas que tentaram e tentam viver em sintonia com essa lei. Não é que elas não tenham precisado enfrentar desafios, mas a gravidade e a intensidade deles diminui na medida em que elas, dando ouvidos à sabedoria divina que orienta suas vidas, expressam o amor cada vez mais profundo que há em seu coração. Quanto mais elas aplicaram essa lei, mais cheia de alegria e sentido ficou sua vida.

A MATEMÁTICA *FUZZY*

Se buscamos sinceramente viver cada vez mais com o coração, por que então continuamos tendo de enfrentar desafios e, às vezes, sofrimentos? Sabendo que as leis são precisas e que, qualquer que seja o caso, se aplicam com exatidão matemática, nós, os autores, temos observado inúmeras experiências individuais ao identificar e classificar essas leis. Todo o tempo, vimos o grau de precisão com que funcionam. Entretanto, às vezes se verificava uma situação difícil ou dolorosa que não parecia ser o resultado natural das causas que testemunhávamos. Ambos lembrávamos conscientemente de situações nas quais nós mesmos criáramos nossas dificuldades em experiências anteriores na Terra; assim, estávamos cientes de que elas poderiam ser a causa disso. Todavia, intuitivamente nos perguntávamos se as situações pregressas poderiam explicar todos os casos que observávamos.

Tivemos a oportunidade de conversar sobre nossa dúvida com Doc Lew Childre, cuja relação com o amor crescera a ponto de deixar a inteligência e a sabedoria divinas a seu alcance. Ele confirmou que a precisão da lei era matemática, explicando-nos que o fenômeno que observávamos se tratava de "matemática *fuzzy*". Verifica-se um exemplo da matemática *fuzzy* quando aquilo que o projeto de uma alma lhe destina sobrepuja as forças da lei. Não é uma violação, mas sim a expressão de um aspecto dessa lei cuja dimensão é superior.

Em *Your Life: Why It Is the Way It Is and What You Can Do About It* [*Sua Vida: Por Que Ela é como é e o Que Você Pode Fazer a Respeito*], Bruce chama esse aspecto da lei de Lei da Opção: "A vida é a vivência daquilo que escolhemos." Algumas das opções que nos afetam a vida são escolhas da alma para que nossa natureza se desenvolva da forma mais conveniente e eficaz. Isso às vezes acontece quando a alma encontra a força e o sentido maior que há em nosso ser por meio de experiências aparentemente adversas. Nesse caso, a matemática da lei, que sempre é precisa em seus resultados, nos parece vaga [*fuzzy*, em inglês]. Contudo, a força do amor que está por trás da ativação de um projeto superior da alma está escolhendo uma experiência mais significativa para aquele ser.

NA ADVERSIDADE

Tive a oportunidade de verificar a realidade desta grande lei — "Se fordes meu povo, eu serei vosso Deus" — quando me encontrava em meio a uma experiência cuja matemática era aparentemente vaga e que, para muitos, poderia ser trágica. Embora fosse uma experiência específica de nossa família, seu núcleo está neste livro que você lê agora e na compreensão das leis por ele pregada. Como você também é parte dessa família, vou partilhar essa experiência com você.

Meu pai e eu havíamos começado a escrever este livro. Já tínhamos trabalhado juntos em seu primeiro livro e havia muitos anos que estudávamos e interpretávamos as Leis Universais, seus planos, suas implicações e manifestações. Decidíramos fazer este livro juntos e já tínhamos escrito boa parte dele. Bruce foi orientado então a deixá-lo de lado por um mês para dedicar-se somente às coisas que lhe alegravam o coração. Por vários anos ele estudara as Leis

Universais, escrevendo, pesquisando e fazendo palestras. Passar um mês sem trabalhar com elas era algo que raramente fazia.

Durante esse mês, ele conviveu com a mulher, os filhos e netos, passeou pelas belas montanhas da Carolina do Norte, sua terra natal, e visitou o Institute of HeartMath e seu fundador, Doc Lew Childre. Sua sabedoria e amizade eram muito importantes para Bruce, que reconhecia a importância que tinha o trabalho de compreensão e aplicação da relação entre o coração e as Leis Universais para muitas pessoas. No fim daquele mês, ele foi informado de que um problema físico contra o qual vinha lutando se agravara. Esse problema era um câncer, cujo tratamento — dieta, exercícios espirituais diários e assistência médica — se tornara parte de sua rotina havia já vários anos. A doença lhe servira de estímulo para rever sua própria concepção de saúde, das leis e da maneira como elas se relacionavam com o corpo e a prática espiritual. Embora o obrigasse a diminuir um pouco o ritmo, ela não lhe infligia dor e lhe permitia levar uma vida normal em quase todos os aspectos.

Com a súbita aceleração do crescimento do câncer, a família se uniu para dar-lhe apoio. Sabíamos que a cura, da mesma forma que a morte e a transição do corpo, era uma possibilidade. Uma das coisas mais importantes do trabalho interior que Bruce empreendeu naquele momento foi ir o mais fundo possível em seu próprio coração para receber a orientação e a sabedoria que havia lá e entregar-se àquele amor. Ele estava disposto a seguir a instrução interior qualquer que ela fosse. Por um tempo, pareceu que a orientação era no sentido de curar o corpo; por isso ele fez tudo que podia para ajudar o próprio corpo no processo de cura, da oração à assistência médica. Mas então a instrução interior mudou. Ele compreendeu que se tratava da morte do corpo e de sua transição do plano terreno. A partir daquele momento, cheio de amor, ele se entregou pacificamente ao processo. Concentrou-se simplesmente em sentir o amor e o carinho presentes em cada instante. Um dia, quando toda a família estava reunida em torno dele, Bruce delicadamente fez a transição.

Conto-lhes essa história porque ele era uma pessoa que conhecia intimamente a Lei da Relação Divina. Havia passado boa parte da vida tentando compreender o que significava ser um filho de Deus, cultivando com gratidão sua relação com Ele. Apesar disso, ele não foi poupado da doença nem da morte, pois não era desse tipo de cuidado que estava falando quando escreveu: "*Se tivermos confiança nas Forças Criadoras, teremos quem cuide de nós.*" Como pude observar em sua vida, esse cuidado significava, ao contrário, a existência de uma sabedoria, uma força e uma orientação para enfrentar cada situação de forma que ela resultasse em crescimento, sentido e realização. Uma espécie de suave graça permeou essa experiência da enfermidade. Na verdade, tão grande era o amor que nos unia a todos na sua morte que era quase difícil sentir a dor da partida. A sensação de realização e de celebração do término de uma vida de contribuição e valor e a força de nosso amor por ele eram tão grandes

que havia mais sorrisos que lágrimas e mais reconhecimento que arrependi-
mento. Foi um momento sagrado, de grande amor e importância. Tanto ele
quanto todos nós realmente tínhamos quem cuidasse de nós.

UMA RELAÇÃO PURA E SIMPLES

É simples: se você colocar Deus em primeiro lugar, Ele cuidará de você como alguém de Seu povo — se não o fizer, você estará nessa sozinho. Há milhares de anos, Moisés apresentou a seu povo a Lei Mestra da Sintonização. O
Antigo Testamento é a história desse povo e de como ele encontrou paz, alegria e felicidade quando passou a ser Seu povo — e de como sofreu e foi escra-
vizado quando ignorou essa Lei Universal. Ela não mudou ao longo do tempo.
Ainda se aplica a você e a mim aqui e agora, hoje mesmo: Se fordes meu povo, eu serei vosso Deus.

A Lei Mestra da Sintonização deixa tudo a nosso cargo; não há exigências nem requisitos. Podemos exercer o livre-arbítrio tanto quanto quisermos.
E, de acordo com essa lei, se escolhermos aceitar essa relação, o Espírito estará sujeito a ela, tornando-se nossa fonte e suprimento pelo tempo em que optarmos por viver segundo essa consciência.

Existe aí alguma "armadilha"? O que se exige de nós? A única exigência
é que sintonizemos o Espírito, em vez do poder do mundo. Acompanha essa
exigência uma garantia incrível que representa o melhor negócio que você
poderia fazer. Trata-se de uma garantia porque é uma lei: a segunda Lei da Sintonização.[5]

A LEI DA PRIORIDADE NA BUSCA

Acaso desejamos para o amado (...), há algo mais que possamos querer e que, apesar de todo o nosso anseio, não obtemos? Eis que tudo
será nosso se apenas mergulharmos profundamente dentro de nós mesmos, até o lótus do coração, onde habita o Senhor.

Upanishade Chandogya[6]

**A Lei da Prioridade na Busca: "Busque, em primeiro lugar, o Espírito
dentro de si, e tudo aquilo de que você precisar lhe será dado"**

Se você precisa de uma casa, um carro, um companheiro, um cachorro,
um novo emprego, compreensão, equilíbrio emocional ou mais dinheiro, busque primeiro o Espírito dentro de si, e tudo aquilo de que você precisar lhe será
dado. Esse é um conselho muito útil. Isso quer dizer que alguém vai procurá-

lo para dar-lhe as chaves de um carro novo ou que você vai ganhar na loteria? Já ocorreu, mas não é dessa forma que a lei costuma funcionar. O que ela faz é orientar e facilitar para que possamos viver de forma cada vez melhor, tanto física quanto mental, emocional, social e espiritualmente.

BUSCAR PRIMEIRO O ESPÍRITO

Observe a exigência de buscarmos em primeiro lugar, isto é, de fazermos dessa busca a nossa prioridade na vida. Um dos pontos mais controversos das leis espirituais está na possibilidade de sua redação fazê-las parecer mecânicas, dando a impressão de que basta girar uma manivela para um determinado resultado acontecer milagrosamente. Não é assim que elas funcionam. As leis são em si mesmas dinâmicas vitais que estão em sintonia com a existência de cada indivíduo. Elas constituem toda a vida consciente e subconsciente daquela pessoa. Isso faz uma grande diferença quando se fala de buscar "primeiro", pois as regras exteriores acerca do significado de "primeiro" são muito menos válidas do que a compreensão da "atitude de primeiro".

Por exemplo, é fácil pensar em Deus logo que se acorda ou quando se enfrenta um desafio ou um problema. Isso pode ser útil, mas dificulta a compreensão do verdadeiro funcionamento da lei. O "primeiro" de que falamos é mais um "como" do que um "quando". Para uma determinada pessoa, "primeiro" pode ser quando ela está atolada num problema e, ao lembrar que há um conhecimento e uma força superiores, se concentra alegremente nesse amor. Para outra, "primeiro" pode começar muito antes de surgir um desafio ou necessidade, com a apreciação da beleza do verde das folhas das árvores no caminho para o trabalho.

"Primeiro" é mais a descrição da sinceridade de uma relação do que a hora, o lugar e a técnica. "Primeiro" é mais a medida da profundidade do que o coração sente a respeito do Espírito interior do que uma forma ou uma rotina. Tive uma amiga que me contou sua experiência com um padre quando ele estava saindo de uma reunião na casa dela para ir meditar em sua própria casa. Ela perguntou se ele não se sentia frustrado por ter de deixar os amigos para dedicar-se à sua disciplina. Ele respondeu que voltar para casa para esse momento de contato interior era como "voltar para casa para rever seu amor". Para ele, o Espírito interior estava em primeiro lugar.

Às vezes, as pessoas mais diligentes no dia-a-dia me perguntam: "Por que essa lei não funciona comigo?" Quando analiso suas vidas individualmente, vejo que o que está faltando é a profundidade do coração. Elas se voltam mentalmente para o Espírito, mas sem o toque de sabedoria e sintonização que vem do coração. Também já vi o caso de pessoas que não conheciam essa lei, mas cujo amor e sinceridade sempre lhes traziam tudo de que precisavam da forma mais simples e profunda.

Tenho a sorte muito especial de trabalhar com um grupo de pessoas para as quais o Espírito interior vem em primeiro lugar. Sua formação religiosa é bem variada; vai desde a Igreja Batista até professores de yoga, passando pelos que não professam nenhuma religião. No entanto, posso dizer que, para cada uma delas, o Espírito interior está em primeiro lugar, graças ao seu compromisso com o amor. Essas pessoas tentam de todas as maneiras enfrentar o que lhes surge na vida com a força do coração — não o coração meloso dos cartões de felicitações ou dos programas de TV, mas o coração da sabedoria, da inteligência e do carinho sincero. O que eu sei que se manifesta na vida dessas pessoas não é o dinheiro: elas têm relativamente poucas posses. Mas, apesar disso, suas necessidades costumam ser atendidas de uma forma sempre simples, e a qualidade de sua vida interior está muito, mas muito acima do que até mesmo milhões de dólares poderiam comprar.

Há muitas maneiras de mantermos em primeiro lugar essa relação com o Espírito: a prática regular de orações e meditação; o apoio de vida que se encontra numa comunidade como a de uma igreja, sinagoga ou grupo de estudos; as técnicas de concentração da atenção em Deus, como a afirmação, a leitura da Bíblia, as obrigações da devoção e o dízimo. Certamente, o dízimo é uma das formas mais eficazes, pois implica o reconhecimento da relação no plano físico, mental e espiritual. Embora todas elas sejam úteis, é a profundidade da relação no coração que dá expressão ao real potencial dessa lei.

DOIS MUÇULMANOS

Um dia, conheci dois devotos muçulmanos em Jerusalém. Embora ambos estivessem sujeitos às mesmas circunstâncias, um deles tinha ódio dos não-muçulmanos e criticava todo mundo, desde os vizinhos judeus até outros muçulmanos cuja linha divergia da sua.

O outro homem me pareceu feliz e satisfeito. Falou com muita compreensão dos que, apesar de partilharem sua fé, tinham opiniões diferentes da sua. Contou-me que, quando fora preso pelos soldados israelenses, entoara para eles cânticos em louvor a Moisés no caminho da prisão. Falou com amor, carinho e compreensão daqueles que o haviam prendido. A qualidade de sua vida era totalmente diferente da qualidade da vida do primeiro muçulmano, apesar de serem os dois sinceramente devotados à disciplina de sua fé. A diferença que eu percebi neles estava na colocação do Espírito em primeiro lugar. Para o segundo homem, "primeiro" significava concentrar-se prioritariamente no coração e no sentimento de amor, em vez de ser apenas uma questão de disciplina exterior. Sua vida crescera em amor, e ele se cercava de tudo aquilo que dava alegria a seu coração: os amigos, a família e sua comunidade. Mesmo ao ser preso, manteve a capacidade de agir com graça e sabedoria. Sua busca vinha do coração — com o amor e por intermédio dele.

NECESSIDADES

A lei fala de necessidades, e não de desejos. As necessidades não se restringem à sobrevivência; na verdade, entre elas podem incluir-se grandes riquezas. Quando se tem vontade de cuidar do próximo, da família, ou de atingir um determinado objetivo, às vezes se precisa da riqueza. Para alguns, isso não é uma necessidade. Apesar de a saúde ser para muitos uma necessidade, outros escolhem o aprendizado pela doença. Nesse caso, talvez o aprendizado é que seja o necessário e valha ainda mais que a saúde.

Nos Estados Unidos — país de formação puritana, cuja ênfase recai na negação, e não na apreciação do mundo —, muita gente associa a vida espiritual à pobreza. Entretanto, tudo é uma expressão de freqüências. A riqueza e o mundo material são simplesmente uma gama de freqüências que podemos vivenciar e apreciar. Porém muitos dos que optaram por aplicar essa lei tiveram de passar pela experiência da pobreza. Então, quando o indivíduo superava sua dependência das coisas materiais, como a conta bancária ou a preocupação com a sobrevivência, conseguia tudo o que era realmente necessário. O poder dessa lei era demonstrado muito mais pelo provimento imprevisto do necessário do que pelo dinheiro no banco: busque primeiro o Espírito interior, e você terá tudo de que necessita. Procure escutar seu guia interior, o sussurro da reação intuitiva do coração. Ele pode ser um dia o seu maior recurso.

Essa lei busca dar manifestação ao amor do Espírito porque usa o padrão de criação expresso na Lei da Manifestação: "O Espírito é a vida, a mente é o construtor, o físico é o resultado." Ela atua no sentido de nos proporcionar a satisfação não apenas das necessidades mentais e físicas, mas também a experiência de realização que advém da sintonia com o Espírito interior. Para que essa lei se cumpra em toda a sua potencialidade e para que nossas necessidades sejam plenamente satisfeitas, é importante que aprendamos a dar ouvidos à sabedoria do Espírito que rege nossa vida. Podemos ter fácil acesso a essa sabedoria que jaz em nosso coração, como está descrito nos Capítulos 5 e 8.

À medida que entramos em sintonia com essa presença divina e recebemos sua providência na forma de energia e inteligência espirituais, nosso mundo se altera porque ativamos a energia de um padrão superior da realidade. A realidade não é aquela coisa fixa que acreditamos que seja; ela é um processo de seleção de diferentes padrões de freqüência por meio de nossos pensamentos, sentimentos, atos e convicções. Quando a energia desses padrões é liberada, eles se expressam em nosso mundo interior e exterior. Muitas vezes fazemos isso com a energia mental ou emocional, quando lutamos por realizar um ideal ou objetivo. Buscar "primeiro" é usar o coração para introduzir em nossa vida a energia espiritual que pode facilmente ativar um padrão que esteja em sintonia com nosso objetivo e ajudá-lo a manifestar-se.

À medida que trabalhar com essa maravilhosa lei, procure deixar que ela lhe mostre as verdadeiras necessidades de sua alma. Busque primeiro a orientação do Espírito interior para que ele o guie rumo à satisfação dos desejos de seu coração em todos os planos — mental, emocional, social, espiritual e físico.

Capítulo 5

Como Amar

O Senhor Deus, onisciente e onipresente, habita o coração de todos os seres.
Cheio de graça, é ele quem liberta todos aqueles que para ele se voltam.

Svetasvatara

Deus é amor.

1 João 4:16

Amar. Parece uma coisa tão simples. Você sabe como amar, não? Todos nós já amamos. Você já se importou e muito com alguém, então você sabe como amar.

Eu também já amei. Porém, enquanto eu tentava aplicar em minha vida a Lei do Amor, descobri que não sabia como escolher o amor sempre que desejava. Ele simplesmente não estava presente quando eu precisava. Era algo que só ocorria de vez em quando. Certamente, ele não estava à minha disposição quando eu sentia raiva, dor ou medo. Em minha experiência no auxílio a diversas pessoas para que aprendessem a usar a Lei do Amor na transformação de situações dolorosas, descobri que muito pouca gente consegue escolher amar. É difícil amar alguém que agiu conosco de uma forma negativa, principalmente se essa pessoa nos causou mágoa ou dor.

UMA PROFESSORA EMPÁTICA

Quando penso em como aplicar a Lei do Amor, penso em Melinda, uma professora que se viu numa situação profissional muito difícil. Ela havia decidido trabalhar em caráter experimental com uma criança a quem chamaremos de Matt. No primeiro dia de aula, Matt perdeu o controle quando ela lhe pediu explicações a propósito de seu mau comportamento em relação a um colega. Ele começou a gritar e espernear, agredindo física e verbalmente quem estivesse em seu caminho. Melinda teve que retirá-lo da sala. Quando se viu do lado de fora, a raiva de Matt voltou-se toda contra a professora. No final, Melinda estava com duas mordidas no braço, escoriações nas pernas e um olho roxo.

Esse era o padrão constante de Matt na sala de aula. Ao mesmo tempo, Melinda e a diretora da escola trabalhavam com os pais. Uma das recomendações que lhes fizeram foi levá-lo para avaliação e aconselhamento com um terapeuta.

Após semanas nesse ritmo, Melinda estava esgotada, frustrada e pronta para desistir. Àquela altura, a única coisa que queria era que a sala voltasse à calma e à tranqüilidade que tinha quando Matt não estava lá. Mas, por alguma razão inexplicável, adiou uma reunião com a diretora. Sabia que essa reunião acabaria resultando na decisão da escola de pedir a saída de Matt. Ao invés de ir à reunião, Melinda foi para casa e trabalhou com algumas técnicas que aprendera para entrar em contato com a sabedoria e a inteligência intuitiva de seu coração. Sabia — graças não apenas ao treinamento nas técnicas do coração do HeartMath e à sua formação espiritual, mas também ao seu estudo da obra de dra. Maria Montessori — que a resposta estava no amor. Em *The Secret of Childhood* [*O segredo da infância*], num capítulo intitulado "Intelligence of Love" ["A inteligência do amor"], havia lido o seguinte:

> Todo esforço de vida que se realiza sob essa lei e leva à harmonia entre os seres atinge a consciência sob a forma de amor. É o amor que une a criança às coisas. Não é o amor no sentido que comumente se lhe atribui, isto é, um sentimento emocional, mas um amor da inteligência, que vê e assimila e se constrói pelo ato de amar. Sim, o guia interior que conduz as crianças em sua observação do que as rodeia poderia ser descrito, conforme a expressão de Dante, como "inteligência do amor". Acaso não é característica do amor aquela sensibilidade que permite à criança ver o que os outros não vêem, perceber detalhes que a outros passam despercebidos e usufruir de qualidades especiais que estão, por assim dizer, ocultas e que o amor pode descobrir? É porque a inteligência da criança assimila com amor e não com indiferença que ela pode ver o invisível. Essa absorção ativa, ardente, meticulosa e constante no amor é característica das crianças.[1]

Para aplicar seu amor à situação que tinha diante de si, Melinda entrou em contato com seu próprio coração usando a técnica de *Freeze-Frame*. Foi uma experiência muito forte, que resultou num plano de ação que a surpreendeu. Melinda sabia claramente que seu coração lhe dizia que tentasse atingir o de Matt.

Na segunda-feira pela manhã, ela o levou a passear na cadeira de rodas que o garoto estava usando após haver caído de uma árvore. Sentaram-se sob uns pinheiros e começaram a conversar. Então ela falou sobre o coração dele.

O garoto fez várias perguntas. Parecia muito interessado no que ouvia. Ela o ensinou a usar a técnica de *Freeze-Frame* para chegar ao próprio coração quando sentisse que iria perder o controle.

A partir daquele dia, Matt esforçou-se para usar a técnica e começou a apresentar resultados sensíveis. As gritarias e agressões começaram a diminuir. Os pais disseram que o mesmo estava ocorrendo em casa. Matt contou aos amigos sobre a técnica e até ensinou os pais a usá-la.

No final, a criança acabou deixando a escola, mas Melinda teve a satisfação de ter dado a Matt uma nova forma de viver sua vida. Com seu amor, ela descobrira o que ele precisava e o presenteara com o dom de entrar em contato com o seu próprio amor. O mundo de Matt mudou porque Melinda o amou o bastante para ensiná-lo a entrar em contato com seu coração. O mundo de Melinda também mudou. Por haver buscado uma maneira de aplicar seu amor e sua empatia no trato com aquela criança difícil, ela trouxe maior realização à sua experiência como professora, descobrindo a eficácia da inteligência de seu coração na transformação de uma situação aparentemente fadada ao fracasso num êxito para todos os envolvidos.

Essa experiência tem significação especial para mim na minha busca de entender como amar porque rompe com tantas de nossas idéias preestabelecidas sobre o amor. O amor não é aquela xaropada dos cartões do dia dos namorados. É uma força poderosa e inteligente que, através da Lei do Amor, libera a energia criadora do universo. Não exige vinte anos de meditação nem uma formação religiosa específica. Até uma criança emocionalmente difícil pode usá-la, mesmo que tenha apenas 6 anos. A força do amor muda o sujeito que a emite e também o objeto que a recebe. O amor transforma.

APRENDER A AMAR

A fim de utilizar a Lei do Amor para a transformação pessoal, é necessário que amemos aos outros e a nós mesmos. Porém há partes de nós das quais não gostamos, da mesma forma que há tipos de pessoas que tampouco nos agradam. Por vezes um aspecto de nossa personalidade nos causa problemas. Como podemos amá-lo? Talvez o nosso sucesso na vida se deva justamente ao fato de havermos controlado essa parte de nós, e não ao fato de a havermos amado.

Lembra-se da experiência de Victoria com a pequena Vicki? Se alguém atrapalhasse nossa estréia numa carreira para a qual nos preparamos por anos e anos, provavelmente ficaríamos irritadíssimos. A raiva é uma reação natural de defesa. Entretanto, para transformar aquela situação, Victoria teve de levar seu amor até aquela faceta de si mesma — a pequena Vicki — que havia agido de modo infantil diante da banca.

Se percebermos o pouco que sabemos sobre o controle consciente do amor e como é difícil contar com ele quando mais dele precisamos, torna-se fácil entender por que até hoje as pessoas não usaram mais o poder transformador da Lei do Amor. Além disso, a própria palavra *amor* é um termo muito confuso. Nós o empregamos para designar várias das fortes emoções que associamos ao amor romântico, embora muitas delas não sejam amor de jeito algum. Muitas vezes, trata-se de necessidade de segurança, desejo sexual, auto-estima, sentimentalismo e até de necessidades obsessivas de possuir ou controlar alguém. Assim, é natural que as pessoas reajam com ceticismo à idéia de ter o amor como uma resposta para seus problemas. Essas associações e a falta de conhecimento acerca de como usar o amor são razões mais que suficientes para que a maioria ache que falar de amor é uma bobagem sentimental.

O sentimento do amor é estimulado por meio da circulação da energia espiritual através do coração. Vários dos sentimentos que são normalmente situados no coração não têm nele sua origem. Mesmo a raiva ou o ódio — que não provêm do coração, mas sim de percepções atribuíveis ao cérebro, e que se relacionam a fortes energias emocionais — podem, até certo ponto, ser sentidos no coração, pois existe a possibilidade de haver elementos de autopreservação e auto-estima por trás da paixão da emoção. Da mesma forma que o amor, os demais sentimentos inerentes ao coração — como a gratidão, o carinho, a compaixão, o perdão, a coragem, a bondade e a paz — são fruto do movimento do espírito através do coração. Cada um deles é a expressão de um aspecto do amor. As pessoas às vezes pensam que todas as emoções e sentimentos provêm do coração. Todavia, apenas os sentimentos transformadores ativam as funções superiores do coração. Os sentimentos negativos, na verdade, fecham a sensibilidade do coração, e só podem ser superados com sua reativação.

O amor não é sentimental, embora seja sensível. Tampouco é alguma das sensações colaterais de segurança que podem surgir num relacionamento, embora propicie segurança. O amor é uma experiência espiritual, esteja ele no romance, no amor materno, na sensação de fraternidade, no carinho pelo próximo, no amor a Deus ou no compromisso com um ideal. É possível amar quando assim o queremos, amar as partes de nós que nos causam repulsa e amar as pessoas em momentos nos quais nem gostamos delas. É possível aprender a amar. Ao fazê-lo, estamos nos abrindo para iniciar uma experiência espiritual quando quisermos.

O CORAÇÃO

A relação que todos conhecemos entre o amor e o coração é procedente e exata. Você por acaso já disse, olhos nos olhos, àquela pessoa especial: "Eu o/a amo com toda a minha mente"? Claro que não. É através do centro espiritual conhecido como coração que sentimos o movimento da presença divina como amor. Existem outros centros espirituais no corpo, porém o coração é o ponto de equilíbrio da energia que flui através de todos eles. O coração é o centro da inteligência que efetivamente administra a distribuição da energia para todos os demais centros. Quando a energia está centrada no coração, podemos trabalhar conscientemente a energia do nosso amor.

Há diversas situações em que é útil saber direcionar o amor:

A PRIMEIRA é a transformação dos pensamentos e sentimentos cotidianos.

A SEGUNDA é a cura ou transformação de lembranças emocionalmente dolorosas para eliminar convicções e padrões emocionais restritivos.

A TERCEIRA é a aplicação do amor para apoiar a transformação de outras pessoas.

TRANSFORME PENSAMENTOS E SENTIMENTOS

Como você pode aplicar seu amor na transformação de pensamentos e sentimentos do dia-a-dia? A partir das Leis de Causa e Efeito, sabemos que nossos pensamentos e sentimentos têm importância decisiva naquilo que ocorre em nossa vida. Os pensamentos positivos comprovadamente ajudam a manter os sentimentos positivos. Contudo, vários dos nossos padrões habituais de pensar e sentir estão profundamente arraigados e, às vezes, dificultam a manutenção de uma atitude positiva, por melhores que sejam as nossas intenções. Sabendo como transformar (ao invés de simplesmente substituir) os pensamentos e sentimentos negativos do dia-a-dia, podemos não só fazer uma opção diferente, mas também transformar, ou superar, o padrão inferior e adotar como norma o superior.

Examinando as propriedades eletromagnéticas do coração, podemos descobrir a freqüência característica do amor e também a relação entre padrões de sentimento ou de freqüência específicos e a transformação.

O PADRÃO DO ELETROCARDIOGRAMA

A ciência sabe já há algum tempo que atitudes e emoções afetam o sinal elétrico do coração, conforme demonstra o gráfico abaixo:

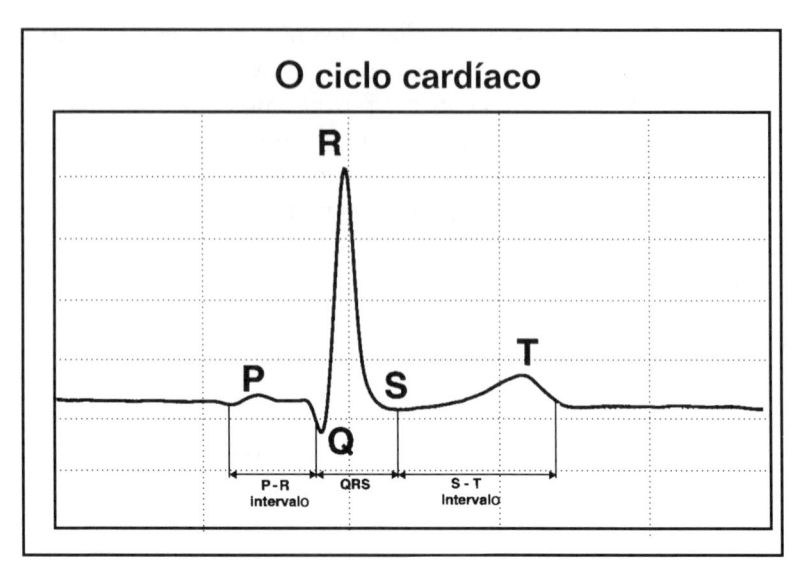

Figura 5A

Figura 5A — Esse é o sinal elétrico gerado pelo coração a cada vez que bate, conforme registrado em eletrocardiograma (ECG). Emoções como a raiva, a ansiedade e a depressão provocam alterações observáveis nesse sinal, que se compõe das energias elétricas do coração. A raiva provoca depressão da onda T, e os sentimentos depressivos provocam um alargamento do complexo Q, R, S.

A onda acima mostrada resulta de muitas freqüências isoladas que se combinam para formar esse conhecido padrão. Se decompusermos o sinal nas freqüências que o constituem, obteremos gráficos como os das figuras 5B e 5C, que mostram cada uma das freqüências geradas pelo coração. A visão desse gráfico é como a visão de um rádio. Cada uma das linhas verticais ao longo do eixo horizontal é uma freqüência específica do coração, da mesma forma que cada linha no mostrador de um rádio é uma freqüência de rádio distinta.

O ESPECTRO DO ECG — FRUSTRAÇÃO

Quando se experimenta a emoção da frustração, o coração gera um padrão similar de freqüências. Esse padrão lembra o registro sismográfico de um terremoto californiano — e a sensação que provoca interiormente também é parecida. Esse padrão caótico corresponde aos chamados espectros de freqüência incoerente. Nele, muitos dos padrões de onda interferem nos demais, anulando-se mutuamente. O resultado é semelhante a um rádio ligado em todas as estações.

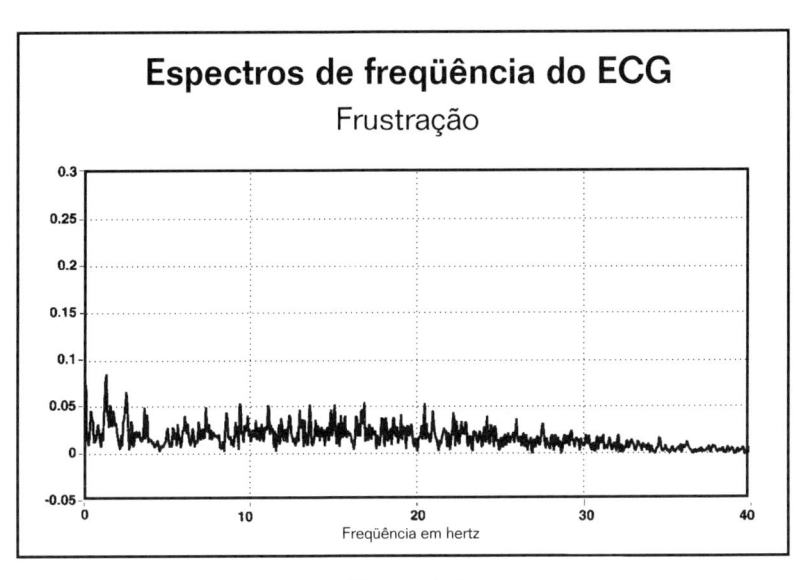

Figura 5B

Figuras 5B e 5C — Análise do espectro de oito segundos de dados colhidos em ECG de um indivíduo que experimentava frustração (5B) e estima sincera (5C). O padrão caótico produzido pela frustração em 5B é chamado de espectro incoerente. O padrão ordenado produzido pela estima em 5C
é chamado de espectro coerente.[2]

O ESPECTRO DO ECG — ESTIMA

Quando se sente estima profunda, vivencia-se uma parte do sentimento
do amor. O amor se expressa através de muitos sentimentos, como a estima, o
carinho e a compaixão. Quando o sentimento da estima é sincero, a força do
amor transforma o padrão elétrico gerado pelo coração. O novo padrão tem a
seguinte forma (ver Fig. 5C).

Aqui vemos o padrão de freqüência expressar ordem, força e harmonia. É
como tocar um belo acorde ao piano, ao passo que a figura anterior é compa-
rável a tocar o piano com o braço inteiro. Vemos através da mudança no sistema elétrico do coração um nível muito mais alto de eficiência de operação
do que o verificado no ECG relativo à frustração. O amor transforma.

Existem inúmeros sentimentos e atitudes que geram esse padrão de freqüência coerente característico do amor. Se você por acaso sentisse carinho
enquanto seu eletrocardiograma estivesse sendo registrado, e essas informações
fossem transmitidas a um computador que convertesse os dados num espectro
de freqüência, o resultado seria um padrão de onda coerente, como o que está
na Figura 5C. O padrão de onda coerente é visível em ondas cujos picos se dis-

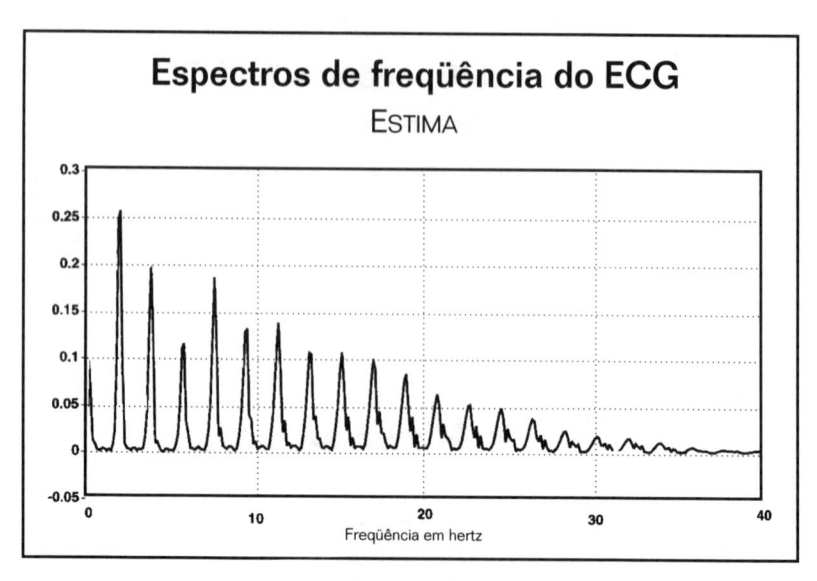

Figura 5C

Figura 5C — Padrão de freqüência coerente gerado pelo coração durante a vivência da estima. O padrão ordenado é uma série harmoniosa. Observe a força maior (eixos verticais) da Figura 5C em relação à Figura 5B.[3]

tribuem de forma homogênea e constitui o indício eletromagnético da presença do amor.

Se você estivesse esperando que algo acontecesse — um telefonema, por exemplo — enquanto está trabalhando e essa coisa não acontecesse, sua reação seria de frustração. O resultado de seu ECG apresentaria diversos picos incoerentes, como os da Figura 5B.

Podemos conscientemente optar por mudar de um padrão incoerente para um saudável, ordenado e coerente, transferindo nossa energia para o coração e entrando em sintonia com algum dos sentimentos que compõem a freqüência do amor.

TRANSFORMAR A FRUSTRAÇÃO

Voltemos ao exemplo do escritório e do telefonema que você precisa receber e não recebe. Você identifica seu sentimento de frustração e, por um instante, corre os olhos pela sala. Ao ver um colega que, alguns dias antes, o ajudou numa tarefa complicada, você começa a pensar na estima que ele lhe inspira e no quanto lhe valeram sua capacidade e eficiência naquele momento.

O que está acontecendo dentro de você é que sua nova atitude de reconhecimento começou a conduzir sua energia para o coração. Você está passando do padrão incoerente para o padrão completamente ordenado e coerente de freqüência do amor (Figura 5C). Você está também começando a acumular sua energia. Enquanto se sentia frustrado, desperdiçava-a, criando *stress*. Além de restaurar sua energia, o sentimento de estima em relação ao colega atrai essa energia para seu coração.

Você só verá mudança na freqüência se o sentimento de estima for sincero. Não basta pensar nele para promover a mudança. É por isso que tantos métodos e programas de pensamento positivo têm efeitos tão limitados. A Lei do Amor não funciona se apenas pensarmos no amor; é preciso senti-lo.

Sua nova atitude está transformando o padrão interior de reação que criava a energia negativa da frustração. A energia positiva do amor o leva às soluções de que você precisa. Talvez o telefone toque — você estará concentrado e pronto para atender. Talvez lhe ocorra outra alternativa. Quando estamos em meio à energia e às sensações positivas do amor, operamos num plano superior e, por isso, o mundo que criamos está também num plano superior: semelhante atrai semelhante.

FREEZE-FRAME

Como se pode optar pelo amor quando se está imerso em sentimentos e emoções negativas? A maioria das pessoas teria dificuldade em começar a sentir o amor numa situação dessas. O que podemos fazer é selecionar uma determinada freqüência que provoque o padrão de onda coerente do amor. No exemplo acima, usei o sentimento da estima provocado pela lembrança do auxílio de uma outra pessoa. Mas também é possível lembrar de um momento de prazer em que seu coração se encheu de vida; talvez a emoção diante da beleza da natureza ou de ver seu neto abrir-lhe os braços.

Tais sentimentos estimulam o campo eletromagnético em torno do coração e produzem o padrão de onda coerente do amor. Cada sentimento é uma faceta do amor que evoca o poder transformador da Lei do Amor. É o sentimento que provoca a mudança, e não apenas o pensamento. Antes de descobrir como é difícil administrar a mente com a própria mente, eu tentava provocar essa mudança selecionando apenas pensamentos positivos. Queria sentir o amor, mas sempre pensava estar sentindo o que apenas estava pensando. Essa tentativa me ajudava muito, principalmente porque me fazia sair de um estado de espírito reativo e estressado para outro mais neutro. Porém ainda estava muito longe da transformação possível com a Lei do Amor.

Então tomei conhecimento do processo conhecido como *Freeze-Frame*, ensinado por Doc Lew Childre no livro *Freeze-Frame: Fast Action Stress Relief*

[Freeze-Frame: alívio rápido do stress]. Para ser sincero, quase o descartei, pois parecia tão simples que pensei: "Já sei tudo isso, não preciso aprender." Felizmente experimentei o processo seguindo a seqüência recomendada e cheguei à conclusão de que sua combinação única de etapas torna a transformação muito mais fácil de acompanhar. Em vez de usar meu método anterior, mais enfadonho e complicado, pedi a permissão de Childre para apresentar diretamente seu método:

As etapas da técnica FREEZE-FRAME

1. Reconheça a presença de um sentimento estressante e coloque-o em *Freeze-Frame* (é como "congelar" uma imagem no videocassete apertando o botão de pausa). Dê um tempo!

2. Deixe de lado a agitação e as emoções e procure concentrar-se na área em torno do coração. Faça como se respirasse através dele, tentando concentrar sua energia na região por dez segundos ou mais.

3. Relembre uma experiência ou sentimento positivo ou divertido e tente reviver esse momento.

4. Agora, usando de intuição, bom senso e sinceridade, pergunte a seu coração qual seria a reação ideal para aquela situação de *stress*.

5. Escute a resposta que seu coração lhe der. (É uma boa maneira de colocar a mente e as emoções reativas à prova, além de uma fonte inesgotável de soluções sensatas!)[4]

Nas primeiras vezes talvez seja melhor praticar esta técnica de olhos fechados até se acostumar com ela. Basta um minuto ou dois. Parte da beleza do método está em poder praticá-lo de olhos abertos, enfrentando cara a cara as dificuldades da vida.

UM CASO MÉDICO

Havíamos acabado de nos mudar para perto de Santa Cruz quando minha mulher caiu doente. Descobriu-se que ela precisava submeter-se a uma pequena cirurgia feita em ambulatório. Ainda não contávamos com a cobertura do seguro, mas sabíamos que a operação era importante e que as coisas acabariam dando certo. Eu estava na sala de espera quando o médico saiu, ainda com a máscara, e me chamou até o corredor. Começou a explicar-me que havia tido que interromper a operação porque o problema era mais grave do que havia imaginado. A operação exigida seria muito mais delicada porque minha mulher estava sob risco de vida.

Enquanto ele falava, minha mente começou a compreender a magnitude do problema que eu tinha pela frente. Eu já havia sofrido a dor da perda de minha primeira mulher, e as palavras do médico deflagraram em mim temores de vivê-la outra vez — para não falar na preocupação com o desastre financeiro que pairava sobre nós, para o qual não estávamos preparados de jeito nenhum. Subitamente me dei conta da estressante situação em que me encontrava e dos pensamentos e sentimentos que me assaltavam. Queria estar o mais lúcido possível naquele momento, então optei por fazer um "congelamento" da cena, isto é, um *freeze-framing*.

Em primeiro lugar, consciente de meus pensamentos e sentimentos, fiz uma pausa no raciocínio que estava seguindo, como se estivesse apertando a tecla de pausa no videocassete.

Em segundo lugar, concentrei-me na área em torno de meu coração e imaginei que respirava através dela por dez segundos ou mais.

Em terceiro lugar, precisava encher o coração de um sentimento positivo muito forte. Devido à natureza da situação em que estava, não consegui pensar em nada divertido. Todavia, consegui sentir uma estima muito profunda por aquele médico que tinha diante de mim. Ele se havia valido de sua perícia para identificar um problema, tomado a decisão mais responsável em relação à saúde de minha mulher e vindo imediatamente avisar-me de tudo que estava ocorrendo. Num rápido instante, tomei consciência de tudo isso, ao tempo em que me concentrava na estima por ele até senti-la genuinamente na área do coração.

Em seguida, cumpri a importante etapa 4, perguntando silenciosamente a meu coração: "Qual a reação ideal para esta situação de *stress?*"

Enquanto escutava meu coração, a reação foi uma conscientização imediata de que nada do que estivera pensando sobre morte e dinheiro era importante naquele momento. A única coisa que me importava de verdade era saber que minha mulher estaria ciente de tudo aquilo, pois havia tomado apenas anestesia local. Devia estar sentindo muito medo e precisava de meu amor e apoio. Que aquilo era o mais importante ficou tão claro para mim que meus pensamentos não voltaram a outras questões. Sentia-me lúcido, forte e cheio de carinho. Durante os trinta segundos em que pratiquei a técnica, estive consciente de tudo o que o médico me dissera. Agora estava pronto para terminar a conversa e ir ver minha mulher.

Felizmente, uma semana depois, quando a cirurgia foi feita, algumas das complicações pressentidas pelo médico não se concretizaram. Minha mulher hoje goza de boa saúde e leva uma vida ativa e plena. Vencemos os desafios financeiros e deixamos aquela dificuldade para trás cheios de gratidão pelo interesse e cuidado de que fomos alvo em diversos planos.

Se estou relatando essa experiência é porque *Freeze-Frame* é uma técnica que pode ser usada em meio a situações tão estressantes e difíceis quanto essa. Muitas pessoas já me contaram havê-la utilizado com sucesso em reuniões ou confrontos em que as emoções eram muito fortes, com importantes projetos e relacionamentos em jogo. Outras lamentaram não haver utilizado a técnica no momento indicado, ressalvando que a julgaram útil mesmo depois do instante crucial, pois permitiu-lhes aliviar o *stress* e perceber mais claramente o melhor caminho a seguir.

Você verá que, com a prática, o emprego da técnica se torna cada vez mais rápido e fácil. Você pode utilizá-la de olhos abertos, no momento estressante, quando os padrões habituais de reação mental começam a agir. Mas ela é também benéfica durante momentos de tranqüilidade: quando se troca um programa no computador, antes de ir a uma reunião ou de trancar a porta do carro.

Freeze-Frame é uma ferramenta cujo sucesso está em basear-se na Lei do Amor. "O amor transforma." A força do coração é de grande valia nas situações estressantes da vida, mas a utilidade dessa ferramenta vai muito além de tais situações. Use-a quando as coisas forem bem, quando estiver implementando um bom projeto no trabalho ou simplesmente gozando a companhia das pessoas de quem gosta. O amor transforma os bons momentos, dando-lhes mais qualidade e consistência, o que amplia o gozo das bênçãos que o amor divino traz para sua vida. Exija tudo de bom a que tem direito. Nossos corações foram feitos também para imprimir maior satisfação a nossas experiências, e não apenas para livrar-nos da dor e das dificuldades. Ele representa a chave para o céu na Terra.

CORAÇÃO E INTELECTO

Algumas pessoas têm dúvidas procedentes quanto a esse movimento em direção ao coração. E se nosso emprego exigir de nós um trabalho intelectual? O coração não será demasiado sentimental para o local de trabalho? E se o necessário for a precisão intelectual?

O coração não tem sentimentalidades. Na verdade, sua energia enriquece a capacidade intelectual, permitindo-nos ir além de padrões emocionais limitadores e ver com precisão uma determinada situação.

O caminho nervoso do cérebro ao coração, chamado de sistema nervoso autônomo, é bastante conhecido. Mas também existe um que liga o coração ao cérebro. Quando se ativa a energia do coração, o resultado é a estimulação do neurocórtex, fonte de nossas maiores capacidades de raciocínio. O cérebro funciona melhor quando o coração também participa.

Lembra-se de quando você estava na escola estudando para uma matéria que adorava? Isso o fazia aplicar a energia de seu coração na aprendizagem. Por isso, aprendia com muito menos esforço e sua compreensão era maior. E, agora, lembra-se de como era quando tinha de estudar algo de que não gostava? Era apenas trabalho mental e lhe custava muito mais chegar ao mesmo grau de entendimento. O amor vitaliza a mente.

ALINHAMENTO CORAÇÃO-CÉREBRO

O estado de alinhamento altamente eficiente provocado pelos sentimentos associados ao amor afeta também o cérebro. Os gráficos abaixo mostram a sincronia de freqüência entre coração e cérebro.

A inteligência do coração estimula o cérebro, fazendo-o funcionar melhor. Tanto a ligação neurológica quanto a eletromagnética aqui mostradas são elementos importantes no acesso à inteligência superior proveniente do contato com o Espírito por meio do coração. Quanto mais profundos os sentimentos abrigados no coração, mais elevado o plano da inteligência a que podemos ter acesso.

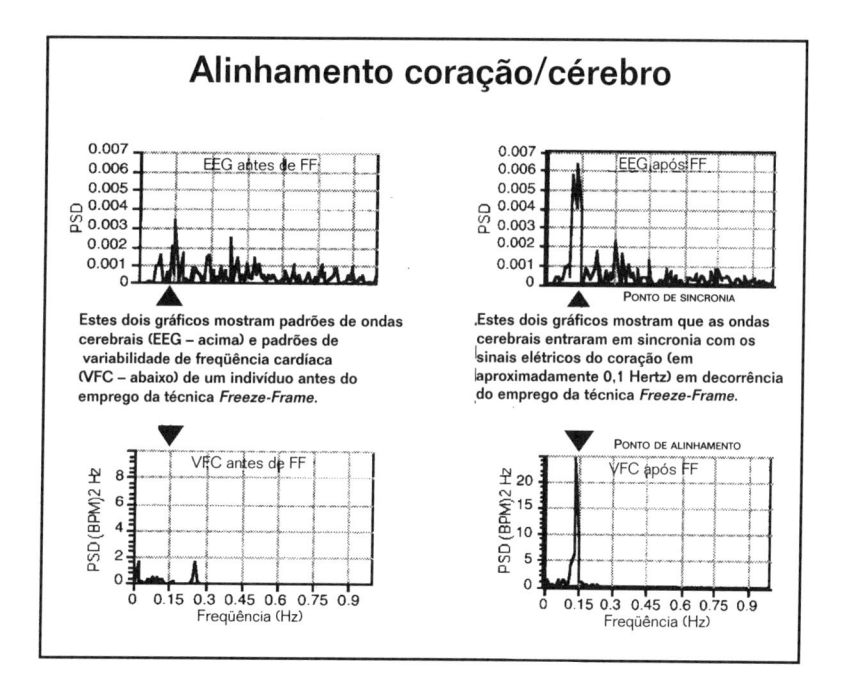

Figura 5D

A Figura 5D mostra o EEG (eletroencefalograma, acima) e o ECG (eletrocardiograma, abaixo) de um indivíduo. No lado esquerdo, que corresponde aos dados anteriores ao emprego da técnica *Freeze-Frame* (FF), não há relação entre coração e cérebro. No lado direito, após o sentimento do amor haver sido ativado (padrão de freqüência coerente) pela técnica, a onda cerebral (o sinal de uma forma ondular média) entrou em sincronia com a freqüência cardíaca. [5]

A NEUTRALIDADE — UMA DÁDIVA DO CORAÇÃO

Você acaba de mudar-se para uma nova cidade, tem um novo emprego. Tudo está muito bem, mas você não consegue encontrar a casa que quer, e o apartamento em que está instalado com a família é realmente inadequado. É domingo e você retornou, depois de mais um dia cansativo passando em revista as casas à venda, sem ter encontrado nenhuma que lhe agradasse e, ao mesmo tempo, estivesse dentro de suas posses. Você jura que nunca mais vai olhar nenhuma casa em sua vida e pensa: "Talvez eu tenha me precipitado; talvez não devesse ter vindo para cá." Faz sentido, não é? "Se isso fosse o certo, não haveria tantos problemas para encontrar uma casa." É uma boa hora para consultar seu coração. "Fique frio", como dizem os jovens. Seu coração não tem de responder essa pergunta imediatamente. Enquanto agradece à sua família pelo esforço e cooperação de todos na mudança, desfrute de seu amor por ela. Sinta-o. Faça a pergunta a seu coração e deixe-o em ponto neutro.

O ponto neutro é um lugar muito especial no coração. Lá não há julgamentos, não há certo nem errado, apenas uma pausa restauradora enquanto ele abraça a questão e lhe fornece uma perspectiva mais ampla. Depois você poderá ver as coisas de uma forma diferente. Ao longo de minutos, horas, dias — quanto tempo você quiser — sua perspectiva irá se tornando mais nítida. É como colocar o grau certo na lente dos óculos — você vê as coisas claramente. "Bem, as coisas não estavam lá muito boas onde eu estava; aqui pelo menos há novas possibilidades para nós. Desafios há em qualquer lugar. O desafio agora é apenas encontrar uma casa; pelo menos tenho um emprego e nele tenho me sentido bem até agora." Uma nova perspectiva — a dádiva da neutralidade de seu coração.

É fácil levar o coração ao ponto neutro:

1. Concentre-se na área em torno do coração.
2. Leve suas apreensões ao coração colocado em ponto neutro.
3. Controle seus pensamentos e mantenha-os neutros até o coração ter uma chance de dar-lhe uma perspectiva mais ampla.

A ESTIMA

Cada vez que expressamos um sentimento intrínseco ao coração, pomos a Lei do Amor em ação naquela situação. A estima é uma das freqüências mais fortes e poderosas do amor. Vejamos o exemplo da seguinte história, que ouvi há muitos anos e pela qual tenho muita gratidão:

Um certo homem decidira divorciar-se da mulher, tão cansado estava das queixas e reclamações constantes dela. Então foi procurar o rabino e falou-lhe da frustração que sentia por tudo que ela o havia feito passar. O rabino foi muito compreensivo e, percebendo a raiva do homem, perguntou-lhe se não queria ficar quite com a mulher por tudo que havia sofrido. O homem, que estava louco por uma chance de vingar-se, perguntou imediatamente como poderia fazê-lo.

O rabino aconselhou-o a primeiro fingir pensar que a mulher era bela e carinhosa e que a estimava muito para que ela se convencesse disso. Assim, quando finalmente pedisse o divórcio, ela saberia o quanto havia perdido e perceberia que jamais poderia ter outro marido tão maravilhoso quanto ele. O rabino o instruiu a dizer-lhe diariamente, ao acordar e antes de dormir, que a julgava bela e adorável e agradecer-lhe efusivamente por tudo que fazia por ele, até as menores coisas. O homem aderiu sem demora a esse plano diabólico.

Um ano mais tarde, o rabino encontrou o homem no mercado e perguntou-lhe se ainda queria divorciar-se da mulher. O homem olhou espantado para o rabino e disse: "Por que iria eu divorciar-me de uma mulher tão bela, tão maravilhosa e solícita?"

O rabino entregara a esse homem um instrumento precioso: a estima. Conforme a análise do espectro do coração, a estima só exerce plenamente todo o seu efeito quando é sincero. Todavia, o ponto que o rabino queria enfatizar fica bem claro: ela é um instrumento poderosíssimo que muda não só quem a oferece como também quem a recebe.

Se você tiver um relacionamento importante, faça a estima que sente agir entre vocês. Assim, estará pondo em ação a Lei do Amor: "O amor transforma".

Lembro-me de ter ouvido falar de uma cultura primitiva que chamou a atenção dos antropólogos porque nela não havia crimes. Os pesquisadores descobriram que, se alguém fazia algo que perturbasse os demais, todos os membros da comunidade se reuniam e sentavam-se em círculo. Uma de cada vez, as pessoas iam dizendo ao elemento que perturbara a harmonia do grupo — o qual se sentava no centro do círculo — as coisas que apreciavam nele, lembrando-lhe as coisas boas que já havia feito ou suas boas qualidades. Após haverem dito tudo de que se recordavam, as pessoas voltavam a seus afazeres normais. Ninguém mais voltava a tocar no assunto que as havia levado até ali. O resultado era uma cultura em que não havia crime.

Quando ouvi falar disso, há muitos anos, comecei a reagir de forma diferente às atitudes reprováveis de meus filhos. Descobri que, demonstrando sincero apreço pelas coisas maravilhosas que eles haviam trazido à minha vida, mudava o clima entre nós. Assim, conseguia compreender e lidar satisfatoriamente com qualquer problema de comportamento deles. Na verdade, na maioria das vezes o problema em si não era o mais importante, e nós acabávamos por esquecer-nos totalmente dele.

TRANSFORME AS LEMBRANÇAS EMOCIONALMENTE DOLOROSAS

Essa compreensão é uma das coisas mais importantes em nosso processo de transformação. Cada um de nós traz dentro de si feridas emocionais provenientes de experiências traumáticas. Essas feridas são grandes barreiras à vivência da plenitude do amor e da alegria própria dos seres espirituais que nós realmente somos. A partir dessas experiências, nós construímos crenças que continuam a manifestar-se em nossa vida na forma de dificuldades através da Lei da Crença.

Com a força do amor, podemos curar e transformar esses pontos cheios de mágoa emocional que há em nós. Independentemente de a experiência traumática ter sido de violência física, sexual ou emocional — ou mesmo uma daquelas experiências de decepção e abandono que, apesar de mais sutis, não deixam de ser limitadoras —, o amor tem o poder de curá-la e transformá-la, libertando-nos daquela limitação.

Sara Paddison, autora de *The Hidden Power of the Heart**, descreve esse processo de transformação como um salto de uma foto ou fotograma para outro. Ela fala dessas realidades em termos de sua natureza holográfica. Um holograma é uma foto ou imagem tridimensional. Pelo fato de vivermos numa imagem tridimensional, ela se refere ao processo de mudança de nossa relação com o passado — e, assim, com o futuro — de "holo-salto". Ela diz:

> Se você não se dirigir a seu coração para aprender com seus infortúnios, pode magnetizar freqüências semelhantes (possivelmente outro infortúnio). Quando emprega a inteligência do coração, você reordena suas futuras freqüências, podendo, assim, muitas vezes evitar um desastre.
>
> Conforme a minha experiência, um holo-salto pentadimensional é possível quando você consegue ver seu próprio rolo de filme e ter a inteligência de reformular — ou dar vazão a — parte de seu personagem. Entrando no coração holográfico, é possível até reinterpretar aquela parte do roteiro. Em outras palavras, você pode começar do zero, voltando ao passado e fazendo uma opção diferente. É como retirar um determinado *chip*, um programa velho do computador mediante a alteração da freqüência básica. Você retorna ao seu dia-a-dia, mas com menos bagagem e com uma perspectiva renovada.[6]

Um exemplo dessa mudança de freqüência está no que Victoria vivenciou com aquela parte de si mesma que era uma criança magoada e amedrontada.

---

* *O Poder Oculto do Coração*, publicado pela Editora Cultrix, São Paulo, 1999.

Ela encontrou Vicki através do medo e da reação infantil que tinha diante dele. Victoria lembrou-se de como corria para esconder-se num canto quando de fato quem se escondia era aquela Vicki cheia de medo da violência que havia na família. Ela alterou a freqüência básica dessa lembrança levando o poder transformador de seu amor até aquela garotinha.

Todos nós alguma vez já guardamos na memória experiências dolorosas até que a resposta do amor alterasse sua freqüência básica, permitindo-nos crescer. Para curar a mágoa, podemos levar nosso amor até aquela parte de nós em que ela se concentra. Para Victoria, essa parte era a lembrança que tinha de si mesma quando menina, à qual chamou de Vicki.

O amor transforma, portanto o que temos de fazer é saber como direcionar nosso amor para essa parte de nós que guarda a lembrança da dor e da rejeição. Podemos fazê-lo por etapas. Como essa é uma obra do amor, devemos cumpri-las de forma condizente, isto é, com amor. Reservar tempo suficiente para tal é parte de nosso amor por nós mesmos. Se você tiver diversos problemas a enfrentar, comece a utilizar esse processo com os mais simples. À medida que se for tornando mais hábil e mais capaz de compreender sua própria dinâmica interior, poderá passar aos mais complexos.

Como transformamos esses padrões? As etapas descritas abaixo nos levam a um processo que permite ao poder de nosso amor cumprir sua obra de transformação. Embora não seja a única, essa forma de transformação foi muito útil para mim e para muitas das pessoas com quem já trabalhei. Ela consiste em três etapas principais:

1. Identifique o sentimento.
2. Leve amor até ele.
3. Expresse sua gratidão.

AS ETAPAS DA CURA EMOCIONAL

1. Identifique o sentimento.

Identifique o sentimento negativo que o está perturbando. Para Victoria, era o medo e o comportamento infantil. Verifique quais as sensações e emoções que o acompanham. À medida que, com a observação, sua conscientização for aumentando, diga: "É assim que me sinto quando vivencio esse sentimento." Às vezes, lembranças e imagens do passado vêm à tona, como aconteceu com Victoria ao lembrar-se da infância. Embora isso não seja imprescindível, não há problema se acontecer.

2. Leve amor até ele.

Tenha compaixão por si mesmo. Dê-se amor como se fosse um pai ou mãe cujo filho sentisse medo ou mágoa. Envolva a emoção no amor e na compaixão que tem no coração. À medida que seu amor aumentar, reconheça qualquer pensamento ligado a ele que possa lhe ocorrer — talvez algo como: "Eu o amo como você é." Se, como no caso de Victoria, alguma recordação for evocada, leve seu amor até ela e envolva-a no calor e na compaixão de seu coração.

Aprofunde o amor que sente. Imagine que está conduzindo mais amor até o sentimento de medo ou mágoa a cada vez que respira. Conscientize-se de seu amor. Goze a emoção que o amor, o carinho e a compaixão provocam.

3. Expresse sua gratidão.

Continue emitindo amor enquanto se liberta do medo ou mágoa. Quando sentir que a libertação está completa, observe por um instante a mudança na forma como você se sente. Através da Lei do Amor, a mágoa que você trazia em si terá sido transformada. Procure sentir por um momento a mais sincera gratidão pelo poder transformador do amor que o libertou.

Para a libertação completa, a intensidade do amor precisa ser equivalente à da mágoa. Às vezes, isso requer mais algumas vivências desse amor. Se a mágoa por acaso ressurgir, você verá que sua intensidade diminuiu. Essa será uma boa ocasião para dar-lhe mais uma dose de amor.

REBECCA: A TRANSFORMAÇÃO DA IMPOTÊNCIA

Rebecca recorreu a essas etapas para superar um limitador holograma de impotência, principalmente diante da crítica. Embora tivesse uma boa formação acadêmica e se expressasse muito bem, era constantemente preterida diante de outros profissionais por causa de sua falta de autoconfiança. A sensação de impotência perturbava também o casamento, pois muitas vezes o seu ressentimento diante de decisões alheias que a afetavam pessoalmente irrompia sob a forma de palavras ríspidas. Quando começou a analisar seus sentimentos e os pensamentos e crenças em relação a si mesma que estavam se manifestando através da Lei da Atração, Rebecca identificou esse sentimento como sendo de impotência. Ao lado dele, havia outro, de vulnerabilidade.

No caso de Rebecca, surgiu a lembrança desse mesmo sentimento num momento anterior de sua vida, a qual a ajudou a identificá-lo ainda melhor. Essa lembrança a levou a um momento várias semanas antes, quando seu chefe criticou-lhe injustamente o trabalho e ela sentiu-se impotente para defender-se. Surgiu então uma lembrança ainda mais remota: a de haver sido vítima de abuso por parte de um tio embriagado. Lembrou-se do local, do medo, do constrangimento e da vergonha.

Ao permitir-se reconhecer tais sentimentos, tornou-se como amiga ou mãe da garotinha da lembrança. Pondo de lado o tio, concentrou-se no rosto da menina e começou a levar seu amor até Becky, conversando com ela e dizendo-lhe que a compreendia. Sabia que Becky havia guardado aquela lembrança por muitos anos e sentiu compaixão por ela. Pôde então empreender uma viagem mental para abraçar a menina e dizer-lhe baixinho o quanto a amava. Estreitou-a contra o coração por muito tempo, aprofundando o amor que guardava. Então perguntou a Becky como se sentia. Ao permitir-se tomar consciência dos sentimentos de Becky, Rebecca começou a sentir paz onde antes sentia medo e insegurança.

Rebecca simplesmente fez aquilo de que já falamos quando mencionamos as técnicas *Freeze-Frame*, *Cut-Thru* e os sentimentos de estima, reconhecimento e carinho: sintonizou no coração a freqüência do amor e levou aquele amor à situação que tinha diante de si. Em seu caso, tratava-se da lembrança de uma mágoa. Não seria preciso recordá-la para levar seu amor até ela, pois Rebecca poderia ter levado o poder transformador do amor a seus sentimentos sem a lembrança consciente. Uma forma não é melhor que a outra; é apenas diferente. Geralmente é mais fácil e mais eficaz não ter de recordar, evitando assim o envolvimento nas lembranças. Para algumas pessoas, há ocasiões em que é mais fácil lembrar para depois levar o amor até aquela parte de si. O importante é amar. Não deixe que nenhum drama o faça desistir. Drama, todo mundo tem. Ele não é importante; o amor é.

A manifestação exterior dessa mudança na vida de Rebecca demorou um pouco. Ela procurou meios de reconhecer seu próprio desempenho no trabalho e acabou por promover mudanças que lhe trouxeram imensa satisfação. Essa mudança maior trouxe-lhe também mais harmonia no casamento e na família.

ENVIE SEU AMOR AOS OUTROS

Esta é a parte mais divertida! Dias atrás, conversei com um amigo que havia sido ministro da Igreja Batista e empresário de sucesso. Ele me disse que, dentre todas as coisas que aprendera na vida, dar amor aos outros era a mais importante.

Há tanta gente a quem podemos abençoar através da força de nosso amor. Muitas vezes temos desejo de orar ou expressar nosso amor por alguém que esteja vivendo uma crise — doença, divórcio, prisão ou luto. Nessas ocasiões, temos plena consciência de que as pessoas realmente precisam de apoio. O amor é uma poderosa fonte de apoio para sua transformação. Enviar amor aos outros é uma bênção também para nossa própria vida.

É fácil enviar amor.

1. Pense na pessoa, em seu rosto ou seu nome. Procure visualizá-la mentalmente.

2. Em seguida, pense nas coisas que mais lhe agradam nela. Detenha-se nas suas qualidades positivas. Sinta a estima ou o carinho, a compaixão ou o amor que tem por ela. Quando esses sentimentos estiverem em seu coração, eles levarão o seu amor até aquela pessoa.

3. Agora aprofunde o amor que sente, como se pudesse entrar em contato direto com o coração e a alma daquela pessoa. Se você tiver uma imagem mental dela, poderá chegar a sentir até mesmo o fluxo do amor que emana de seu coração. Algumas vezes, tive a sensação de que a pessoa em quem me concentrava levantava o olhar e sorria para mim, agradecendo o amor que recebia. Fique com esse sentimento belo e profundo: ele estará abençoando a ambos.

4. Quando chegar a hora de parar de concentrar-se na pessoa, demonstre sua gratidão pelo fato de a transformação buscada pela alma dela estar ocorrendo: agradeça.

A MENSAGEM: VIVA EM SEU CORAÇÃO

Após estudar essas poderosas Leis Universais, é fácil entender a força presente no simples fato de viver a partir do coração. Quando você está centrado nele, todas as Leis de Causa e Efeito estão atuando no sentido de trazer-lhe amor e sabedoria para apoiá-lo na vida. A Lei do Amor transforma: ela torna suas experiências mais sublimes, dando a sua vida sentido e realização.

Você merece o prazer, a liberdade e a bondade pura que emanam da vivência do amor que há dentro de você. As leis lhe dão essa oportunidade. A decisão é sua.

"É só isso que eu preciso fazer? Viver em meu coração?" É, basicamente é isso aí. É simples assim. O único problema é que nós às vezes não nos lembramos disso. Entretanto, a iluminação é uma questão de proporção. Talvez hoje em dia você consiga estar no coração 30% do tempo. Provavelmente, isso é um progresso e tanto em relação a um ou dois anos atrás. Com seis meses de empenho, talvez chegue a 45%. Nossa, que diferença isso não faria em sua vida! Pense em como ela seria dentro de dois anos se você tentasse viver em seu coração nesse período. Quantas possibilidades não o aguardariam!

A PERGUNTA DECISIVA

Se você ainda tiver dúvidas sobre tudo isso — das leis e da forma como agem —, vá a seu coração e coloque sua pergunta naquele ponto neutro. Isso não lhe custará nada e você terá se dado uma chance de pensar na possibilidade de haver uma ordem na vida, afinal de contas. Escute o que lhe diz seu coração!

Capítulo 6

A Lei da Doação

A Lei da Doação: "A doação sincera é uma manifestação do amor."

A doação sincera é uma reação natural que surge espontaneamente se estivermos em sintonia com nossa natureza espiritual. Quando a mente é receptiva a essa parte de nós, tornamo-nos canais para a expressão dessa presença espiritual, esteja essa expressão na doação para nós mesmos ou para outrem. Nossos atos, pensamentos e sentimentos levam a marca do Divino. Isso faz com que o amor flua através de nós sem que se pense em recompensa. Isso é a verdadeira doação, aquela que, conforme outra Lei da Transformação — a da Doação —, manifesta o amor. A doação sincera já foi descrita como o dar espontâneo, o dar sem que se pense em retorno ou recompensa. Edgar Cayce assim a descreve:

> *"Esta é a lei do amor.* A doação em ação, sem que se sinta, expresse, manifeste, mostre ou deseje força nem qualquer recompensa pelo que é dado." (3744-5)

A doação sincera não é uma questão de ação exterior. Pelo contrário, ela depende do enfoque interior. Se o foco estiver no que eu vou ganhar, em vez de estar no que o outro receberá, a doação não traz em si o amor e não será transformadora. Outro dia tive uma experiência com essa diferença de enfoque.

O ENFOQUE NO CARINHO

Era uma manhã daquelas: todo mundo estava atrasado, os deveres não haviam sido feitos, e os sapatos haviam desaparecido. Eu esperava para levar meus filhos de carro até a estrada principal, a dois quilômetros de casa, para que pudessem pegar o ônibus escolar. Quando chegamos ele já havia passado. Comecei a sentir-me frustrado. Teria de arranjar tempo, num dia já cheíssimo, para levar as crianças até a escola e voltar. Mais vinte minutos. Comecei a me sentir cada vez mais tenso e estressado e percebi que estava pensando unicamente em mim e em meu contratempo. Aquela era uma experiência importante também para os meus filhos, então resolvi incluí-los na equação. Estávamos em meio a uma situação cujas conseqüências eram óbvias. Parecia um momento muito propício à análise do que havia dado errado a fim de evitarmos que acontecesse de novo. Entretanto, eu já havia trabalhado o suficiente com esse conceito de amor para ter a certeza de estar reagindo com base no amor que havia em meu coração antes de iniciar nosso diálogo.

Concentrei-me em meu coração usando a técnica *Freeze-Frame*. Para pôr em ação o sentimento de que fala a etapa 3, vali-me da estima sincera. Quando comecei a senti-la por ter aqueles dois filhos maravilhosos que conseguiam chegar a tempo na maioria das vezes, comecei a relaxar e a liberar a tensão que se vinha acumulando em meu corpo. Exteriormente, nada havia mudado — eu continuava sentado diante do volante de meu carro, fazendo um percurso que não previra, mas o mundo que eu via tinha mudado e, com aquela mudança de percepção, vieram não só o relaxamento como também uma renovada sensação de serenidade e energia.

Quando perguntei a meu coração qual a reação mais eficaz para aquela situação, a resposta foi muito diferente da que eu havia imaginado. Percebi e compreendi a tensão que as crianças estavam sentindo diante do desgaste que ainda teriam pela frente naquele dia. Pareceu-me muito mais útil dar-lhes meu apoio para que enfrentassem o restante do dia em paz do que reapresentar-lhes uma cena matinal na qual já sabíamos qual tinha sido o erro de cada um. Então, enquanto íamos para a escola, liguei o rádio e ouvimos um pouco de música. As crianças começaram a relaxar depois de nossa manhã frenética e nossa malfadada correria até o ponto do ônibus. Chegaram lá com disposição renovada, prontas para saudar os colegas. Percebi como o Sol, surgindo por entre as nuvens, criava belos desenhos ao iluminar as árvores que havia em cada lado da estrada — mais para ter por que agradecer! Voltei para casa em paz, contente e cheio de energia, em vez de exausto e irritado, como estaria se tivesse optado por continuar frustrado por causa daquele inconveniente e fazer uma preleção disciplinar para duas crianças estressadas.

Foi fácil reconhecer que a opção por dar o carinho que tinha no coração a meus filhos — em vez de reagir com egoísmo — trouxe mudanças fisiológicas, mentais e emocionais. Elas foram responsáveis não só pelas sensações agradáveis que contribuíram para a qualidade daquela experiência, mas também pela maior sabedoria que promoveu a transformação de uma experiência de *stress* numa de regeneração.

MUDE PELOS OUTROS

A doação sincera de que fala a Lei da Doação é incondicional. É, por exemplo, eu me importar com você, independentemente de você se importar comigo ou não. É eu amar você do jeito que é. É eu lhe dar meu amor espontaneamente, não interessando se você mudará ou não.

Às vezes, queremos mudar alguém porque o amamos. Muitas vezes, aqueles que amamos apresentam comportamento autodestrutivo. Pelo fato de nos importarmos com eles, não queremos vê-los magoar-se ou prejudicar-se. É uma reação natural do amor que há em nós querer ajudá-los a mudar, a adotar padrões de comportamento saudáveis, em vez de perigosos, a se libertar das mágoas, a dar o melhor de si mesmos. Porém, dificilmente a manipulação será uma atitude amorosa, mesmo que as mudanças que pleiteamos para os outros sejam aquelas que acreditamos serem as melhores para eles.

Como podemos amar sem manipular? Podemos usar a Lei da Doação e dar nosso amor espontaneamente, para que seu poder transformador se manifeste. É esse tipo de doação que testemunhamos diariamente ao ver os pais darem amor a seus filhos. Quando o filho que se fere o procura, a reação natural de seu amor é abraçá-lo e deixar que seus sentimentos amorosos fluam até ele. Você o ama em sua aflição; ama-o como é. Não importa se ele agiu certo ou errado naquela situação. Em nossa doação sincera, nós deixamos de lado os julgamentos que nos separam do amor que nosso coração pode exprimir. Assim, ganhamos acesso à sua sabedoria e seu poder transformador.

Ao descobrir Vicki, a atenção de Victoria deslocou-se da mudança que ela buscava enquanto mulher adulta para a necessidade da menina de ser amada e aceita. Sua atenção passou do receber ao dar. Como essa mudança foi completa, Vicki não sentiu a rejeição da manipulação e aceitou o amor de que precisava para transformar a mágoa que tinha em si. A mudança na atenção consiste em passar do receber ao dar. O carinho autêntico põe em ação a Lei da Doação. Em estado puro, a doação incondicional é muito difícil de obter. Se tivéssemos de consegui-la para nos transformar, provavelmente desistiríamos de tentar. Felizmente, essa lei funciona, não importa até que ponto nossa doação seja incondicional. É um jogo de proporções. Se ela for 10% incondicional, então será uma manifestação do amor em 10% também. Você já teve relacionamentos que ultrapassaram em muito esses 10%. Neles, a cada novo ponto percentual de pura doação atingido, mais do poder transformador de seu amor era liberado. Mesmo que seu amor tenha segundas intenções, a parte incondicional da doação manifesta o amor em razão direta. Não importa o quanto você doe espontaneamente, se o fizer de coração; essa doação será uma manifestação de amor, e o amor transforma.

O EXCESSO DE CARINHO

Descobri uma maneira muito eficaz de saber quando o fluxo renovador do espírito está realmente percorrendo meu ser e se expressando em meus atos e quando eu não estou fazendo uma doação sincera porque estou impondo condições conscientes ou subconscientes ao meu doar. Analiso a situação em termos de carinho e excesso de carinho. O carinho é uma reação sincera do meu coração diante de outra pessoa. Ele é renovador; nos enche de energia. Quando o demonstramos a alguém, sentimo-nos revigorados. O excesso de carinho é uma expressão usada por Childre para referir-se a um tipo de carinho que nos esgota. No livro *CUT-THRU* ele nos fala um pouco a respeito de como descobriu esse equilíbrio:[1]

> Ao analisar minha própria vida, muitos anos atrás, percebi que, ao demonstrar meu carinho às pessoas, muitas vezes preocupava-me com elas. Queria saber se estavam bem e me afligia se tinham problemas, apesar de meu empenho em ajudá-las. Ficava ansioso e confuso. Por quê? "Porque me importo com elas", era o que me dizia. No entanto, ficava desconcertado ao ver que meu carinho me exauria. Sentia-me como se carregasse o mundo nas costas e me perguntava: "Será que vale a pena?"
>
> Ao estudar esse enigma, ficou evidente que eu estava dando importância demais ao que não era essencial. E, com o que era realmente importante, levava o carinho além do limite e ficava estressado. Percebi também que aquilo não era privilégio meu: a maioria das pessoas faz o mesmo. Resolvi pesquisar esse carinho estressante e o denominei "excesso de carinho": o tipo de zelo que nos deixa esgotados e não soluciona nada; simplesmente nos deixa "fora do ar". Quando você se importa demais com o objeto de seu amor, carinho, compaixão ou estima, o *stress* produzido gera freqüências incoerentes no sistema elétrico do coração, e essa incoerência é transmitida ao cérebro e a cada célula do corpo. Quando as pessoas se preocupam com as coisas de que gostam, entram numa ansiedade sem fim. O excesso de carinho é sempre estressante. Ele torna o mundo estagnado e dissemina uma sensação de desencanto e desesperança.

Muitas vezes, quando nos preocupamos em demasia, nosso carinho se vincula a uma noção de obrigação: pensamos no que "deveria" ou "deve" ser. Ou senão ficamos imaginando o que os outros vão pensar ou remoemos ressentimentos pelo tempo que estamos perdendo por causa de nossas preocupações. O excesso de carinho nos faz perder energia: nos sentimos esgotados, ao invés de revigorados. Na maioria das vezes ele é o responsável pela estafa. Além disso, pode levar-nos a nutrir ressentimentos no trabalho ou na família.

ESTAFA

Tive estafa pela primeira vez no meu quarto ano de ministério. Na época, eu era responsável por uma igrejinha de Montana. Como a comunidade era muito pequena e eu não tinha muita experiência, fazia tudo que me ocorria para vê-la crescer. Eu desejava uma oportunidade de ocupar-me realmente dos fiéis, então dava aulas e tinha mil outras atividades. Comparecia a tudo que se realizava na igreja — e havia atividades quase todos os dias da semana — e levava duas horas entre a ida e a volta de minha casa até lá.

Um dia alguém desmarcou um encontro de aconselhamento, e eu descobri que estava me sentindo aliviado. No fim da semana, esperando a hora de uma aula, me peguei desejando que ninguém viesse. Quando reconheci o que estava sentindo, parei e comecei a analisar outras das minhas áreas de atuação. Cheguei à conclusão de que estava odiando as manhãs de domingo. Não tinha nada de novo, interessante, revelador, divertido ou profundo para dizer. O que eu queria era dormir um pouco mais. O inverno já havia acabado, mas eu esperava que caísse uma das boas nevascas de Montana para ficar incomunicável e não poder oficiar o culto. A igreja estava no processo de compra de um imóvel para montar uma nova sede. Já se iam meses de reuniões — sim ou não, contra ou a favor. No fim, todos apoiaram a mudança, mas o processo de análise das vantagens e repercussões havia sido exaustivo.

Eu estava estafado. No início, importava-me demais com os fiéis e o trabalho e agora já não ligava a mínima. Felizmente, o conselho da igreja e a comunidade foram muito compreensivos, permitindo-me tirar uma licença de vários meses, enquanto cuidavam eles mesmos dos assuntos da igreja, inclusive da mudança para as novas instalações.

Durante meu descanso, fiquei observando meu filho de quatro anos. Ele havia juntado vários personagens — um caubói, Mickey Mouse e o Super-homem — num só, a quem denominou Super Mickey. Quando "incorporava" essa *persona*, colocava uma capa, um chapéu de vaqueiro, uma máscara e, munido de seu revólver de brinquedo, tornava-se o herói invencível do bem. Então corria pela sala gritando: "Aí vem o Super Mickeeeeey" e saltava no ar, caindo numa pose de herói. De vez em quando, a "aterrissagem" não era muito boa, e ele acabava com um joelho ralado. Então voltava a ser Peter e precisava que a mãe ou o pai o abraçassem um instante, até passar a dor do machucado, para que ele pudesse voltar à sua invencibilidade. Percebi que ambos brincávamos de Super Mickey: ele, com quatro anos de idade, e eu, um adulto.

Quando minha licença acabou, encontrei a igreja mais forte que nunca e vi que poderia voltar a sentir o carinho e o interesse que tinha pelos fiéis. Continuei lá ainda por vários e felizes anos. Entretanto, ficava de olho no desgaste de energia que me exigia o ofício a fim de evitar outra estafa. Por mais que eu tentasse entender o que havia acontecido comigo, só quando ouvi a explicação do conceito de excesso de carinho no Institute of HeartMath, muitos anos depois, foi que pude compreender inteiramente aquela experiência. Sabia que o simples fato de haver trabalhado demasiadamente não explicava tudo. Quantas vezes não renovei minhas energias trabalhando horas extras? Ali, a minha doação excessiva é que fora "a gota d'água". A revelação que tive foi a da diferença entre a minha "doação sincera" ativando a Lei da Doação e o excesso de carinho esgotando-me as energias.

Em outras palavras, a diferença entre o verdadeiro carinho e o excesso de carinho é que o primeiro produz energia e o segundo reduz a energia. Uma das coisas mais saudáveis que podemos fazer por nós é dar vazão ao impulso autêntico de amparar o próximo. Todavia, quando essa reação provém da obrigação ou da preocupação, desperdiçamos energia e acabamos exaustos. O verdadeiro carinho é uma das maneiras de expressar a doação sincera, permitindo o fluxo da energia espiritual através do coração.

Aqui se trata da utilização eficaz da energia espiritual. Quando ela penetra no sistema, podemos fazê-la entrar em curto-circuito e bloquear seu fluxo ou dar-lhe uma boa utilização. O sentimento do carinho prepara o dispositivo receptor. O excesso de carinho o bloqueia. Vejamos como isso acontece num plano tridimensional.

A CIÊNCIA DO CARINHO

Num dos capítulos anteriores, vimos como o fenômeno do alinhamento permite que diferentes sistemas do organismo entrem em sincronia diante de um sentimento genuíno de estima (v. Figura 3B). O sentimento do carinho produz efeitos semelhantes. O organismo reage com maior eficácia de funcionamento. Além disso, sabemos que nos sentimos bem. O resultado é o equilíbrio das funções fisiológicas e os sentimentos harmoniosos.

O gráfico correspondente à frustração mostra que esse sentimento produz o efeito oposto (v. Figura 3A). Quando nosso carinho se transforma em preocupação ou frustração, os diversos sistemas do organismo entram em dessincronia, e nós sentimos em todos os planos o efeito do esgotamento ou do mau uso das energias. Não é de admirar que fiquemos cansados e, com o tempo, acabemos tendo uma estafa.

O carinho é aquele tipo de doação sincera em que a mente não impõe condições, como quais os resultados desejáveis ou qual deveria ser a reação a nós. Ele é uma expressão de amor incondicional. A preocupação e a frustração são o resultado de padrões "de segunda mão" que herdamos, que aprendemos observando os outros na prática do que acreditavam ser carinho. Ficamos envolvidos com as condições — com a melhora da pessoa visada e sua reação, seja a de gostar de nós pelo esforço que fizemos ou qualquer outra que esperemos dela.

A preocupação e a frustração não são carinho. Elas representam uma identificação com nossas expectativas e o caminho mais curto para a estafa.

PODE O AMOR DIZER "NÃO"?

No processo de tentar entender o amor incondicional e dá-lo às pessoas, deparei com muitas perguntas, minhas ou não, que fazem parte de nossa experiência de aprendizagem do amor.

Uma das perguntas mais freqüentes é: "Se meu amor for incondicional, tenho de fazer tudo que me pedirem?" Será que essa é uma forma de doação incondicional? Para entender essa questão, talvez o mais fácil seja pensar no amor que um pai ou uma mãe tem pelo filho. Queremos dar diversas coisas a um filho, mas percebemos que nem todo bombom que há na loja — nem tudo que o filho quer — é algo que o amor possa dar. O amor promove o equilíbrio que permite à criança crescer e desenvolver-se. Às vezes é um doce ou um brinquedo; outras vezes, é negar essas coisas. Como é que se sabe o que fazer no amor? Não creio que haja regras exteriores que possam dar uma resposta. A resposta virá como um resultado do nosso próprio amor.

Quando sentimos amor ou carinho por alguém, ativamos a inteligência intuitiva do coração. Essa inteligência sabe o que é certo para nós dois. Quando, através do amor, entramos em contato com essa inteligência, sabemos quando dizer "sim" ou "não" é um ato de amor. É está a doação que é regida pela Lei da Doação: a que provém da inteligência e do carinho do coração. É através dele que nos tornamos a expressão de nossa natureza espiritual e de seu poder transformador.

O amor incondicional aceita o outro como ele é, com verrugas e tudo. Fingir que um alcoólatra não é alcoólatra, que uma pessoa violenta não é violenta ou que nunca nos irritamos nem reagimos com agressividade não tem nada que ver com o amor incondicional. Este não finge que as pessoas são diferentes do que são nem que seus desejos são sempre sãos e sábios. Podemos negar um drinque a um alcoólatra e sair da frente de uma pessoa violenta em meio a uma explosão e, ainda assim, amá-los incondicionalmente. A julgar pelas aparências, se poderia até pensar que o que subjaz é a recusa, mas um exame mais acurado mostrará que o amor consiste em dar apoio intuitivo. Essa é a verdadeira doação. A reação meramente exterior não põe em ação a Lei da Doação — isso só acontece com a reação interior do nosso amor.

O AMOR COMO CORAGEM

Todo mundo já viu milhares daqueles cartões que têm frases melosas sobre o amor. Eles nos deixam com a impressão de que o amor é doce, suave e inadequado às duras exigências da vida. Porém o coração é a fonte da coragem, e não há coragem maior do que aquela que é inspirada pelo amor. As pessoas estão o tempo todo enfrentando riscos e dificuldades para poder cuidar daqueles a quem amam. Quando pedimos ao coração que nos oriente, muitas vezes a resposta é uma instrução cujo cumprimento exige muita coragem de nossa parte. Às vezes, devemos enfrentar as mais difíceis questões para poder colocar o amor em ação. Lembro-me de haver passado por uma situação assim quando consultei meu coração para saber como lidar com um amigo que eu suspeitava ser alcoólatra.

O comportamento dele estava muito estranho. Movido por sincero carinho, decidi investigá-lo. À medida que as peças do quebra-cabeça se iam encaixando, meu coração me impelia cada vez mais a um confronto. Ele me aconselhou também a procurar ajuda para que esse confronto surtisse efeito. Reuni outras pessoas que se importavam com esse homem e, juntos, nós o colocamos diante de seu comportamento e dos efeitos que ele causava em nós e o levamos a uma clínica de tratamento. Sabíamos de suas dificuldades financeiras e tomamos a frente de tudo — cuidamos de sua casa, etc. Ele tentou ir embora assim que percebeu o que estava acontecendo, mas nós o impedimos até termos acabado de dizer tudo que queríamos. Ele concordou em ir à clínica para uma avaliação, fez o tratamento e mantém-se sóbrio há muitos anos. Aquilo foi uma das coisas mais difíceis que já havíamos feito. Contudo, era a expressão do nosso amor.

Na situação acima, o amor incondicional exigiu que nos comprometêssemos a amar nosso amigo, independentemente do sucesso de nossa intervenção. Os limites que traçáramos — baseados no quanto seu hábito afetava nossas vidas — eram bem claros. Entretanto, mesmo quando os pusemos em vigor, precisamos fazê-lo movidos pelo amor que lhe tínhamos, e não pela frustração nem pelo julgamento a respeito de seu comportamento. Muita gente já passou pelo mesmo com amigos e parentes que têm comportamento destrutivo sem lograr, contudo, o êxito que nós tivemos a sorte de ter. Seu desafio é continuar amando enquanto lidam diretamente com aquilo que é destrutivo para sua vida.

O que fizemos com o amigo alcoólatra é considerado manipulação? Sim, foi manipulação. É por isso que é tão importante verificar se estamos agindo conforme a sabedoria do coração. Jamais me pareceu possível ditar regras definindo o que é e o que não é o amor. A cada regra que tentava estabelecer, encontrava uma exceção. O que importa é que deixemos para trás todas as idéias que guardamos na cabeça e encontremos a orientação que vem da sabedoria do coração. Com amor e carinho sinceros, poderemos descobrir o acesso a essa sabedoria. É lá no coração que encontramos a expressão pessoal da infinita inteligência do Divino em nossa vida. O Capítulo 8, dedicado à sabedoria, apresenta algumas técnicas que o ajudarão a encontrar essa orientação.

A DOAÇÃO A SI MESMO

Se a verdadeira doação está voltada para o outro, e não para nós, que fazer de nossas necessidades? A doação sincera também pode ser aquela em que damos a nós mesmos ou pensamos em nossos interesses? Essas são perguntas muitas vezes feitas por aqueles que estudam as leituras em que Edgar Cayce disse: "Ao próximo, e não a ti mesmo."

Pelo que sei do trabalho de Cayce, ele fez essa advertência para ajudar-nos a deixar de lado pelo menos um pouco do raciocínio baseado no "eu" e no "meu", tão comum à espécie humana. Cayce não só aconselhava as pessoas a cuidar de si mesmas, mas costumava também até ensiná-las a fazê-lo. Milhares de suas leituras exortam concretamente as pessoas a cuidarem de si mesmas com amor. Quando o desejo de obter algo para si mesmo é motivado pela carência, evidentemente não se trata de amor. Porém o dar amor a si mesmo é uma forma de doação tão legítima quanto sua doação a outrem. Sou grato às pessoas que deram a si mesmas uma boa educação — elas beneficiam-me com seu conhecimento — e às que se permitiram a dádiva da beleza — pois me possibilitam gozar da serenidade de sua casa, de sua arte ou de seu jardim.

Mas não viole outra Lei Universal ao aplicar esta. Numa analogia muito simples: não encha demais o barco. A lei da gravidade sobrepujará a da flutuação se não houver um equilíbrio adequado. Da mesma forma, ao aplicar a Regra de Ouro, não descuide de si mesmo em favor de outrem.

A Lei da Igualdade: "Tuas reais necessidades, vontades, desejos, esperanças, sonhos e aspirações, bem como a tua realização, são tão importantes quanto os de qualquer outra alma na face da Terra."[2]

Essa lei frisa que não se deve julgar a si mesmo como melhor nem pior, mas igual aos outros. Uma das leituras explica por quê:

(...) o cuidado de cada alma, de cada indivíduo, é tão necessário [quanto o de qualquer outro] —, pois cada um é tão precioso quanto os demais aos olhos da Força Criadora ou Deus. (4047-2)

Os critérios são interiores, e não exteriores. Se recorrermos à sabedoria de nosso coração, encontraremos muitas formas — algumas materiais, outras, não — de dar a nós mesmos. Essa sabedoria é despertada pelo amor e se expressa sob a forma de cuidado ou auto-estima, permitindo-nos ver claramente quando uma ação voltada para nós mesmos é fruto do amor ou de nossas inseguranças.

OUVIR O CORAÇÃO

A Lei da Doação exige a doação sincera, a que vem do coração. Em termos de comunicação transpessoal, existe uma diferença entre o conceito racional da doação e a sua vivência no coração. Nossa sociedade nos ensinou a capacidade comunicativa da audição reflexiva. Num dos exercícios de treinamento dessa capacidade, o receptor procura, com a maior atenção possível, ouvir a mensagem e refletir para o emissor seu conteúdo mediante os pensamentos e sentimentos que lhe evocou aquela mensagem. Trata-se de um exercício muito útil ao esclarecimento da comunicação. Já vi algumas vezes as pessoas passarem do plano do esclarecimento a novos planos de compreensão ou a um aprofundamento da relação existente entre elas. O que há de transformador nessa prática? Vamos examiná-la à luz da Lei da Doação.

Quando o receptor se concentra na declaração do emissor, está fazendo uma doação — está doando sua atenção. Quando ele reflete o conteúdo, está doando seu reconhecimento. O que falta a essa comunicação para que ela deixe de ser simples doação para tornar-se "doação sincera" e, assim, pôr em ação o poder transformador da Lei da Doação? Pelo que posso perceber, quando o receptor se concentra na mente, tentando memorizar e analisar para refletir a informação com precisão, há uma forma limitada de comunicação, mas não transformação. O emissor está concentrado em seu próprio desempenho, em vez de concentrar-se no emissor.

Às vezes, ocorre uma outra dinâmica. Os receptores concentram-se nos emissores. O carinho e o interesse autênticos fazem que a energia se concentre no coração, e não na mente. Independentemente de conseguirem refletir com precisão o conteúdo literal da mensagem, eles captam e reconhecem sua essência. Essa abordagem transforma a experiência, que deixa de ser um mero intercâmbio de mensagem para tornar-se uma experiência de profunda compreensão entre duas pessoas. Toda a natureza da comunicação muda, e a transformação se processa nesse intercâmbio.

Numa recente reunião de trabalho, discutíamos nossos vários objetivos. Minha amiga Jean, sentada a meu lado, falou das alternativas que estivera experimentando para atingir os seus. Rachel, sentada defronte dela, exclamou:

— Mas você não está se divertindo nem um pouco enquanto trabalha!

Jean pensou por um instante e reconheceu que era verdade. Percebi o grau de concentração de Rachel ao escutar Jean, que estivera falando de um assunto totalmente diferente. A reação de Rachel não só demonstrou uma grande compreensão do que Jean dissera, acima inclusive dos pensamentos e sentimentos presentes, mas também mudou o rumo de nossa discussão: o enfoque agora era interior e poderia introduzir uma nova dinâmica em nossas atividades. Rachel havia realmente se importado com Jean, e parte de sua doação era o interesse e o carinho com que a ouvira. Graças ao amor que havia em sua doação, todos nós havíamos mudado.

A verdadeira doação nesse caso está no desejo sincero de compreender — de escutar atentamente. Isso é carinho pelo outro. Ele leva a energia de quem escuta para o coração e faz a doação da atenção e do reconhecimento tornar-se uma legítima doação. O amor manifestado nessa experiência transforma a compreensão e o relacionamento.

Isso quer dizer que podemos consertar os relacionamentos avariados simplesmente escutando com o coração? Não, não é isso que diz a lei. O que ela diz é que o desejo sincero de compreender o outro pode ajudar-nos a introduzir a força verdadeiramente transformadora naquele relacionamento. Com isso, podemos começar a interessar-nos e a compreender-nos uns aos outros, duas coisas essenciais a um relacionamento saudável.

Uma das maiores dádivas que advêm do emprego das Leis do Amor e da Doação é a alegria. A cada nova experiência de doação do amor — de doação sincera —, crescemos em alegria e realização.

Vimos a Lei do Amor e uma de suas aplicações, a Lei da Doação. A lei seguinte, chamada de "Lei Integral", também é uma aplicação da Lei do Amor. Edgar Cayce a descreve como a lei que está acima de todas as outras.

**A Lei Integral: "Amarás o Senhor teu Deus
com todo teu coração, tua mente e teu corpo;
e o teu próximo como a ti mesmo."**

O ENSINAMENTO INTEGRAL

As leituras de Cayce se referem à Lei Integral como o maior objetivo de nossa vida, a única razão para estarmos aqui. Chegam a ponto, inclusive, de dizer que ela é a resposta para a situação do mundo, a resposta para cada um de nós. Que vem a ser essa lei surpreendente?

Amarás o Senhor teu Deus de todo teu coração, tua mente e teu corpo; e o teu próximo como a ti mesmo. Esta, que nos foi dada por Ele, é a lei integral. Nenhuma há acima dela. (1348-1)RA

O caráter abrangente dessa lei está evidente nas seguintes declarações:

Esta é a lei integral — a lei espiritual, a lei mental, a lei material. (1662-1)

Essa é a vontade integral do Pai para Seus filhos. Tudo o mais que foi registrado em Escrito Sagrado (...) é simplesmente uma tentativa de explicar, analisar, justificar ou cumprir esse dito, essa verdade (...). (2524-3)

Essas drásticas afirmações convidam-nos a analisar mais detidamente esse ensinamento para que possamos compreendê-lo e pô-lo em prática. Observe que o chamei de ensinamento — ele não é uma lei, pois da forma em que é colocado, pode ser rompido. Você pode, por exemplo, odiar seu próximo, o que contraria [rompe com] o ensinamento.

A fonte de Cayce o chamou de lei para dar-lhe mais ênfase. Embora não seja uma lei, na verdade é uma excelente aula sobre a aplicação da Lei do Amor. Quando se diz a alguém que ame o Senhor seu Deus com todo o seu coração, mente e espírito e a seu próximo como a si mesmo, está se ensinando a essa pessoa como aplicar a Lei do Amor. Para manter coerência com a nossa definição de Lei Universal, passarei a referir-me a essa afirmação como o Ensinamento Integral, e não como uma lei.

Também Jesus frisou bastante esse Ensinamento Integral, chamando-o de mandamento da lei neste interessante diálogo com os fariseus que indagavam a respeito da lei religiosa judaica:

Os fariseus, quando souberam que ele fizera emudecer os saduceus, reuniram-se todos; e um deles, doutor da lei, para o experimentar, interrogou-o, dizendo: Mestre, qual é o grande mandamento na lei? Respondeu-lhe Jesus: Amarás o Senhor teu Deus de todo o teu coração, de toda a tua alma, e de todo o teu entendimento. Este é o grande e primeiro mandamento. E o segundo, semelhante a este, é: Amarás o teu próximo como a ti mesmo. Destes dois mandamentos dependem toda a lei e os profetas. (Mateus 22:34-40)

À medida que aprofundarmos nosso exame das Leis Universais, é possível que você comece a duvidar conseguir trabalhar com todas elas ou até mesmo recordá-las. O Ensinamento Integral é a chave de todas as Leis Universais. Se você realmente o compreender e o puser em prática em sua vida, estará cumprindo as Leis Universais da melhor maneira possível.

APLICAÇÃO PRÁTICA DO ENSINAMENTO INTEGRAL

O Ensinamento Integral exprime em uma só oração a relação básica necessária entre a presença infinita, eu mesmo, enquanto entidade da Terra, e meu próximo. Ele mostra a necessidade de equilíbrio no amor — no amor à Presença em mim, no amor a *tudo* que sou como sou e no amor a tudo que meu próximo é como ele é. Já que o amor é inesgotável, o ideal seria amar essas três coisas com todo o meu coração, minha mente e meu corpo. Isso deve ser feito no contexto do dia-a-dia, do lugar em que me encontro, em minhas ações, reações e interações com os que me cercam.

Para uma melhor compreensão, consideremos as duas porções básicas do Ensinamento Integral separadamente:

"Ama o Senhor teu Deus com todo o teu coração, tua mente, teu corpo."

O que isso realmente significa e como podemos cumpri-lo? Se amarmos alguém "com todo nosso coração, nossa mente, nosso corpo", obviamente estaremos devotados a essa pessoa, e nossos pensamentos e ações estarão relacionados a ela e por ela serão influenciados. O Irmão Lawrence, por exemplo, no clássico *Practice of the Presence of God [A prática da presença de Deus]*, fala de sua convicção de que qualquer coisa que fizesse, não importa quão ínfima, como lavar pratos e panelas, a faria por Deus e com o pensamento em Deus.[3]

Em minha vida, encontrei meios bem simples de entrar em contato com meu amor a Deus. O primeiro é um profundo sentimento de gratidão no coração pela incrível criação que sou, tanto por fora quanto por dentro. O segundo é o apreço pelo amor que Deus me demonstra através das maravilhosas pessoas e experiências que colocou em minha vida.

As leituras de Cayce indicam os seguintes critérios para o amar a Deus:

• Amando os outros, amamos a Deus.

• Amando nós mesmos (nossa singular individualidade), amamos Deus.

Portanto, a primeira metade do ensinamento, que diz respeito ao amor a Deus, é cumprida pela segunda, o amor a si mesmo e aos outros.

AMA A TEU PRÓXIMO COMO A TI MESMO

Quem é esse próximo que precisamos aprender a amar? As leituras reiteram diversas vezes que ele é o irmão e a irmã, o amigo e a amiga, os adversários e os inimigos, aqueles que nos fizeram mal e aqueles que nos ofenderam e usaram. Amando-os, engendramos por meio das Forças Criadoras a capacidade de superar as dificuldades da vida. Ela ganha maior sentido e, assim, representa uma esperança também para os outros.

Como podemos amar os que nos trazem dificuldades? Dia após dia, pouco a pouco, com atos e palavras que mostrem que os amamos como a nós mesmos. Isso não é fácil, considerando a idéia que habitualmente fazemos desse tipo de pessoa. É por isso que o ensinamento principia com "ama". Mas se você se concentrar em seu coração, tentar descobrir uma coisa nessa pessoa digna de apreço e realmente o sentir, você verá como suas idéias mudarão com a ajuda da inteligência do coração. Quando isso acontecer, sua compreensão e sua vivência do amor crescerão dia após dia.

Tudo isso naturalmente exige que aceitemos o próximo como ele é, pois não poderemos amá-lo se o recriminarmos, inferiorizarmos, julgarmos, condenarmos ou criticarmos. Ao julgar alguém, bloqueamos nossa própria sabedoria, justamente o que poderia nos ensinar a compreender e nos relacionar melhor com essa pessoa. O julgamento corta a ligação com o coração, ao passo que a inteligência intuitiva nos dá a sabedoria da relação eficaz. Quando julgamos, nos sentimos mal por dentro, como se estivéssemos isolados e impotentes. A saída está no amor incondicional, isto é, o amor sem ressalvas. Isso é algo de uma ordem superior, está além de nossa capacidade, a menos que possamos recorrer à sabedoria do coração para nos ajudar.

APRENDENDO A AMAR FRED

Lembro-me de Fred, um dos fiéis da minha igreja. Ele era um homem problemático, que me frustrava. Nunca escutava ninguém, mas estava sempre pronto a dar as opiniões mais estapafúrdias e irrelevantes em relação ao assunto discutido pelo grupo. Decidi tentar sentir alguma estima por ele. Ele compareceu à reunião seguinte à minha decisão. Um dos membros do conselho tinha se afastado, e então sugeriram que ele o substituísse. Sabendo que estava aceitando meu maior desafio, não me opus. Agora teria realmente de começar a amá-lo, ou estaria me colocando numa situação bastante desagradável. A cada reunião, concentrava-me em algo nele que pudesse apreciar. Já sabia tudo de que não gostava, então não precisava lembrar-me. Em seis meses, estávamos saindo para tomar café juntos. Comecei a gostar da companhia dele. Suas idéias continuavam não sendo relevantes para nossas discussões, mas descobri nele uma sinceridade e uma boa vontade para ajudar os outros e servi-los com altruísmo realmente excepcionais. Desfrutei essa amizade por vários anos.

O ensinamento prescreve que amemos ao próximo como a nós mesmos. Se não nos amarmos muito, pode ser bem difícil amar mais o próximo, pois o amor é algo que vem de dentro. Quando analisei por que o hábito que Fred tinha de conduzir a conversa para assuntos irrelevantes me irritava tanto, percebi que, quando estava começando minha carreira jurídica, era um péssimo orador, que divagava enquanto tentava argumentar. Precisei de muita disciplina para superar essa tendência e só consegui me controlar criticando muito severamente esse tipo de comportamento. Quando aprendi a gostar de Fred do jeito que era, pude amar-me também e deixar de lado a crítica que me impusera. Quanto mais abrirmos mão das condições para amar o próximo, mais fácil será abrir mão das condições que opomos ao amor por nós mesmos.

Sabe que o defeito que vês nos outros é um reflexo do defeito em ti mesmo. Sê para os outros aquilo que gostarias que fossem para ti, e conseguirás superar em boa parte essa questão. (1688-9)RA

A sinceridade de propósito, o desejo de pôr em prática o Ensinamento Integral nas nossas atividades têm imenso impacto sobre nosso crescimento no amor. Tentar manifestar o amor servindo ao próximo de coração em tudo aquilo que fizermos é a nossa maior oportunidade de desenvolvimento, pois assim damos expressão a nosso amor pelo próximo e por nós mesmos.

Capítulo 7

A Liberdade pelo Perdão

Pois o ódio jamais cessou pelo ódio; o ódio cessa pelo amor (...)

Dhammapada[1]

(...) É perdoando que se é perdoado (...)

São Francisco de Assis

A Lei do Perdão: "O perdão cura e fortalece aquele que perdoa."

A Lei do Perdão, outra das grandes Leis da Transformação, nos concede a dádiva da liberdade de sermos quem realmente somos. É uma aplicação específica da Lei do Amor cujo efeito sobre nossa vida é profundamente transformador.

Muitos dos padrões que nos limitam no cotidiano são resultantes da nossa relação com as pessoas. Por não sabermos que, de fato, somos seres fortes e espirituais, às vezes nos vemos magoados pelos outros. Nossa reação é desenvolver a idéia de que somos fracos e sujeitos a mágoas. Para proteger-nos do poder que atribuímos aos outros, associamos nossa mágoa a eles e criamos ressentimentos. O ressentimento é tão contrário à nossa verdadeira natureza espiritual que se torna uma força muito destrutiva em nós. A razão para isso está, em parte, no fato de que todo ressentimento que temos engloba um ressentimento contra nós mesmos.

Apesar de o ressentimento poder estar voltado contra alguém, na verdade nossa própria impotência é, em grande medida, aquilo de que nos ressentimos. A Lei da Atração faz com que esse ressentimento se reflita em nossa vida. Não paramos de enfrentar o problema que ele nos cria. A cura desse ressentimento, seja no plano da expressão mental ou física, se dá pelo processo do perdão. Quando ele ocorre, as manifestações do ressentimento no corpo estão prontas para a cura. Nossa força nos é devolvida. O perdão nos liberta daquilo que nos escraviza e limita. Essa liberdade nos permite ser quem realmente somos.

A fonte de Cayce garante que o perdão é importante para nós na medida em que tentamos manifestar o propósito escrito em nosso coração:

> Pois, na medida que tu puderes perdoar ou esquecer antigas mágoas e coisas semelhantes, maior será tua capacidade de realizar os propósitos pelos quais a entidade veio à Terra neste período específico. (3180-2)RA

EDWENE GAINES — A CURA DO CÂNCER

Edwene Gaines é uma das mais conhecidas mestras da prosperidade nos dias de hoje. No *workshop Prosperity Plus* [O Diferencial da Prosperidade], ela atribui à experiência descrita a seguir a descoberta da necessidade do perdão e de sua força.

Edwene estava grávida de seis meses quando seu marido a abandonou em Hong Kong e fugiu com todo o dinheiro que eles tinham. Sem recursos e com a gravidez já bem adiantada, ela foi obrigada a procurar emprego num país estrangeiro, onde não conhecia ninguém, para poder ganhar o suficiente para sobreviver até conseguir voltar para casa. Por muito tempo, parte de sua energia veio da raiva, do ressentimento e do ódio que alimentava contra o ex-marido. Alguns anos depois, ela contraiu câncer e foi desenganada pelos médicos. Aconselharam-na a fazer um testamento, pois em seis meses ou menos estaria morta.

Edwene tornou-se uma estudiosa das leis espirituais e hoje reconhece que o câncer foi uma manifestação de seu ódio pelo ex-marido. Esse ódio, como todo ressentimento, não estava destruindo o alvo, mas sim a pessoa que o sentia, ou seja, ela própria. Edwene tinha de achar uma maneira de perdoá-lo. Empenhando-se com toda a diligência e sinceridade, ela conseguiu chegar a esse perdão e curou-se completamente do câncer. Da cura e do crescimento na relação com o eu verdadeiro, Edwene partiu para cumprir sua missão de incentivar e inspirar milhares de pessoas, ajudando-as a conhecer e ligar-se à sua própria sabedoria interior e viver de acordo com o propósito de suas vidas. O perdão cura e fortalece aquele que perdoa.

O QUE É O PERDÃO?

O perdão é a eliminação dos bloqueios internos que constituem uma barreira para o amor ao próximo e a nós mesmos. É também enviar amor livremente para alguém a quem julgamos como errado. O perdão não é neutralidade nem indiferença, mas sim um sentimento forte e positivo de amor que podemos alcançar recorrendo à presença divina dentro de nós. Com sua ajuda, podemos dissolver a barreira do ressentimento e amar aquele de quem nos ressentimos.

Muitas pessoas têm medo de perdoar porque acham que precisam lembrar o erro para aprender com ele. Mas a verdade é o contrário disso: pelo perdão, o erro pára de exercer seu poder sobre nossas emoções, permitindo-nos assim tirar dele alguma lição. Pela força e inteligência do coração, o alívio do perdão promove uma expansão da inteligência, que por sua vez nos permite lidar com a situação da melhor maneira. A tragédia da intransigência é que as pessoas continuam sofrendo quando já poderiam ter superado a mágoa. Além disso, negam a si mesmas a verdadeira sabedoria que ganhariam com essa experiência.

O perdão cura e fortalece aquele que perdoa. A Lei do Perdão refere-se não só à cura física, mas também ao retorno ao estado de integridade interior. Ela funciona no sentido de restabelecer a força de que abrimos mão. Voltamos a usufruir o contato não só com a verdadeira força, mas também com o verdadeiro eu.

REBECCA

No Capítulo 5, citei a experiência de abuso sofrida por Rebecca. Ela trabalhou também no sentido de chegar a perdoar o tio. Percebera que o ressentimento em relação a ele só a estava prejudicando. Rebecca queria libertar-se dele. O primeiro passo na cura desse ressentimento foi amar a si mesma.

É importante perceber que, às vezes, nos precipitamos em perdoar alguém que nos magoa. O ressentimento é uma forma de lembrarmos de nos proteger. Ele não é útil para nós porque temos uma sabedoria plenamente desenvolvida na mente e no coração para fazer isso da melhor maneira. Todavia, há uma etapa preliminar que devemos cumprir antes de estarmos prontos para perdoar.

Como o perdão consiste em amar e compreender quem nos magoou, é difícil perdoar de imediato. A parte de nós que está magoada recusa-se a fazê-lo porque quer que esse amor se volte para nós mesmos. Precisamos dele para aliviar e curar nossa dor. Rebecca chegou ao perdão empregando seu amor na cura da parte de si que guardava a mágoa. Essa é a primeira etapa para o perdão.

Depois de ter visitado muitas vezes a lembrança de si mesma como Becky, a criança magoada, e sentindo a paz e o alívio do medo que seu amor lhe proporcionava, Rebecca pôde voltar a atenção para o tio. Quando já se sentia íntegra, forte e em paz, ela trouxe a lembrança dele à tona e o viu como uma pessoa doente, à mercê de um mal que o fazia violentar os outros e a si mesmo. Assim, tendo superado o que ele fez e dominado sua própria energia mental e emocional, Rebecca pôde sentir toda a força que tinha agora.

Por sentir-se forte a despeito de qualquer coisa, ela não teve dificuldade em amar o tio. Esse amor teve início na compaixão que ela sentiu por ele e cresceu até chegar a um sentimento de amor pela pessoa que ele realmente era, e não aquele tio dominado pelo alcoolismo e pela violência induzida pelas drogas. Ela sentiu compaixão por aquela pessoa, mas percebeu também que ele era uma outra pessoa: um homem bom e de valor quando tinha a oportunidade de expressar seu verdadeiro eu.

Com aquele amor, Rebecca sentiu o irromper de um novo nível de liberdade e força interior. Ela estava livre — livre da mágoa que afetara sua vida por tanto tempo e livre do tio. O ressentimento já não controlava sua vida. Ela dera início a uma nova experiência de autodomínio.

Rebecca percebeu também uma mudança em seu corpo. Pela primeira vez, sentiu uma mudança física que atribuiu à sua libertação do ressentimento. Ela compreendeu que com o perdão havia se curado mental, emocional, espiritual e fisicamente dos males que trazia em si graças ao ressentimento.

Vejamos as etapas seguidas por Rebecca no caminho para o perdão:

1. Cura da mágoa mental/emocional por intermédio do amor por si mesma.
2. Percepção da paz e da força que ganhara amando-se a si mesma.
3. Lembrança da pessoa que agiu mal com ela.
4. Compaixão diante da insanidade dessa pessoa (os que fazem mal aos outros são insanos, violentam a si mesmos e estão cegos por sua própria mágoa e dor).
5. Reconhecimento das qualidades positivas dessa pessoa e apreço por elas.
6. Gratidão pela nova sensação de força e paz, e aceitação da liberdade proporcionada pelo perdão.

Rebecca teve a oportunidade de visitar o tio em seu leito de morte um ano depois. Conversou longamente com ele e aprendeu muito com essa experiência. Ela percebeu o quanto ele sofria com o mal que causara aos outros e conseguiu verbalizar diretamente a ele o seu perdão. Rebecca descreveu esse momento como algo muito especial em sua vida.

O PERDÃO A SI MESMO

Não temas por haveres incorrido em falta. Pois Ele disse: "Eu perdôo, assim como vós perdoareis a outros." Quanto és capaz de perdoar? Responde a esta pergunta e saberás o quanto foste perdoado. É a lei, é o Senhor, é o amor. (3376-2)RA

As etapas que conduzem ao perdão de si mesmo são idênticas às que devemos seguir para perdoar os outros: iniciam-se quando nos amamos e nos aceitamos como somos. O ato que nos faz sentir culpados decorre de nosso próprio desequilíbrio, imaturidade e alienação em relação a nós mesmos. Como o amor tem o poder de transformar tudo, tudo o que fizermos é perdoável. Com o amor que há em nós, temos a capacidade de transformar e superar completamente tudo aquilo que, em nossa imaturidade, tivermos feito a nós mesmos ou ao próximo.

Em 1971 eu era estagiário do governo em Santa Fé, trabalhando como revisor jurídico dos decretos do Legislativo. Um dia, minha mulher me telefonou bem cedo para conversar sobre o adolescente que tínhamos acolhido em nosso lar. Ele não fora à escola naquele dia. Quando voltei do almoço, a secretária me perguntou se eu recebera um recado de minha mulher pedindo que eu ligasse para ela. Respondi que sim, pensando que a secretária se referia ao telefonema daquela manhã. Quando cheguei em casa, não encontrei minha mulher. Só depois é que fomos descobrir que o jovem havia posto fim à vida dela naquela tarde. No bloco ao lado do telefone havia um recado: "Por favor, ligue imediatamente." Eu sabia que aquele recado era para mim. Se não tivesse interpretado erradamente a pergunta da secretária, talvez minha mulher ainda estivesse viva.

Sou muito grato à Lei do Perdão. Não sei que alternativas poderia haver para aquele dia. Mas sei que precisei de muito amor até encontrar a liberdade do perdão a mim mesmo. A compaixão por nós é tão importante porque os erros que cometemos realmente magoam os outros. Alguns estão acima de qualquer possibilidade de reparação. Tenho certeza de que minha vontade de perdoar o jovem que tirou a vida de minha mulher era parte do perdão a mim mesmo. Cabe a nós aceitar esse amor por nós mesmos e nos libertar.

Todos cometemos erros, alguns grandes, outros pequenos. Algumas das coisas que mais nos fazem sentir culpados estão ligadas a padrões de vergonha que mantemos dentro de nós, não sendo sequer nocivas aos demais. O perdão nos liberta disso tudo. Ame a si mesmo para curar sua mágoa. Depois, procure compreender seu próprio desequilíbrio e tenha compaixão por si mesmo — você não a teria por uma outra pessoa? Então, simplesmente ame a si próprio. Aprecie tudo aquilo que você fez corretamente, as etapas por que já passou, as dádivas que usufrui, a oportunidade que pode dar à vida. Beneficie-se do amor que flui de seu coração. Você é um ser do amor. Fique em paz.

PACIÊNCIA, PERSEVERANÇA, CONEXÃO

A Lei do Perdão foi um dos maiores ensinamentos de Jesus. Ela é repetida nas palavras do Pai-Nosso: "Perdoai as nossas ofensas assim como nós perdoamos a quem nos tem ofendido." Na pregação sobre o quanto deveríamos perdoar, Jesus mostrou Sua compreensão das Leis Universais da Atração e do Perdão. Reconhecendo que tudo aquilo que atraímos para nós está em nosso próprio interior, Ele respondeu à seguinte pergunta de Pedro: "Senhor, quantas vezes devo perdoar ao irmão que pecar contra mim? Até sete vezes?" Jesus respondeu: "Não te digo até sete, mas até setenta vezes sete." (Mateus 18:21-22)

Como o que está no exterior é um reflexo daquilo que guardamos no interior, o trabalho de transformação do padrão interior do ressentimento não acaba enquanto este não estiver totalmente curado, mesmo que tenhamos de voltar a ele muitas vezes. Uma vez curado, ele não voltará a manifestar-se exteriormente; em vez disso, o amor vivenciado interiormente é que se manifestará no mundo.

Esse processo é ilustrado no diagrama a seguir. Concentrando-nos nos sentimentos inerentes ao coração, entramos em contato com nosso próprio espírito, nossa ligação com a infinita presença de Deus. A presença divina enquanto inteligência e poder transformador superiores então se transporta do centro do ser para nossos planos mental e emocional, transformando os padrões limitadores lá contidos.

O deslocamento da atenção das condições exteriores para os planos mental e emocional, onde armazenamos os padrões limitadores que projetamos, e daí finalmente para os sentimentos do coração, concentrando-se na presença divina ou em nossa própria natureza espiritual — o "Reino de Deus" dentro de nós —, é crucial à experiência do perdão. Assim, nossa percepção se torna o veículo consciente por meio do qual a plenitude e o amor dessa Presença podem manifestar-se.

Em sua forma mais simples, todas as religiões pregam esse movimento da percepção — pelos processos da oração, meditação ou contemplação — como o caminho para o coração. Muitos mestres de diferentes caminhos espirituais sugerem outras técnicas específicas para a realização desse contato interior com o eu espiritual. Todas elas contribuem bastante para o sucesso da experiência do perdão. No entanto, o perdão está disponível também para aqueles que não abraçam nenhuma doutrina. O perdão é uma freqüência presente no coração. Para alcançá-lo é preciso apenas amor e vontade de libertar-se.

PADRÕES TRAZIDOS DO BERÇO

Podemos ver com maior clareza o funcionamento das Leis Universais quando estamos dispostos a analisar nossa vida com paciência e sinceridade. Embora a análise imparcial de si mesmo seja sempre uma tarefa difícil, a compreensão das Leis Universais facilita muito o processo.

Diagrama da jornada da percepção

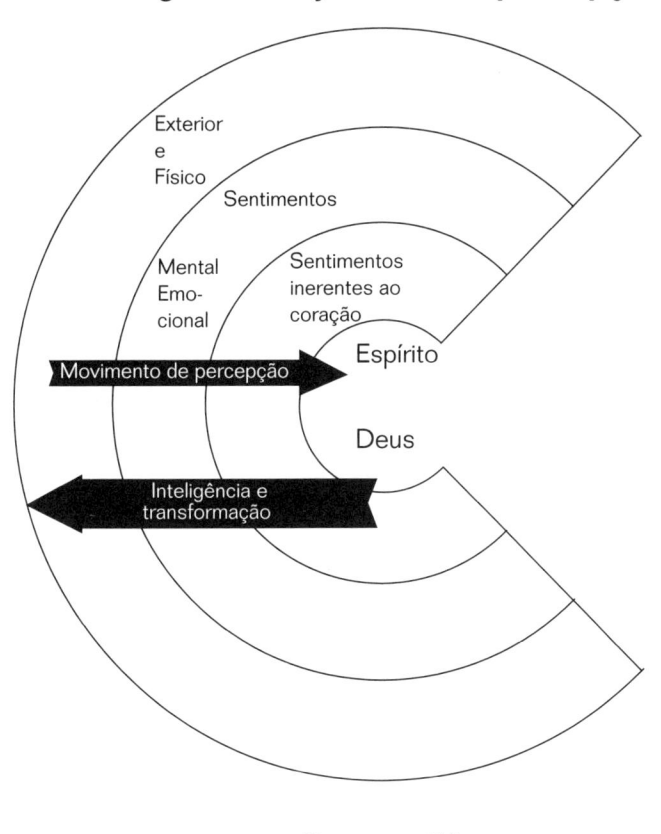

Exterior
e
Físico

Sentimentos

Mental
Emo-
cional

Sentimentos
inerentes ao
coração

Espírito

Movimento de percepção

Deus

Inteligência e
transformação

Diagrama 7A

Figura 7A — O diagrama representa a jornada interior da percepção. Entrando em contato com sentimentos inerentes ao coração, como o amor, você entra em contato com seu próprio espírito, liberando a força maior da presença divina nos planos mental e emocional.

Compreender os fatos que nos afetaram na infância, quando adquirimos muitos de nossos padrões mentais e emocionais, é uma parte bem difícil dessa análise. Ao que tudo indica, o indivíduo não tem condições de escolher as situações que enfrenta na infância. A compreensão de nossa relação com as experiências infantis sempre contribui bastante para o trabalho do perdão, pois boa parte daquilo que descobrimos que precisa ser perdoado provém dessa época.

Em geral não podemos determinar a razão exata pela qual uma criança vive determinada dificuldade. Parte do processo dela pode ser entendida com o conhecimento das leis. Pela Lei da Escolha — "A vida é a experiência das escolhas que fazemos" — sabemos que a alma da criança optou por transformar parte da consciência humana pela vivência de uma condição específica.

O processo de transformação das limitações da humanidade exige que essas condições sejam enfrentadas e transformadas dentro de nós para que possam influir na consciência humana. As transformações vividas por cada um minam a força das idéias limitadas sobre a consciência humana e fortalecem os padrões da integridade.

Vemos exemplos disso na forma como Jesus supera a idéia da morte e em como um alcoólatra que se torna abstêmio ajuda outro a superar o vício. Toda vez que um padrão é superado, um grau a mais de liberdade é atingido para todos nós.

A crença de que a alma que entra na experiência de vida de uma criança possa ter criado ou vivido determinada condição numa experiência anterior na Terra é compatível com o que dizem as leis. O conceito de experiência anterior na Terra chama-se reencarnação. A responsabilidade pessoal que se tem sobre a condição adquirida ao nascer chama-se karma — a aplicação das leis ao longo de várias vidas. As leis que atuam para que a semente plantada numa vida passada venha a florescer nesta às vezes são chamadas de "leis kármicas". A expressão geralmente se refere às Leis de Causa e Efeito em vigor em mais de uma vida.

Há diversas razões para que uma alma escolha um caminho difícil. Seria tão inútil quanto impreciso presumir que o efeito "olho por olho, dente por dente" das leis kármicas justifique a situação de vida de alguém. Independentemente de esses conceitos de responsabilidade pessoal se aplicarem ou não à experiência de um indivíduo, o fato é que, enfrentando com sucesso a situação, a pessoa ganha a sabedoria que a alma está buscando adquirir com a experiência.

O ambiente também tem grande impacto sobre o padrão de vida de uma criança. Na infância, somos bastante receptivos e fortemente influenciados pela consciência coletiva da família e da cultura em que nos encontramos. Alguns desses padrões são mentalmente acolhidos como nossos. Parte deles é saudável, e parte é nociva e imatura. À medida que esses padrões são incorporados em nossa experiência de vida, ganhamos a oportunidade de trabalhar ativamente na introdução de uma consciência superior nessas situações.

O DESÍGNIO DAS LEIS

Um dos elementos mais importantes na compreensão do modo de atuação das Leis Universais é o reconhecimento de que há um propósito global para a experiência da vida e de que todo o funcionamento das Leis Universais serve a esse propósito. Quando questionado a respeito das leis de Causa e Efeito ou karma, em vez de comentar as leis em si, Jesus respondeu indicando-lhes o desígnio. Vejamos então qual é esse desígnio.

Os discípulos perguntaram-Lhe se a causa dos males de uma pessoa estaria num pecado cometido por ela ou por seus pais. Em outras palavras, qual seria a causa que, de acordo com a lei, teria resultado naquele mal? Jesus respondeu: "Nem ele nem seus pais, mas é para que nele se manifestem as obras de Deus." (João 9:3). Jesus estava admitindo que a visão que geralmente temos ao considerar as Leis Universais — isto é, que nossos atos são sempre instrumentos criadores — não é verdadeira, em última análise. As leis servem ao desígnio de manifestar as obras de Deus ou dar expressão ao Divino que há em nós. Esse desígnio é a verdadeira causa daquilo que é criado. As Leis Universais são os instrumentos desse desígnio. É pela sua operação que ele é cumprido.

Quando analisamos a causalidade e vemos que nossos atos constroem o que viveremos em seguida, a visão que se delineia é a de uma construção que se ergue de baixo para cima. A verdade é que o desígnio divino é a causa de nossa experiência, da mesma forma que a imagem que o arquiteto faz do prédio projetado e especificado conforme as leis e princípios estruturais que ele conhece é sua causa. A construção desse prédio é simplesmente o processo pelo qual a criação se manifesta. Todavia, a qualidade da construção é de importância vital na criação resultante.

As Leis Universais são nossos princípios de construção e, embora sejam imprescindíveis para tornar mais fácil e eficaz o trabalho de construção, a verdadeira criação do prédio é um processo de co-criação no qual nos engajamos junto com o Arquiteto. É Seu o projeto que se materializa. Compreendendo que o propósito de toda experiência é expressar o Divino que há dentro de nós, podemos contribuir para que essas leis vigorem como se fôssemos diligentes mestres-de-obra. Podemos colocar um tijolo sobre o outro, mas o projeto já está pronto, e o resultado pertence a Ele.

Se tivermos em mente esse desígnio ao examinar as Leis Universais e a forma como as aplicamos em nossa vida, evitaremos com mais facilidade os erros, culpas, julgamentos e autocríticas. Reportar-nos-emos ao projeto do arquiteto e reconheceremos que as leis não se destinam a punir erros: pelo contrário, elas existem para que evitemos as construções precárias e descubramos as que são resistentes e verdadeiras e possam dar plena manifestação ao projeto divino. A experiência da limitação nos dá a oportunidade de reconhecê-la em nós, e, ao abandoná-la em favor de um caminho mais verdadeiro, expressamos o Divino que há em nós.

Com a evolução da humanidade, geração após geração, experiência após experiência, encontramos o que foi criado em nosso passado. Com a prática obtida nessa criação, nós a elevamos, degrau a degrau, ao longo do que muitas vezes tem parecido ser um lentíssimo processo de aquisição de sabedoria e compreensão dessa mesma criação e do processo criativo. Para cumprir nosso desígnio, entramos nesta experiência de vida para transformar os padrões de limitação que fazem parte de nós e de nossa sociedade. Muito desse trabalho está no perdão, pelo qual abrimos mão de julgamentos passados. Assim, crescemos na capacidade de expressar a presença divina em nós enquanto vivemos e agimos de acordo com as condições dessa experiência de vida. A natureza espiritual interior que manifestaremos no final é a obra de Deus em nós da qual Jesus falou.

Trazemos à luz o amor que existe em nós quando descobrimos o padrão que caracteriza nossa vida e o transformamos mediante nossa própria experiência. Quando o conseguimos, não apenas mudamos nossa experiência de vida, como também produzimos um efeito de cura sobre o processo coletivo, no qual o padrão de transformação é então reforçado. Todos aqueles que reagem a uma situação com amor pelas pessoas envolvidas tornam-se modelos da transformação e dão a todos os demais o apoio de seu amor transformador.

Meu reconhecimento da validade dessa compreensão do propósito de nossa vida se deve em parte às conversas que tive com pessoas que enfrentaram e venceram o desafio de um padrão destrutivo para si e para os outros. Depois de viverem a transformação, essas pessoas invariavelmente me disseram: "Valeu a pena." Com a consciência e a satisfação que ganharam ao transformar essas limitações — que incluem todos os sofrimentos e dificuldades imagináveis —, todas elas disseram estar agradecidas por ter passado por essa aflição. Muitas disseram, até, que passariam por tudo outra vez, mesmo que tivessem a chance de fazer outra opção.

Por mais maravilhoso que seja presenciar a cura pela transformação, o que mais me chamou a atenção nas pessoas que fizeram essas declarações de gratidão foi sua sensação de ter cumprido sua missão, uma missão tão importante para elas que não a evitariam nem que tivessem a oportunidade de fazê-lo.

MEU KARMA

Para compreender as leis da consciência, é importante também que as verifiquemos e analisemos à luz de nossa própria experiência. A minha me permite recordações muito nítidas de vidas anteriores na Terra. Mas a lembrança da experiência de vidas passadas não é algo fácil, e a maioria das pessoas não tem necessidade de buscá-la. Elas vêem as leis em ação em sua própria vida e reconhecem que a transformação está no presente, não no passado. Para mim foi muito útil saber por experiência própria, antes de conhecer as leis, que, quando é apropriado, elas operam além dos limites de uma única experiência de vida.

As experiências relatadas a seguir permaneceram guardadas em minha memória. No esforço de recordar o que eu achei que seriam experiências de minha infância, tive acesso a essas lembranças. Ao longo desse processo, fui assistido por uma pessoa que monitorou minhas reações emocionais, mas que nunca sugeriu nenhum tema nem insinuou que essas lembranças poderiam ser algo além das recordações normais desta vida. Não houve hipnose, sugestão nem nenhum tipo de droga. Resisti a muitas dessas lembranças e quis mudá-las devido a seu caráter desagradável, aos estranhos efeitos que tinham sobre meu corpo e ao fato de que eu não queria admitir que era eu mesmo quem praticava muitos dos atos contidos nelas. Minhas tentativas de alterá-las não tiveram resultado porque a força dos verdadeiros fatos sobrepujou meus esforços para distorcê-los. Nas poucas vezes em que conseguia conscientemente alterar uma lembrança, ela perdia sua veracidade, e eu era forçado a admitir a invalidade da alteração.

As lembranças se iniciaram à medida que eu tentava recordar épocas anteriores de minha vida em que vivenciara sentimentos de dor ou perda. Minha memória levou-me até a morte de um avô querido. Enquanto dava vazão aos fortes sentimentos que me assaltavam interiormente, pedi a mim mesmo para me lembrar de fatos anteriores. Veio-me à mente uma lembrança muito nítida de um outro tempo e lugar. Eu era um jovem soldado e abraçava um colega moribundo de quem fora amigo. Embora em tempo e lugar diferentes, era eu. Ao lembrar de como era suportar a perda, recordei-me também de ter sido uma jovem mãe. Meu filho e eu estávamos doentes e mortos de fome. Nada nem ninguém nos ajudava. A criança morreu primeiro, e eu lhe prometi que algum dia lhe daria amor, carinho e tudo que desejasse. Pouco depois eu morri também.

Dia após dia, semana após semana, enquanto sondava as emoções dentro de mim e seguia seus rastros até experiências anteriores, minhas lembranças se aclaravam. Lembrei-me das minhas mortes, uma após a outra. Fora escravo e morrera surrado e maltratado. Morrera de fome e doença. Como mulher, lembrava-me de estupro, de escravização e de separação e morte de minha família. Como homem, muitas vezes fora soldado. Minhas recordações dessas experiências retratavam minha morte diante de vários exércitos, trespassado por espadas e flechas e pisoteado por cavalos. Como criança, morrera por negligência, de fome e abandono aos animais selvagens.

Enquanto revia essas experiências, atingi o ponto em que me perguntei: "Por quê?" A pergunta foi respondida por outra lembrança. Pela roupa e atividades, acho que estávamos na época das conquistas de Gêngis Khan. Eu era um guerreiro destemido e impiedoso, que contribuía para disseminar a miséria entre os homens. Essa recordação me foi extremamente difícil de aceitar. Ela ficou diante de meus olhos por um longo tempo até que eu finalmente a admitisse. Mas nunca tive coragem de examiná-la a fundo. Lembrava o bastante para saber que nenhum exército, nenhum soldado, nenhuma fome, nenhuma pessoa e nenhuma situação me haviam trazido sofrimento que superasse o que antes eu infligira à humanidade. A partir de minhas lembranças do sofrimento, compreendi que a lei funciona perfeitamente.

Em alguma vida naquele processo de aprendizagem comecei a buscar uma forma diferente de viver. Foi vivendo para dar, em vez de tirar, que minhas experiências de vida começaram a mudar. A única pessoa a quem eu devia perdoar pelas vidas de sofrimento que minhas lembranças me revelaram era eu mesmo. O perdão cura e fortalece aquele que perdoa.

Pelo amor e o carinho que você tem por si mesmo, sinta amor e compaixão por sua mágoa, e então perdoe. O perdão é a porta para a liberdade.

Capítulo 8

A Lei da Sabedoria

Melhor do que o ouro é adquirir sabedoria,
e adquirir discernimento é melhor do que a prata!

Provérbios 16:16

Muitas das Leis Universais nos levam a encontrar aquilo que buscamos, seja no plano espiritual, mental ou físico da experiência. Além disso, há leis que funcionam para que ganhemos sabedoria, orientação, soluções e respostas para os problemas de nossa vida. É sobre os dois primeiros aspectos — orientação e sabedoria — que gostaria de falar agora. Se você buscar a orientação, poderá atingir de modo harmonioso os outros objetivos que possa ter na vida. Mas se não a quiser, há grandes chances de que, mesmo realizando seus objetivos, você não traga realização ao seu coração.

A Lei da Sabedoria: "Se a orientação for pedida com sinceridade no coração, ela será concedida."

PEDIDOS DE ORIENTAÇÃO EM ÉPOCAS DE GRANDES MUDANÇAS

Há mais de trinta anos, comecei a estudar e a pôr em prática as leituras de Edgar Cayce que abordavam a orientação. Ao longo desses anos, tenho me dedicado a muitos dos aspectos e processos da orientação, ensinando-os a diversas pessoas. O que aprendi com a aplicação desses ensinamentos norteou as maiores decisões de minha vida, de casamento a empregos, passando por inúmeras decisões relativas à vida cotidiana. Descobri por experiência própria que a orientação está disponível qualquer que seja a situação.

Com o termo "orientação" refiro-me ao ato de receber a sabedoria do Eu superior. Isso não quer dizer guias nem informação mediúnica. As leituras de Cayce nos garantem que todos guardamos essa sabedoria dentro de nós.

Muitos anos atrás, eu me vi numa estranha situação. O resultado da consulta à minha orientação interior levou-me a compreender que estávamos entrando numa época de grandes mudanças, as quais são anunciadas nas leituras. Os efeitos da mudança vertiginosa se faziam notar claramente não só em minha própria vida, como também na das pessoas com quem eu trabalhava. Percebi que essa época de mudança estava tendo um profundo impacto sobre todos.

O que eu poderia dar às pessoas que estudavam comigo que as ajudasse a empreender a transição para essa época de mudança da forma mais harmoniosa possível? Quanto mais eu buscava compreender, mais complexo ficava o quadro diante de mim. As antigas regras já não se aplicavam; as coisas que costumávamos fazer em nossa relação com a família, a sociedade, o trabalho, a saúde e o conhecimento, bem como nossas estruturas espirituais e religiosas, mudavam tão rapidamente que estávamos perdendo a capacidade de agir satisfatoriamente em relação a elas. As pessoas precisavam de um outro nível de auxílio para enfrentar esses tempos difíceis. Só a sabedoria do Eu superior poderia orientá-las em meio a essas mudanças.

Muitas das formas de orientação de que eu me valia resultavam das mudanças de estilo de vida sugeridas por meu estudo da espiritualidade e das leituras de Cayce. Vivia uma vida de serviço e reservava boa parte de meu tempo para a oração, a reflexão e a meditação. Tornei-me vegetariano e procurei encontrar os sutis equilíbrios de energia dentro de mim mesmo e do mundo à minha volta. Embora eu seja uma pessoa bem tímida e reclusa, havia conseguido crescer em meu amor pelo próximo e sentia prazer em ajudar as pessoas a viver mais plenamente a vida. Tudo isso contribuiu para aumentar minha capacidade de receber e compreender a minha orientação. Mesmo com todos os meus anos de experiência na prática espiritual, eu ainda tinha muitas perguntas a respeito da minha orientação. Seria realmente a orientação do Eu superior ou seria o meu ego — meu intelecto — imaginando mais uma vez aquilo que eu gostaria de ouvir?

Apesar de sua abertura ao crescimento espiritual, a maioria das pessoas com quem eu trabalhava na ocasião tinha uma vida muito agitada e sujeita ao impacto de mudanças rápidas. Elas não consideravam o caminho de desenvolvimento que eu seguira ao investigar minha orientação realmente como uma opção. E ele certamente não o era para os milhões de pessoas que nem sequer sabiam da existência desses ensinamentos e leis espirituais, ocupadas em batalhar e dar o melhor de si para conseguir sobreviver. Agora elas precisavam de ajuda. À medida que a vida se acelerava, eu via claramente que tinha de haver outra resposta para mim e para todos. Resolvi então aplicar a Lei da Sabedoria. Com toda a sinceridade de que era capaz, invoquei-a rogando em minhas orações por aquela resposta.

Menos de um mês depois, fui encarregado de uma tarefa que eu julgava ser relacionada à educação espiritual de crianças. Teria de conhecer algumas pessoas que faziam parte de uma instituição sem fins lucrativos chamada Institute of HeartMath. Percebi que algo ali não se encaixava no que eu havia previsto. A eficiência daquelas pessoas no trabalho e na comunicação e a presença que impunham ao ouvir e falar eram coisas com que eu sonhava havia anos. Perguntei-lhes a respeito de seu trabalho e comecei a aprender com suas idéias sobre o coração, que eles pareciam entender mais plenamente que todos que eu já conhecera. Explicaram-me a relação entre o coração e a orientação. Inúmeras vezes pus à prova suas idéias e técnicas. Os resultados sempre foram magníficos.

Finalmente descobrira a resposta a minha pergunta. Fora levado a ela pela oração. Agora poderia oferecer às pessoas com quem trabalhava um meio simples e fácil de receber orientação, um meio ao mesmo tempo tão eficaz que qualquer um — independentemente de sua educação e formação espiritual — poderia obter respostas claras de seu próprio Eu superior. Esse meio colocava cada um em contato direto com as respostas necessárias no momento da experiência sem a necessidade de interpretação. Quando a resposta vinha, mudava a idéia e a compreensão que a pessoa tinha da situação, de forma que a reação do coração passava a ser parte da solução.

A técnica que aprendi foi a *Freeze-Frame*, já explicada em detalhe no Capítulo 5. O segredo para funcionar tão bem é que ela trabalha diretamente com o coração. A inteligência superior do Divino entra no sistema pelo coração, de onde é distribuída entre os planos de energia que podem ser utilizados e processados pelo corpo e pelo cérebro. Isso se realiza por meio do campo de energia eletromagnética gerado pelo coração. Quando, por intermédio de determinadas técnicas, você tem acesso a esse campo, entra em contato direto com a inteligência que pode orientá-lo em todos os aspectos da vida nos quais você quiser ajuda.

As três primeiras etapas da técnica *Freeze-Frame* estabelecem a ligação com o coração. As etapas que especificamente invocam a Lei da Sabedoria são a quarta e a quinta, nas quais se deve fazer com toda a sinceridade uma pergunta ao coração e ouvir a resposta. Procure escrevê-la. Quanto mais você for receptivo a essa resposta e absorver dessa inteligência, mais profundas serão sua sensibilidade a ela e sua compreensão.

Ao mesmo tempo que se aceleram todas as coisas, as energias de nossa época também estão trazendo consigo uma inteligência e uma eficiência superiores para orientar a humanidade ao longo deste período de mudanças. Essas energias superiores, de quarta e quinta dimensões, nos apóiam numa relação mais profunda com o coração e sua sabedoria. Elas usam de modo muito eficaz a Lei da Sabedoria.

E não era isso que todos queríamos? Saber para que serve nossa vida e como vivê-la da melhor maneira possível? Você não gostaria de saber como enfrentar as mudanças em sua vida de uma forma que o levasse e a todos os que o cercam a uma profunda sensação de realização? A técnica *Freeze-Frame* e outras que utilizam a energia do coração e seu campo intuitivo são, a meu ver, a recompensa que obtivemos para nosso sincero pedido de respostas que nos ajudassem a viver com lucidez e em paz.

As outras técnicas que veremos neste capítulo são também muito úteis. Elas representam meios importantes de fortalecer o contato espiritual. Independentemente da maneira como você queira aplicar a Lei da Sabedoria, quanto mais profundo o contato com os sentimentos inerentes ao coração, mais eficaz será sua reação.

A MATURIDADE ESPIRITUAL

O processo de amadurecimento espiritual consiste em entrar em contato com seu espírito em planos cada vez mais profundos. Embora parte do trabalho inicial de contato com a infinita sabedoria de Deus se dê na mente, em determinado ponto o foco se desloca para o coração e sua conexão direta com o Espírito. O místico da virada do século Charles Fillmore, co-fundador do *Movimento da Unidade*, reconheceu alguns elementos importantíssimos da sabedoria ao descrevê-la em sua relação com a inteligência do coração:

> Quando descobrimos em nós um fluxo de pensamento que parece ter evoluído independentemente do processo de raciocínio (...), devemos atentar para esse raro e, geralmente, fraco sussurro do Espírito no homem. Ele não vem do intelecto nem tem sua origem no cérebro. É o desenvolvimento, no homem, de uma maior capacidade de conhecer a si mesmo e de compreender o propósito da criação. A Bíblia fornece diversos exemplos do despertar do cérebro do coração, em videntes, místicos e profetas. Sua origem é atribuída ao coração.[1]

Fillmore descreve o deslocamento do enfoque interior da mente para o coração como um processo natural de iluminação espiritual.

> Aqui se ilustra a ordem natural da iluminação espiritual. O homem recebe primeiro uma compreensão intelectual da Verdade, que ele transmite ao coração, onde o amor é despertado. O Senhor lhe revela que a faculdade do amor é o maior de todos os poderes do homem e que o conhecimento intelectual deve diminuir à medida que a compreensão do coração aumenta.[2]

A mudança que realmente acontece não é uma diminuição do conhecimento intelectual, mas sim um novo papel para ele. Ele passa a ser um facilitador da sabedoria do coração. O papel do intelecto muda: de comandante-em-chefe do sistema, passa a ser um eficiente general sob a liderança do coração. Esta é a função à qual se destina o intelecto: verter a inteligência do coração para uma forma linear. O intelecto atinge a realização na medida em que a sabedoria é buscada no coração.

PEÇA E BUSQUE

Jesus ensinou como pôr em prática a Lei da Sabedoria em três etapas bastante simples, que nos ajudam a entender como podemos empregá-la com sucesso em nossa vida. Ele disse:

> Pedi e vos será dado;
> buscai e achareis;
> batei e vos será aberto.
>
> Mateus 7:7

Você sabe que não será uma lei o que lhe dará alguma coisa que você pedir. Todos aprendemos, quando crianças, que pedir um doce na fila da caixa do mercado nem sempre nos dá o que queremos. Você talvez já tenha pedido e até pago por um conselho que depois viu que se aplicava mais à vida de quem o deu, independentemente de ser um advogado, um médico ou um amigo.

Às vezes, pode parecer tolice pedir orientação a nós mesmos. Afinal, geralmente são nossas mais brilhantes idéias as que mais nos trazem problemas. As leituras de Cayce indicam que a resposta para todo problema está na descoberta da verdade sobre ele. O único ponto de vista do qual podemos ver a verdade a respeito do problema e aprender a lição que ele nos traz é o que atingiremos entrando em contato com uma consciência superior àquela que criou o problema. Já que criamos nossos problemas usando as faculdades mentais, precisamos ir mais alto — precisamos buscar o plano espiritual de nosso coração, onde está a verdade. Isso é o que ocorre quando, com toda a sinceridade, pedimos orientação a nós mesmos.

Na verdade, minha experiência dessa lei demonstra que recebemos muito mais que orientação. Ganhamos respostas e soluções. Quando me empenhei em ajudar as pessoas a encontrar uma forma simples de orientação, não só recebi a orientação que me ajudou a reconhecer a resposta quando esta me foi apresentada, como também descobri uma forma de contato interior na qual a resposta era dada. Como veremos a partir dos próximos exemplos, a reação da vida é não só dar orientação, mas também conduzir-nos à resolução, à compreensão e à descoberta. Além das respostas em palavras, ganhamos a oportunidade de abraçar e viver as respostas.

O CONTATO COM A FONTE

Há inúmeras maneiras de sintonizar o eu espiritual, de entrar em contato com a fonte de sabedoria. Quando der início à relação e ao diálogo com sua natureza espiritual, você descobrirá que fica cada vez mais receptivo à sua orientação.

A forma como buscamos essa ligação com o eu espiritual é importante. A fonte de sabedoria universal à qual Cayce recorria nos revela o seguinte:

> (...) se buscas única e exclusivamente a tua própria satisfação ou um modo de tirar vantagem de teu irmão, sabe então que o espírito da verdade te abandonará. Qualquer que seja o canal de tua busca, *sê sincero contigo mesmo*. Se quiseres receber a manifestação do Espírito do Pai, através de não importa que canal, sê sincero contigo mesmo, pois o semelhante atrai o semelhante. *O espírito da verdade estará perto de ti (...), busca-o em teu próprio coração*, pois tua alma é a imagem de teu Pai — e, na medida da verdade, na medida da sinceridade de tua busca, ele te será oferecido. HOJE — se quiseres ouvir Sua voz. 5752-5 (Grifo do autor.)RA

Pela Lei da Sabedoria, a orientação ficará disponível para nós se optarmos por pedi-la ou buscá-la. Entretanto, o fato de ela estar disponível e poder ajudar-nos nas experiências do dia-a-dia não implica que tenhamos de segui-la.

MAC E DAVID

Meu amigo Mac e eu estávamos às voltas com a compra da casa própria. Éramos ambos estudiosos das Leis Universais. Sabíamos que nossa natureza espiritual tinha participação ativa em cada experiência de vida e que havia uma sabedoria que iria nos orientar em todas as situações. Assim, ambos pedimos orientação para determinar o preço justo na compra de nossas respectivas casas.

O preço da casa que Mac escolhera era 89 mil dólares. Ele se sentou em silêncio, perguntou ao eu espiritual qual o preço que deveria pagar, limpou a mente e esperou pela resposta: 50 mil dólares. Embora esse preço parecesse bem baixo, ele procurou o vendedor e ofereceu-lhe essa quantia. O dono não aceitou a proposta, mas Mac resolveu esperar, achando que contava com orientação na questão. Meses depois, o dono da casa telefonou para Mac, perguntando se a proposta dos 50 mil continuava de pé. Mac disse que sim, comprou a casa como fora orientado a fazer e achou seu novo lar muito benéfico às mudanças que estava promovendo em sua vida.

Eu também pedi orientação na compra de minha casa. A casa que queria custava 79 mil dólares. Sentado em silêncio, preparei-me para receber orientação e perguntei se aquela era a casa certa. Em resposta à minha pergunta, a visão de outra casa que eu vira antes me veio à mente, com as palavras: "Seja paciente." Então fiz nova pergunta: Se fosse comprar a casa de 79 mil, qual seria a oferta mais razoável a fazer? Depois de limpar a mente, vi o número 68 mil. Meu corretor disse que a casa estava bem avaliada, e que 68 mil era uma oferta muito baixa. Comprei-a então por 75 mil dólares.

No ano seguinte ocorreram diversas mudanças em minha vida, e precisei de uma casa maior. Acabei comprando a que minha orientação me sugerira primeiro, pois atendia bem às necessidades de minha família. Após tentar por algum tempo vender a casa que comprara antes, acabei conseguindo 68 mil dólares por ela — o preço que fora orientado a pagar. Se tivesse esperado, teria lucrado muito mais que os 7 mil dólares que perdi na venda.

As Leis da Sintonização colocam a orientação e a sabedoria à nossa disposição em qualquer fase da vida. Elas não nos obrigam a seguir a orientação.

FORMAS DE RECEBER ORIENTAÇÃO

Há muitas formas de receber orientação. Nem todas resultam da Lei da Sabedoria. Num seminário, anos atrás, pedi aos participantes que escrevessem as formas como recebiam orientação. Fiquei admirado com a variedade de métodos utilizados: mais de quarenta. Eles se classificam em três categorias:

- A primeira consiste em pergunta e resposta interiores — escutar a sabedoria interior sem um estímulo exterior.
- A segunda emprega um estímulo exterior para deflagrar a sabedoria interior, como quando se escutam as palavras de uma canção ou se lê um determinado trecho da Bíblia abrindo-a ao acaso.
- A terceira é a orientação exterior — de amigos, profissionais ou médiuns.

A Lei da Sabedoria funciona a partir da inteligência do coração. Você pode ouvir os conselhos dos outros, mas deve sempre avaliá-los segundo sua própria sabedoria. Simplesmente extrair do exterior uma resposta não é garantia de poder aplicá-la à sua vida.

A ORIENTAÇÃO EXTERIOR

Já ouvi tanta gente dizer: "Ah, eu vi isso assim-assim. Deve ser um sinal de que preciso fazer assim-assado." Bem, pode ser que sim, e pode ser que não. Analise seu íntimo com a inteligência do coração. Talvez isso seja apenas uma forma que você encontrou de justificar algo que queria fazer de qualquer maneira. Se você não estiver em contato com a orientação do Eu superior, como poderá saber o que representa o sinal que viu ou o conselho que recebeu? Felizmente, após ver o "sinal", ler as palavras ou ouvir o médium, você entra em contato com seu sentimento, de forma que pode verificá-lo com a inteligência do coração.

UMA VOZ SILENCIOSA

Uma das coisas para a qual as leituras de Cayce chamam a atenção — e que é uma condição da Lei da Sabedoria — é que você deve buscar em si mesmo a orientação. Atingindo a sintonia adequada, você pode ir diretamente à fonte.

Em todos nós existe uma Voz silenciosa que prega o sacrifício, o amor, o serviço; que nos adverte contra todas as catástrofes e protege contra todos os perigos. Quando ela é ouvida e obedecida, não há erros, não há guerras, não há lares desfeitos, pois então se busca o bem do próximo e o desígnio do Criador.[3]

Essa voz silenciosa é a ligação intuitiva com a inteligência ou sabedoria do coração. Ele está cheio dessa inteligência, que é o padrão representativo da alma. O profeta Jeremias falou sobre essa relação entre a lei e a sabedoria suprema de Deus e o coração:

Eu porei minha lei no seu seio e a escreverei em seu coração. Então eu serei seu Deus e eles serão meu povo. Jeremias 31:33

Sara Paddison, que cultivou a capacidade de entrar em contato com esse padrão pela aplicação das leis, pediu sinceramente que lhe fosse dado ver e compreender como era possível que esse padrão e essa inteligência se encontrassem no coração. Então ela viu que no centro do coração existe uma espécie de mapa pessoal, um padrão que holograficamente também faz parte do DNA. Ela chamou a estrutura etérea que sustenta o padrão de "cristais do coração". No livro *The Hidden Power of the Heart* [*O Poder Oculto do Coração*], ela nos revela sua introvisão:

(...) Uma imagem de cristais que pareciam infinitos apareceu na forma de uma cornucópia. Ela estava cheia de formações semelhantes a cristais, repletas de arestas e facetas. Percebi que cada uma dessas arestas captava uma freqüência de inteligência distinta. Cada faceta parecia refletir um programa ou padrão diferente.

Para meu espanto, percebi que os cristais do coração de cada ser humano têm seu próprio padrão e suas próprias cores, e entendi que isso era o mapa da alma. Lá existem *chips* que contêm informações detalhadas: armazenam arquivos desta vida, de vidas passadas e de possibilidades futuras — toda a inteligência do ser humano.[4]

O grau de sinceridade de nossos pedidos, da mesma forma que a inteligência que penetra em nosso sistema pelo campo intuitivo, influi sobre os cristais. A inteligência pode abrir-nos novas perspectivas e uma nova compreensão em atendimento ao nosso pedido. A partir dessa relação com a voz silenciosa do coração, estamos desdobrando o padrão divino dentro de nós — nosso próprio plano divino.

FORMAS DE CONTATO INTERIOR

As leituras e os diversos caminhos religiosos e espirituais oferecem muitas formas de busca interior. Abaixo, cinco das maneiras ou métodos básicos mais citados pelas leituras para estabelecer esse contato interior:

1. Voltar-se para o interior
2. Meditar
3. Analisar os sonhos
4. Caminhar e conversar com Ele
5. Orar

1. Voltar-se para o interior

Estabelece com Ele uma melhor comunicação dentro de ti mesmo. Dispõe-te a dizer: Que se faça a Vossa, e não a minha vontade. Usai-me como quiserdes; em vez de: Estou disposto — mas deixa-me dizer-te como! Escuta — escuta o que está dentro de ti e terás tua resposta. (2174-3)RA

Voltar-se para o interior é simplesmente voltar a atenção, a mente, a energia do exterior para o interior com espírito alerta. Como fazer isso não é tão importante quanto fazê-lo. Você pode chegar lá do modo que mais lhe convier, seja por algum dos métodos indicados acima ou por qualquer outra forma de contemplação, concentração, relaxamento, devaneio ou meditação. O ato de deixar de lado o exterior e voltar-se para o interior, reconhecendo que a verdadeira força e a verdadeira sabedoria estão dentro de você, é a chave, não importa se você levar dois minutos, dez minutos ou uma hora. O voltar-se para dentro é que faz a diferença e traz os resultados. Naturalmente, quanto mais equilíbrio tiver seu espírito de busca, melhor.

HELEN ELLINGTON

Helen Ellington era uma senhora idosa que morava perto de Cayce e se interessou por seu trabalho. Ela participava das aulas que ele dava sobre a Bíblia e do primeiro grupo de estudos *Search for God* [A Busca de Deus], de Norfolk, Virginia. Transcrevemos a narrativa de Amanda Wakester a respeito da história contada por Helen para explicar como ela começou a receber orientação. Esse interessante caso demonstra muito bem que o ato de voltar-se para si mesmo tem mais que ver com seus pensamentos e atitudes em relação a ele que com a técnica:

Numa das aulas sobre a Bíblia, o sr. Cayce disse: "Se você pode fazer uma pergunta é porque tem a resposta." Ele já havia dito isso uma ou duas vezes antes, mas eu era tímida demais para perguntar o que aquilo queria dizer.
Aquela vez, criei coragem e perguntei: "Perdão, sr. Cayce. Se se pode responder a uma pergunta, então por que fazê-la?"
Ele me olhou (...) Estava surpreso por eu não saber do que ele estava falando — mas o fato é que eu não sabia. Ele respondeu: "Não pergunte a outra pessoa; pergunte a si mesma. Se não tivesse a resposta, não poderia sequer formular a pergunta, para começar."
Fiquei tão confusa quanto antes. Ainda não compreendia o que ele queria dizer. Então decidi tirar a prova dos nove.
Eu estivera coletando leituras para a família e outras pessoas, então sempre tinha à mão uma lista de perguntas para agilizar a obtenção da informação pedida. Depois daquele dia, quase toda vez que eu escrevia uma pergunta, a resposta prontamente me chegava. E aquilo passou a acontecer tantas vezes que eu comecei a pensar que o sr. Cayce talvez estivesse certo. Mas eu disse a mim mesma: "Sei que não sei tudo. Tenho de achar uma pergunta que não possa responder."
Certa noite fomos, todo o grupo, a uma palestra. Foi uma boa palestra; eu estava gostando de tudo o que o homem dizia e prestando muita atenção, quando de repente ele declarou: "A única maneira de conhe-

cermos Deus é querendo conhecê-Lo mais que tudo. E a única maneira de realmente conhecê-Lo é vivenciando-O."
Pensei comigo mesma: "Mas que declaração!" Minha mente começou a rodar. Perdi o fio da meada, já não conseguia acompanhar o que
o homem estava dizendo, não ouvia mais nada, esqueci tudo que ele
havia dito antes. Voltei para casa com a cabeça girando. Pensei: "Bem,
aí está uma pergunta que eu não posso responder."
A pergunta era: "Como posso vivenciar Deus?" Eu não tinha resposta. Não parava de repeti-la. Não comentei nada com ninguém sobre
o que estava acontecendo.
Aquilo continuou por meses e meses. Comecei a pensar: "Não vou
conseguir responder nunca a essa pergunta; sei que não." Então um
dia eu fui ao banheiro pegar a roupa suja para dar ao rapaz da lavan-
deria e vi uma coisa no chão. Quando me abaixei para pegá-la, uma
voz me passou pela cabeça, como se alguém estivesse conversando
comigo. Ela me veio à consciência como se eu estivesse ouvindo
alguém, embora não estivesse ouvindo nada. As palavras vieram lentamente, uma de cada vez, e eu fiquei imóvel. A voz me disse: "Se
você quiser vivenciar Deus, terá de ser Deus para alguém."
Eu pensei: "Nossa, essa é a resposta. Sei que é a resposta — nem que
seja só para mim e mais ninguém." Agradeci ao Senhor de todo o
coração por aquilo.
No início, ela não imaginou que pudesse usar essa técnica para perguntas não filosóficas. Algum tempo depois, ela e a filha Margaret
estavam lavando a louça enquanto discutiam algumas das coisas
levantadas pelas leituras.
"Toda vez que eu começava a falar, começava a tossir."
Helen estava com aquela tosse havia muito tempo. Não estava res-
friada nem tinha nenhum problema nos pulmões, mas sentia um nó,
um aperto na boca do estômago que a fazia tossir.
"Estava quase morrendo de tanto tossir. Já estava cansada. Então disse
a Margaret que, se aquilo que o sr. Cayce dizia era verdade, estava na
hora de eu me perguntar o que me fazia tossir. Em seguida peguei um
prato e coloquei-o sobre a mesa de jantar com mais força do que de
costume.
Ao colocar o prato na mesa, a mesma voz me disse: "Não se lembra
do dia em que estava colocando as compotas na prateleira?"
Helen lembrou-se de um domingo dois anos antes. Na véspera havia
feito compotas e as deixara esfriar de um dia para o outro. Apressada
para arrumar-se e ir à igreja, pegou uma cadeira para guardar os potes
na despensa. A cada vez que ia, voltava com um pote em cada mão e
subia na cadeira alta. Com isso, deu um mau jeito nas costas. Mas não

se incomodou, pensando em ir ao médico no dia seguinte. Porém, à noite, a dor era tamanha que ela não conseguia sequer ficar deitada. Fez alguns dos movimentos que o médico ensinara a ela para aliviar a dor e finalmente conseguiu dormir.

A voz continuou: "Você pensou que foi só um mau jeito nas costas e que já estava tudo resolvido. Acontece que não. Você precisa resolver esse problema de uma vez por todas para poder livrar-se da tosse."

Margaret levou-a ao médico no dia seguinte. O tratamento foi um sucesso, e ela dá o crédito a Edgar Cayce.

"Eu resolvi o problema porque soube me fazer a pergunta e esperar pela resposta. Desde então, voltei a fazê-lo mais duas ou três vezes. É por isso que consegui viver tanto."

Embora participasse do primeiro grupo de estudos, Helen jamais ficou à vontade para meditar em grupo. Sua técnica de perguntar a si mesma, essa sondagem profunda, passou a ser, de certa forma, seu método de meditação.

"Às vezes eu não durmo muito durante a noite. Fico deitada pensando nas coisas. E muitas vezes me faltam palavras para dizer o que aprendo."[5]

2. Meditar

Bruce descreve sua relação com a meditação assim:

Para mim, a meditação tem representado um dos meios mais seguros e eficazes de me sintonizar. Quando comecei, meditava quinze minutos por dia. Esperava que desse resultado, mas não imaginava que fosse fazer muita diferença. Apesar disso, estava disposto a tentar. No início não tive nenhuma grande experiência, não vi luzes piscando, não tive visões, nada. Meus pensamentos se intrometiam, mas eu me livrava deles com afirmativas simples como: "Paz" ou "A imobilidade gera o saber." Eu não tinha sequer a certeza de estar meditando, mas tinha de reconhecer que as coisas estavam indo melhor no trabalho. Entretanto, não achava que podia dar o crédito disso à meditação, pois não via nenhuma mudança em mim mesmo. Mas quando meu filho adolescente me disse: "Pai, o que aconteceu? Você está diferente", e minha mulher balançou a cabeça concordando enfaticamente, vi que alguma coisa tinha acontecido.

Basicamente, a meditação representa uma outra forma de virar o eu pelo avesso, transferindo o foco de atenção do exterior para o interior, em sinal de reconhecimento de que necessitamos de algo. É um meio de treinarmos a mente permitir que nos conscientizemos do Divino que há dentro de nós. Para meditar, é preciso aprender. Todavia, a maioria aprende com facilidade, e além disso há muita literatura a respeito e excelentes instrutores que podem ajudar bastante no começo.

A fonte de Cayce explicou a um jovem que, se descobrisse qual era o propósito de sua vida, definisse e concretizasse seus ideais conforme esse propósito e meditasse regularmente, se conscientizaria de sua sintonização com o Espírito dentro de si. Essa conscientização lhe daria a capacidade de enfrentar quaisquer desafios que surgissem, permitindo-lhe encontrar força para atender às necessidades de cada momento.[6]

Outra das leituras faz uma revelação desconcertante: que a sabedoria de Deus ultrapassa a compreensão humana, *exceto* por aquela que resulta da meditação.[7]

Quanto à possibilidade de se obter orientação pela meditação, não há limites, conforme atesta o clássico diálogo abaixo:

P: É possível meditar e obter as informações necessárias?
R: Qualquer que seja o assunto! Seja para descobrir quais as melhores minhocas para usar como isca, seja para tocar um concerto! (1861-12)

Assim, a meditação é de grande valia para a sintonização, para a busca, para a orientação e para a tomada de decisões. Bruce declara:

Comecei a meditar há mais de 25 anos. Tenho certeza de que minhas meditações diárias foram de longe as coisas mais importantes e gratificantes de minha vida, pois de fato me fizeram mudar totalmente. Elas mudaram minha vida para melhor, dando-lhe muito mais qualidade e coerência do que eu poderia imaginar quando comecei. A melhor coisa que você pode fazer por si mesmo e pelos outros é meditar diariamente.

Após ter experimentado várias técnicas ao longo dos anos, aprecio cada vez mais o aumento do enfoque no coração em minha meditação. Isso e mais o silêncio interior foram os elementos que particularmente me trouxeram as experiências mais profundas e consistentes em termos de qualidade e regeneração.

3. Analisar os sonhos

Lembra-te de que os sonhos não são senão um padrão do todo. Pois qual é a premissa? A de que o Senhor é Uno.
Então, à medida que a consciência física é posta de lado, podem surgir sonhos ou visões, e mesmo Ele, teu Senhor, teu Irmão, poderá mos-

trar-Se a ti. Pois Ele é o mesmo ontem, hoje e para sempre. E Ele prometeu falar contigo, se tu assim o desejares; possivelmente em sonhos, visões ou com a silenciosa voz interior.

Não te fies em outros meios! (1992-1)RA

ESCOLHAS NO TRABALHO

A certa altura de minha vida, deparei com uma decisão importante no trabalho e, com toda a sinceridade, pedi orientação interior em relação ao que era o melhor para mim. Estabeleci um prazo de três dias. Nesse período, tive três sonhos. Neles, vi os três empregos que me eram oferecidos, todos na área do direito, a carreira à qual eu me dedicava. No primeiro sonho, eu entrava no meu antigo escritório, e uma mulher que trabalhava lá chegava e colocava à minha frente a maquete de um vulcão que estava pronto a entrar em erupção. No segundo, via uma casa enorme e vazia que eu sabia ser minha. Ela ficava na cidade de onde viera a segunda proposta de trabalho, e eu ficava impressionado com seu tamanho, seu vazio e sua solidão. No terceiro, via a biblioteca que havia no prédio onde eu trabalharia se aceitasse a terceira oferta. Era velha, empoeirada e feia, mas eu olhava para cima e via uma janela atrás de uma das prateleiras, através da qual o sol brilhava.

Os sonhos não me disseram para onde ir. Eu tinha a liberdade de escolher o que quisesse. Analisando o primeiro sonho, entendi que voltar a meu cargo anterior seria entrar numa situação que, como um vulcão, seria explosiva e talvez destrutiva. Isso demonstrou ser uma boa descrição das coisas que infelizmente acabaram acontecendo naquela firma. O segundo sonho mostrou-me uma casa grande, um símbolo daquilo que eu poderia alcançar no exterior. Prazer e realização não faziam parte dela; apenas o vazio, que para mim simbolizava a falta de satisfação pessoal que me esperava. O terceiro sonho mostrou uma experiência comum, igual a qualquer outra do dia-a-dia. No entanto, a janela iluminada sinalizava possibilidades de iluminação e sentido que prometiam satisfação pessoal.

Com base nesses sonhos, aceitei a terceira proposta. Como predizia o terceiro sonho, grande parte do trabalho consistia em pesquisa, rotina da qual eu, particularmente, não gosto muito. Alguns meses depois, porém, alguns casos me chamaram a atenção e acabei mudando para uma área nova e mais gratificante, relacionada aos direitos do consumidor. Nessa nova área, pude ver a demonstração de muitas das leis da consciência, o que me ajudou a desenvolver a compreensão que afinal me fez mudar de profissão.

FREEZE-FRAME: CONGELE A CENA

Sem dúvida, os sonhos já me ajudaram a receber minha orientação. Mas a verdade é que, a esta altura de minha vida, se tivesse que enfrentar as mesmas questões novamente, usaria a técnica *Freeze-Frame*. No contato sincero e profundo com meu coração, esperaria encontrar a sabedoria mais clara e concisa. Isso não quer dizer que analisar os sonhos não seja válido. Eles fazem parte de nós e é sempre bom estar em contato com o eu. Entretanto, olhando agora para aqueles sonhos, creio que seria melhor ter usado *Freeze-Frame* para verificar se os estava interpretando corretamente.

4. Caminhar e conversar com Ele

O que você acha que O impede de caminhar e conversar com você? As leituras nos aconselham a colocar isso fora de questão. Não representa um fator a considerar. Ele caminhará e conversará com você independentemente de qualquer coisa. No meu caso, passou-se um bom tempo até eu acreditar que poderia falar com o Espírito interior, que ele me ajudaria, que eu era bom o bastante. Felizmente, nenhuma dessas coisas importa. A única coisa que precisamos fazer é tentar.

"ELE"

Tenho uma amiga muito íntima que me acompanhava nas orações na época em que eu buscava uma forma de ajudar as pessoas com quem trabalhava a encontrar um meio eficaz de receber orientação. Ela era minha assistente na igreja e estava buscando a sintonização com um nível superior de compreensão para realizar seu propósito de vida. Um mês depois, eu me vi no Institute of HeartMath, na Califórnia, e ela, no *ashram* de Satya Sai Baba, na Índia. Ela continua seus estudos com esse ser maravilhoso, que está trazendo a nosso mundo tanto amor e sabedoria.

Recentemente nos encontramos na cidade em que trabalhamos juntos. Ela me contou algumas de suas experiências, e o que ela faz, em essência, é caminhar e conversar com Sai Baba. Seu coração é receptivo à orientação que ele tem a lhe oferecer, e a ajuda a escutar sua própria sabedoria interior num nível verdadeiramente mais elevado.

A palavra "Ele", como é usada por Cayce, será "Deus" para algumas pessoas; para outras será Jesus; para outras, Sai Baba, a Virgem Maria ou qualquer outra grande presença espiritual. Para algumas, será ainda sua própria sabedoria e inteligência superiores, com as quais entram em contato quando seu coração sinceramente se volta para elas.

UM EXEMPLO

Tanto Bruce quanto eu tivemos um maravilhoso exemplo desse ensinamento em nossa vida. Repetidas vezes vimos comprovada a Lei da Sabedoria pela presença dessa pessoa que é a mulher para um e a mãe para o outro. Sua sabedoria orientou nossa vida, e suas conversas com a Presença em muito enriqueceram nossa família. Para ela, as atividades do dia-a-dia — seja preparar uma refeição, fazer pesquisa ou cuidar de um neto — estão cheias do contato com o Divino.

As decisões que ela tomou na vida deixam entrever claramente que não se pode saber qual a orientação que se receberia se ela não for pedida. Feito isso, o que se segue é o melhor da vida, quando se age de acordo com o que se recebeu. Foi seu exemplo que me fez desenvolver um apreço todo especial pela leitura abaixo, pois nele eu vi tanto a humildade quanto a glória:

(...) Essa é a atitude que uma entidade deve tomar. *Caminhar* com Ele! *Conversar* com Ele! Vê-*Lo* em sua manifestação em todas as formas de vida, pois Ele é a vida em *todas as suas* manifestações na Terra! E sobrevirá aquela paz, aquela harmonia, aquela compreensão que advém da *humildade* em *Seu* nome; a humildade de espírito, de mente, de eu, tanto assim que as glórias que te pertencem desde a criação da Terra podem manifestar-se em ti! (488-6)RA

Faça uma caminhada e peça-Lhe que o acompanhe, para que Ele esteja com você como um amigo. Converse com Ele sobre o tempo, as flores, as hortaliças. Se esquecer a que veio, pergunte-Lhe. Ele o fará lembrar-se. Converse, fale com Ele de verdade. Em pensamento ou em voz alta, fale abertamente. Não há limites. Tudo importará a Ele se estiver relacionado com você ou for de seu interesse.

Cheguei à conclusão de que esse processo de caminhar e conversar com Ele é muito útil e prático. Sou mais distraído do que gostaria de admitir, e sempre acabo esquecendo de levar ou trazer alguma coisa que deveria. Aprendi a perguntar-Lhe antes de sair: "Não esqueci nada?" Se a resposta for "sim" ou se não houver resposta, começo a procurar o que estou esquecendo. Se a resposta for "não", posso ir sem preocupações. Claro que, sendo tão distraído, às vezes me esqueço de perguntar, mas estou cuidando disso!

Da mesma forma, quando alguém me pede que faça alguma coisa, se for preciso, posso perguntar ao Espírito se devo ou não fazê-la. Esse processo me poupa tempo e dinheiro, pois automaticamente arruma minha vida e me deixa equilibrado — quando eu o uso. Quando não, vejo-me perdendo tempo, preocupando-me demasiadamente e me metendo em situações que não se alinham com meu propósito.

Ao empregar esse processo para encontrar respostas, é preciso que você seja persistente em sua tentativa. Há pessoas que não ouvem nada a princípio. Se isso ocorrer, não conclua que não funciona com você. Como todas as coisas que têm valor, é preciso um pouco de prática, basicamente porque você talvez tenha pensado por anos e anos que não conseguiria ou que isso é loucura ou que Deus está lá em cima numa nuvem e não vai ajudá-lo em sua vida. Para mudar esse tipo de condicionamento, pode ser necessário um certo empenho. Esqueça todo o lixo intelectual, pois agora você está lidando com uma lei espiritual. Abra-se para caminhar e conversar com Ele. A lei é: "Se a orientação for pedida com sinceridade no coração, ela será concedida."

5. Orar

A quinta forma de contato interior é a oração. Essa pode ser tanto uma experiência profunda e significativa quanto um exercício sem sentido. A diferença é: onde está sua atenção? Na mente ou no coração? Se para você a oração for um contato sincero com o Espírito, desfrute esse momento e aproveite-o para fazer suas perguntas.

Emerson estabeleceu um ideal para a oração quando deu esta definição: "A oração é a contemplação dos fatos da vida do ponto de vista mais elevado que existe." Madre Teresa de Calcutá, em *The Love of Christ* [*O Amor de Cristo*], fala de forma inspirada sobre a oração:

> Ame a oração. Sinta o mais possível a necessidade de orar e se esforce por satisfazê-la. É orando que se consegue orar cada vez melhor. A oração faz crescer o coração até o ponto de conter a dádiva que Deus faz de Si mesmo. Suplique e busque; seu coração será capaz de recebê-Lo e abrigá-Lo.[8]

As leituras de Cayce falam muito sobre a oração. A certa altura, ele recomendou a formação de um grupo de oração para os que se interessavam por seu trabalho — um grupo que orasse por todos aqueles que pedissem. Esse grupo existe até hoje. Se você precisar de apoio, envie sua solicitação para: Glad Helpers Healing Prayer Group [Grupo Voluntário de Orações para o Auxílio e a Cura], Association for Research and Enlightenment, P.O. Box 595, Virginia Beach, VA — USA 23451-0595.

De muita utilidade no dia-a-dia é um livrete mensal chamado *Daily Word* [*Palavra Diária*],[9] que é vendido por um preço simbólico. Ele tem uma oração para cada dia, sempre dentro da filosofia expressa pelas leituras de Cayce. Essa publicação, não ligada a nenhuma congregação, é de grande circulação: mais de 2 milhões de exemplares mensais! A organização responsável pela publicação do livrete é a Silent Unity [União Silenciosa], que vem orando por quem solicita desde 1890. Por quase cem anos — um recorde notável — eles vêm orando ininterruptamente, durante o dia e a noite. O número de solicitações recebido pela organização atesta a eficácia das orações: mais de 3 milhões em 1996. Qualquer pessoa pode telefonar; não se cobra nada. As solicitações são feitas por telefone, 24 horas por dia. O próprio telefonema já é uma experiência espiritual. O número é 00.1.816.251.2100. Se preferir fazer uma solicitação por escrito, o endereço é: Silent Unity, Unity Village, MO — USA 64065.

Muitas vezes, nós apenas sentimos uma necessidade ou estamos numa situação confusa e não sabemos exatamente o que pedir. Felizmente, se pedirmos ajuda, o Espírito nos dará aquilo de que precisamos. O importante é pedir. Uma antiga oração da tribo kond, do Tibete, se aplica a todos os casos:

> Ó Senhor, não sei o que é melhor para mim,
> mas Vós o sabeis, e por isso eu oro.

Outra solução quando não sabemos como lidar com as situações que temos diante de nós é usar a pergunta sugerida pela técnica *Freeze-Frame*. Lembre-se de que esse exercício destina-se a levar as pessoas, estejam elas confusas ou não, à resposta intuitiva do coração. A pergunta é:

> Qual é a reação mais eficaz para esta situação, que minimize a possibilidade de *stress* no futuro?

Por que orar pensando em eficácia e *stress*? Porque o amor e a sabedoria disponíveis para você são tamanhos que sua reação diante dos problemas que tem a enfrentar deve implicar o menor esforço e a maior harmonia possível. É esse o carinho que lhe reserva a inteligência divina.

BATA, E A PORTA SE ABRIRÁ

Um dos elementos mais importantes ao recebermos a orientação está no pedido. Já vimos como Jesus nos exortou a fazê-lo pela Lei da Sabedoria. A terceira parte de suas instruções foi: "Bata, e a porta se abrirá."

> Que vós, como os que buscam o caminho, o conhecimento, a experiência, a sensação da presença da Consciência do Cristo em vosso seio, em vossa vida, possais *abrir* a porta de vosso coração!
> Pois Ele está pronto para entrar na casa dos que Lhe suplicarem que entre.

Sem a súplica, Ele não virá, mas se vós buscardes, encontrareis; se baterdes, será aberta. Enquanto viverdes, a vida será a consciência de Sua proximidade, de Sua presença, vossa. (5749-10)RA

Quando você bate, está reconhecendo que foi sozinho até onde pôde. Só o poder superior que existe dentro de você pode abrir a porta que está à sua frente. Você aceita essa realidade e demonstra sua confiança nessa presença divina com o ato de bater à porta. Ao fazê-lo, ela se abrirá.

BATER À PORTA DO CONHECIMENTO

Eu quis bater à porta do conhecimento e pôr à prova a verdade do ensinamento de que todo o conhecimento é interior. Roguei que me fosse dado saber se realmente tinha acesso àquela sabedoria. Na época, estava começando a estudar e trabalhar numa área na qual tinha pouco conhecimento. Em decorrência do meu pedido, não consegui ler os vários e excelentes livros sobre o assunto. Nenhum deles. Mal abria um, alguém me telefonava ou eu caía no sono. Cheguei a tentar romper o bloqueio propondo-me a dar aulas sobre esses livros. Mesmo assim, não consegui ler nenhum antes das aulas, porém lá me bastava ler uma linha para entender o livro todo. Não conseguia passar de uma ou duas linhas por aula.

Tive de valer-me de minha própria orientação e sabedoria interior no decorrer de meus estudos e em minha profissão. Naquela época, eu queria muito empregar as ferramentas acadêmicas, que sempre haviam sido importantes para mim. Mas, com o bloqueio do acesso às formas exteriores do conhecimento, eu tinha de me valer de tudo que viesse pela porta interior em que eu havia batido. Finalmente, consegui ler o livro que, oito anos antes, me levara a fazer a pergunta. E quando, dessa vez, encontrei a afirmativa de que todo conhecimento era interior, soube que a porta do conhecimento se abrira.

BATER À PORTA DA COMPREENSÃO

Talvez o maior desafio que eu já enfrentei tenha sido o de pedir a capacidade de compreender o assassinato de minha mulher semanas antes do primeiro aniversário de nossa filha. Para mim, Deus não podia ser absoluto nem bom tendo deixado aquilo acontecer. Depois dessa minha experiência de bater à porta da compreensão, posso garantir que tudo que você buscar pode ser encontrado. Eu tinha muitas perguntas, e tive de bater muitas vezes em muitas portas até que todas fossem respondidas. Mesmo quando essa busca me trouxe informações e conhecimento de fontes exteriores, só consegui avaliar a validade deles batendo de coração aberto à porta da compreensão dentro de mim mesmo.

A dificuldade para os que fazem uso dessa lei não está na possibilidade de que a porta não se abra nem na de haver alguma coisa — inclusive as partes mais profundas de nós mesmos — escondida por trás de uma porta que não se abrirá. Todas as portas se abrirão, e não há nada no universo que permaneça sendo um segredo para os que se dispuserem a buscar e descobrir. A dificuldade está em aceitar o que é descoberto e viver de acordo com o que isso representa. Por isso, devo adverti-lo de que a aplicação dessa lei é uma das mais difíceis de todas, mas suas dádivas são imensas.

REAÇÕES IMPREVISTAS

Espero que você esteja percebendo que existem diversas maneiras de recebermos orientação quando a pedimos. Mencionei muitas vezes a importância do contato com o coração. Não quero dizer que, sem ele, a orientação e o contato com o seu íntimo sejam impossíveis, mas apenas que serão mais difíceis. Minha experiência tem me ensinado que, quanto mais profundo for o contato com o coração, mais direta será a orientação.

CHARLES FILLMORE

Charles Fillmore aprendeu a estabelecer esse contato com o Espírito interior sem o contato com o coração. Na qualidade de marido de Myrtle Fillmore, ele foi profundamente afetado por sua cura. Antes do despertar que o levou a cumprir a missão da liderança espiritual, ele havia declarado: "Se eu sou Espírito e esse Deus de que tanto se fala é Espírito, nós poderemos estabelecer algum tipo de comunicação, ou então tudo não passa de uma fraude." Sendo um homem de negócios muito prático, ele deu início a uma experiência:

> Comecei então por sentar-me em silêncio em determinada hora a cada noite, tentando entrar em contato com Deus. Não havia naquilo nenhum entusiasmo, nenhum desejo do fundo do coração; tudo era simplesmente um dos métodos frios e calculistas que se usam nos negócios. Eu ia lá todos os dias à mesma hora e tentava, de todas as maneiras imagináveis, pensar que minha mente estava em contato com a Mente Suprema.
> Com essa atitude fria e intelectual, é fácil perceber por que eu não tinha nenhum resultado, mas continuei a fazer a mesma coisa por meses a fio, repetindo mentalmente as palavras que os outros me diziam que

surtiriam efeito, até que a coisa se transformou num hábito, e eu comecei a gostar muito.

Entretanto, chegou um momento em que eu comecei a observar que meus sonhos eram realistas demais. Passei meses sem lhes dar atenção, meu negócio na época era totalmente mundano: comprar e vender imóveis. A primeira vez que observei uma relação entre os sonhos e meu trabalho foi depois de fechar a compra de uma determinada propriedade, pois me lembrava de ter sonhado com toda a transação alguns meses antes de ela ocorrer.

A partir daí, passei a observar meus sonhos de perto e descobri que havia a manifestação de uma inteligência que parecia maior do que a que tinha quando estava acordado. Um belo dia, percebi de repente que aquele era o modo de comunicação que se estabelecera em decorrência de meu interesse em obter informações da matriz. Desde então, eu o venho mantendo com interesse crescente, e o número de experiências que já tive daria para encher um livro. Tudo o que preciso saber me é mostrado, e vezes sem conta já fui salvo de dar passos em falso por essa monitoração. Em inúmeras oportunidades pude antever e planejar o futuro com meses e até anos de antecedência, e as profecias até agora não falharam jamais, embora eu às vezes tenha interpretado erradamente os símbolos usados.[10]

A AVALIAÇÃO DE SUA ORIENTAÇÃO

Como saber se a orientação que se está recebendo é do Eu superior? Eu verifico a qualidade do que sinto quando a estou recebendo. Quando a sensação é de paz, segurança e conhecimento ou compreensão, a orientação prova-se sábia, prática e eficaz.

A orientação que vem do Espírito jamais sugerirá que você tire vantagem de alguém, que faça mal a si mesmo ou a outrem nem que deixe de satisfazer alguma necessidade importante sua ou dos outros. Se sua orientação lhe disser isso, ela é proveniente de qualquer outra fonte que não o Espírito.

Você pode verificar se a orientação que lhe chega provém do Espírito interior usando os padrões dados a uma jovem assistente social. Ela queria saber como ter certeza de que a orientação vinha do Espírito e não de sua imaginação, emoções ou desejos. A fonte de Cayce deu-lhe algumas sugestões muito práticas para avaliar a procedência da orientação:

[Ela fala] de bondade, suavidade, paciência — daquele limiar cuja transposição faz surgir a santidade? (...)
Ela traz consigo a abstinência ou o desejo de si mesmo?

Ela traz consigo o amor? O autocontrole? É suave e bondosa?

Então, esses são os julgamentos nos quais a entidade se baseia para usar essas influências sobre a vida alheia.

Ela alivia o sofrimento à medida que as capacidades da entidade aumentam?

Ela alivia a angústia mental, as perturbações mentais que surgem?

Ela traz também a cura — do corpo, da mente — ao indivíduo? Essa cura traz a força construtiva ou a dor, a tristeza, o ódio e o medo à experiência dos outros?

Esses são os julgamentos nos quais a entidade se baseia para fazer suas escolhas, enquanto orienta, dirige e aconselha os que buscam — buscam — o quê? Aquela Luz que é e sempre foi a luz que ilumina o mundo! (1947-3)RA

Capítulo 9

A Lei Mestra dos Relacionamentos

Antes do receber
Deve estar o dar.

Aquele que não confia o bastante
não merecerá confiança.

Eles não discutem
e assim ninguém discute com eles.

O sábio jamais tenta acumular posses.
Quanto mais ele faz pelos outros, mais tem para si.
Quanto mais dá aos outros, maior é a sua prosperidade.

Lao-Tsé

A Lei Mestra dos Relacionamentos:
"Assim como fizeres aos outros te será feito."

Não julgueis para não serdes julgados; não condeneis, para não serdes condenados; perdoai, e vos será perdoado. Dai, e vos será dado; será derramada no vosso regaço uma boa medida (...) pois com a medida com que medirdes sereis medidos também.

Jesus (Lucas 6:37-38)

Uma das regras fundamentais da vida que nos foi transmitida através dos séculos é: "Faze aos outros aquilo que queres que te façam." Sabemos que esta é a Regra de Ouro. A grande significação desse ensinamento milenar é muito bem expressa no seguinte trecho de uma das leituras:

Tão simples suas palavras e, no entanto, tão profundo seu sentido, tão longo o seu alcance em todas as fases da experiência humana! Pois é

o contrário da ganância, da avareza, do ódio e de tudo aquilo que inspira temor. (2170-1)

Com efeito, é assim porque, ao praticar esse ensinamento, naturalmente
iremos tratar os outros com amor, já que essa é a maneira como todos gostaríamos de ser tratados. O amor é o oposto da ganância, da avareza, do ódio e de
tudo aquilo que inspira temor. A Lei Mestra dos Relacionamentos é uma das
Leis de Causa e Efeito. Entretanto, quando reagimos com amor, trazemos para
essa lei o poder transformador da Lei do Amor. É assim que encontraremos a
verdadeira realização em nossos relacionamentos.

No Sermão da Montanha, Jesus enfatizou essa questão da seguinte maneira: "Tudo aquilo, portanto, que quereis que os humanos vos façam, fazei-o vós
a eles, porque isto é a Lei e os Profetas" (Mateus 7:12). Acho que essa foi Sua
maneira de dizer que é assim que se deve fazer para viver de acordo com as leis
de Deus, como há séculos nos ensinam os profetas.

LEI OU ENSINAMENTO?

Sabemos que não se pode infringir uma verdadeira Lei Universal. As trans-
crições mencionam "Faz aos outros aquilo que queres que te façam" como sendo
uma lei. Porém, nessa forma, a declaração não é uma lei, pois é possível infrin-
gi-la fazendo aos outros algo que certamente não se gostaria que fosse feito a si
mesmo. Tanto Jesus quanto a fonte de Cayce estavam ensinando a usar a lei,
em vez de afirmá-la diretamente. Qual é a Lei Universal fundamental por trás
desse ensinamento? É a Lei Mestra dos Relacionamentos, uma das Leis da Transformação, à qual podemos chamar de Lei de Ouro.

A Lei de Ouro: "Assim como fizeres aos outros te será feito."

A Lei de Ouro é, num certo nível, uma das Leis de Causa e Efeito. Aquilo que você fizer aos outros será a causa pela qual a lei será posta em ação. Aquilo que lhe fizerem será o efeito criado por você mesmo. Por outro lado, a Regra de Ouro é, na verdade, a declaração, do ponto de vista de uma consciência
superior, de como você poderá prontamente aplicá-la em sua vida. A leitura
seguinte dá uma maravilhosa sugestão sobre a maneira de fazê-lo:

Sê bom, sê gentil, procura expressar essa disposição em teu trato com
as pessoas. Ela trará satisfação, paz e felicidade por intermédio da lei:
"Assim como fizeres aos outros te será feito", pois tu estarás pondo em
prática o ensinamento: Faz aos outros aquilo que gostarias que te fizessem. (805-4)P

A UNIVERSALIDADE DA LEI

O conhecido escritor Eric Butterworth também enfatiza a imensa importância dessa lei. Ele diz:

> Este é o princípio de ação e reação — dar e receber —, a lei da complementaridade. Faça aquilo que você gostaria que lhe fizessem, pense da maneira como gostaria que as coisas fossem, ame e será amado (...), perdoe e será perdoado. Jesus não disse que isso seria uma nova lei. Ele não criou leis; Ele simplesmente descobriu que elas são parte da Divindade do Homem. Trata-se de um princípio tão antigo quanto o tempo, tão inexorável quanto a gravidade, tão impessoal quanto a luz do sol.
>
> Quando pensamos o bem, falamos o bem e fazemos o bem, não só pagamos os débitos de limitações passadas, mas também preparamos o caminho para as inevitáveis bênçãos futuras. Que a isso se chame karma, causa e efeito, lei da compensação, pouco importa — o importante é que é uma verdade fundamental da vida, cujo reconhecimento é imprescindível a todos aqueles que quiserem viver bem.[1]

Como mostra Butterworth, as Leis Universais são parte da dinâmica do ser humano. Eis abaixo a sua expressão conforme algumas das principais religiões do mundo:

> Judaísmo: "Aquilo que te for odioso, não o faças a teu companheiro; essa é a única lei; tudo o mais é acessório." (Hillel)
>
> Budismo: "Não há homem que não evite o sofrimento e que não ame a vida; lembra-te de que tu também és como eles; faze de ti mesmo a medida dos demais e, assim, abstém-te de causar-lhes dano." (Dhammapada)
>
> Islamismo: "Faze a todos os homens aquilo que gostarias que te fizessem e evita fazer aos outros aquilo que evitarias para ti mesmo." (Hadith)
>
> Dos vedas hindus: "Não faze aos outros o que não gostarias que te fizessem e deseja aos outros aquilo que desejas para ti mesmo — nisso consiste o Dharma, presta-lhe muita atenção." (Mahabharata)
>
> Confucionismo: "Não faças aos outros aquilo que não gostarias que te fizessem."[2] (Analectos)

Por se tratar de uma Lei Universal, os resultados decorrentes são de lei. Cayce frisou o caráter inevitável desses resultados:

Sabe também que aquilo que plantares nos relacionamentos mentais, materiais físicos, te será devolvido.

Portanto, adota a política de fazer aos outros aquilo que gostarias que te fizessem. *Espera* isso! *Vive-o* em tuas transações!

E verás que Ele, que é Quem nos dá todo o bem e todos os dons mais perfeitos, dará a tuas experiências não apenas harmonia e paz, mas também maiores oportunidades, com sucesso financeiro, social e material. (1634-1)RA

A APLICAÇÃO DA REGRA DE OURO

Ao iniciar o estudo dessa lei, muitos anos atrás, Bruce teve uma oportunidade de pô-la em prática.

Eu fora ameaçado com um processo. Havia comprado alguns terrenos e, subitamente, me vi diante de um processo movido pelo vendedor, que exigia um pagamento muito maior do que aquele que eu previa com base no contrato. Porém eu achava que tinha a meu favor tanto a interpretação dos termos do contrato quanto os precedentes legais. Meu advogado me garantiu que eu ganharia a questão.

Mas a Regra de Ouro diz que devemos fazer aos outros aquilo que gostaríamos que nos fizessem. Ao aplicá-la àquela situação, tentei colocar-me no lugar do vendedor. Pensei que, se fosse ele, gostaria de ser ouvido e tratado com consideração, mesmo que não estivesse cem por cento certo. Assim, em vez de prosseguir com o processo, pedi a meu advogado que propusesse um acordo justo.

Foi bom que houvesse uma Lei Universal a aplicar naquela situação, em vez de contar apenas com advogados, tribunais, juízes e leis feitas pelos homens. Qualquer um que já tenha tido a oportunidade de envolver-se numa situação como essa, sabe perfeitamente quão incertos são os resultados. Por quê? Não pelo fato de os advogados, juízes, etc., estarem procurando ser justos, mas porque o resultado final dependerá não das leis humanas, mas da maneira como as Leis Universais tiverem sido usadas.

Se eu tivesse ido em frente e lutado, mesmo pensando que tinha tudo para ganhar a causa, poderia muito bem ter perdido, pois o universo não se incomoda com essas coisas. A lição que eu aprenderia seria a de fazer aos outros aquilo que gostaria que me fizessem. Como havia aplicado a Lei Universal da melhor forma que me foi possível, não precisei daquela lição e pude resolver a questão em termos pacíficos e amistosos, que satisfizeram a ambas as partes.

Observe a imensa sabedoria presente nessa lei e na Regra de Ouro. Não se exigem outros padrões que não os seus — você decide como gostaria de ser tratado se estivesse no lugar do outro e então age conforme sua decisão. A Regra de Ouro não lhe impõe uma maneira de tratar seus semelhantes. Numa determinada circunstância, eu poderia agir de uma forma; você, de outra, e poderíamos ambos estar certos. A única exigência — que é imprescindível, caso de fato se deseje mudar os relacionamentos — é tratar os outros como gostaríamos de ser tratados.

NEGÓCIOS E COMUNIDADES

A despeito de nossa capacidade de entender que uma lei seja universal e funcione em qualquer situação, em qualquer lugar e para qualquer pessoa, tendemos a excluir certas áreas do domínio das leis superiores. A área dos negócios, com seus padrões que aparentemente desconsideram o próximo, é uma delas. De acordo com Cayce, a Lei Mestra dos Relacionamentos se aplica não apenas aos relacionamentos individuais no mundo dos negócios, como também a grupos e até mesmo a cidades. A pergunta abaixo foi feita a Cayce enquanto ele dormia:

> P: Existe alguma atividade ou tendência em meu negócio atual em que eu possa dar vazão a meu próprio talento e capacidade e atingir maior produtividade?
> R: O que queres que te façam, faz aos outros. Isso não é simplesmente axioma nem conversa fiada. Quando posto em prática, gera ações da maior magnitude, oferecendo oportunidades nos negócios, na sociedade, nas forças econômicas e nos relacionamentos, sejam eles pessoais ou de qualquer outra natureza. (1603-1)RA

Seria errado presumir que tudo fosse mudar de repente depois que alguém passa a agir conscientemente conforme essa lei. Ela não é como a aspirina, que elimina os sintomas da dor de cabeça. Em vez disso, ela promove a cura e o realinhamento de tudo aquilo que tiver perdido o equilíbrio num relacionamento — seja ele no âmbito comercial ou familiar. E funciona melhor se for utilizada com paciência.

A sabedoria oferecida a um executivo que estivera tentando ajudar os outros e fora criticado por todos, inclusive por aqueles a quem ajudara, foi:

> Sê *paciente* e verás a glória do Pai manifestar-se na vida não apenas daqueles que te condenaram ou condenam por tua indivisibilidade de propósito, mas ao fazer aquilo que traz a unidade a teus relacionamen-

tos com o próximo, tu verás que eles — teus esforços — não deixa-
rão de ser recompensados de todas as maneiras. Sê paciente. (802-
2)RA

As Leis Universais aplicam-se não apenas a nós como indivíduos, mas também aos grupos, empresas, associações, governos e nações a que pertencemos.
Durante a Grande Depressão, um empresário consultou a fonte de Cayce,
enquanto este estava em transe, a respeito da existência de alguma mensagem
para seus sócios e para o mundo. De fato, havia uma — Cayce lhe respondeu
que não bastava buscar o ganho pessoal nem mesmo o crescimento individual,
mas que todos deveriam perceber que tinham uma relação espiritual com os
demais, que era: "Sou o guardião de meu irmão." E, disse-lhe ainda que, enquanto o mundo e os detentores da autoridade e do poder — financeiro, social,
comercial ou espiritual — não reconhecessem que grupos e indivíduos dependem uns dos outros, pouco progresso duradouro se atingiria.[3]

Depois a fonte, numa fascinante declaração, referiu-se a um exemplo diferente de cidade, pois tinha reconhecido esses princípios e os pusera em prática e, por isso, prosperara apesar das más condições gerais:

> Que cidades estão em tão grande posição que podem devolver a pros-
> peridade a sua população? Cincinnati? Por quê? Por ela há muitos
> anos ter adotado em vários canais o quê? A Regra de Ouro, pela qual
> muitos dos que detêm a autoridade nos vários grupos lidam não ape-
> nas com seus empregados, mas também com aqueles a quem serviam
> (...) e essas são as bases ou fundamentos, pois tu és o guardião de teu
> irmão. (257-134)RA

UMA LEI SUPERIOR

Quando aplicada, essa Lei Universal funciona, mas em diversos planos distintos. Pode-se facilmente identificar o seu aspecto relativo à noção de causa
e efeito. Por experiência própria, sabemos que aquilo que fazemos nos é devolvido. Entretanto, há um aspecto superior nessa lei. Podemos entrar em contato com a sabedoria de nosso coração para nós e para os outros. No fundo do
coração, existe um desejo de amor, de paz e de harmonia. Essa lei se torna o
instrumento pelo qual podemos promover essas coisas em nossa vida. Quando
expressamos o carinho, o amor e a compreensão que desejamos para nós, desen-
cadeamos o poder transformador da Lei do Amor. Cayce assim o descreve:

> O ser bom, apenas, não é problema do homem, mas o ser bom *para
> alguma coisa*, o ser bom como propósito!

(...) no fundo do teu coração tu *conheceste* e conheces aquele que é bom! Não é o que finge, não é o falso moralista, não é o cínico, mas aquele que faz o bem por fazer, o que faz o bem porque ele traz satisfação, traz harmonia, traz paz, traz companheiros que promovem no coração do próximo *alegria* e *esperança* e o *anseio* de maior conhecimento da *fonte* do bem. Não apenas ser bom, mas *ser*, agir, pensar em termos da consideração sincera e merecida por cada pessoa, e não da vantagem por acaso, não da vantagem por conhecimento prévio, não da vantagem, qualquer que seja ela, sobre o teu semelhante.

Pois assim como tratares teu semelhante, estarás tratando teu Criador. (417-8)RA

A fonte de Edgar Cayce chamou a Lei de Ouro de Bênção Universal. E, de fato, ela o é, tanto para aqueles a quem você a aplicar quanto para você mesmo, que a aplica aos outros. Ele frisou muito o papel que a lei tem de ser um instrumento pelo qual podemos promover muitas das qualidades que desejamos encontrar em nossos relacionamentos. Além de simplesmente receber de volta aquilo que se está dando, ele fala da lei como promotora de uma relação espiritual e de um resultado transformador.

O ensinamento do Cristo é: fazer aos outros aquilo que gostarias que te fizessem — e fazê-lo *todos* os dias, de *todas* as maneiras. E que assim Seu poder, Sua glória cresçam em ti. Daí surgem a harmonia, a alegria, a paz e a força. (397-1)RA

Isso se processa quando você vive essa lei com sinceridade e de coração. Ela se torna então uma parte da Lei do Amor, uma das Leis da Transformação, e dá expressão às mais sublimes experiências e qualidades espirituais em sua vida. Se estiver em dificuldade e não souber como aplicar essa lei, use a técnica *Freeze-Frame* — pergunte ao seu coração. A resposta que você receberá vai desencadear o que há de mais transformador nessa lei.

Usar a Lei de Ouro com o coração faz o aspecto kármico da lei, a Lei de Causa e Efeito, atingir um plano superior. Então ficamos aptos a enfrentar as condições kármicas desfavoráveis que criamos e a lidar com elas sem acarretar mais dificuldades para nós mesmos. Ela nos dá uma saída, uma via superior, uma oportunidade de nos graduarmos num curso mais avançado. Por meio dela, somos abençoados com a chance de dar um grande passo em nossas vidas — o passo para uma consciência superior — rumo à transformação. Esse é o poder que nos confere essa lei e ensinamento.

A Lei de Ouro se torna a Lei da Misericórdia (Capítulo 11) à medida que a aplicamos demonstrando misericórdia pelos outros, principalmente os que incorrem em erro. A misericórdia que demonstramos atrai a misericórdia para nós. E assim deixamos de estar sujeitos às Leis de Causa e Efeito para alcançar um estado superior do ser, um grau superior de compreensão. Aproximamo-nos um pouco mais da unidade com o Divino. Esse é o resultado de aplicarmos a Regra de Ouro com sinceridade.

O CARINHO

É fácil reconhecer a Lei Mestra dos Relacionamentos e, no entanto, não lhe dar expressão. Apesar de seu ensinamento existir há milênios, não se manifesta com tanta força assim no mundo hoje em dia. A razão disso pode estar na grande diferença entre a compreensão intelectual da lei e a capacidade de pô-la em prática. Para facilitar o foco em determinadas aplicações, vejamos algumas formas simples e práticas de pôr em ação não só os aspectos relativos a causa e efeito, mas também os aspectos potencialmente transformadores que a lei nos assegura. Poderemos verificar que o amor que expressarmos em nossos relacionamentos os transformará e nos será devolvido.

Uma das qualidades mais importantes dos relacionamentos é o carinho. Queremos que as pessoas tenham carinho sincero por nós. Ele é o azeite dos relacionamentos; mantém as interações suaves e desprovidas de *stress*. Em *Self-Empowerment: The Heart Approach to Stress Management* [*Autocapacitação: A Abordagem do Coração para o Gerenciamento do* Stress], Doc Lew Childre enfatiza a grande importância do carinho em nossas vidas:

> Aprender a cultivar o carinho sincero pelas pessoas está no topo da lista da boa manutenção de si mesmo. O carinho regenera e cura; o excesso de carinho provoca o esgotamento das reservas de energia, muitas vezes enfraquecendo o desejo de voltar a tê-lo.
> Viver sem carinho é como dirigir um carro sem óleo nos pistões. O verdadeiro carinho é uma freqüência — ou sentimento — que se irradia do coração. Ele flui pelo nosso sistema e lubrifica os pensamentos e sentimentos, ao mesmo tempo que diminui o atrito e a resistência em nossa vida. O carinho não só funciona como um detergente emocional para o sistema, mas também dá corpo e textura ao nosso relacionamento com as pessoas e a tudo o mais.[4]

Pense em alguém que representa muito para você. Não é uma pessoa que tem carinho sincero por você? O carinho é o azeite que faz o organismo funcionar suavemente. Ele é importante para nosso sistema interno, que começa a desgastar-se pelo atrito se não encontrarmos formas de expressar carinho em nossa vida. Ele é importante também para nossos relacionamentos. Se não houver carinho autêntico, eles começam a "bater o pino", como acontece quando um motor funciona a seco. A solução é usar o óleo do carinho. Ele é uma das freqüências componentes do amor. Ele é parte da Lei do Amor. Segundo Cayce:

A *alegria*, a paz, a felicidade que podem ser tuas advêm de proporcioná-las aos teus semelhantes. (262-3)RA

LEVEZA

Lembro-me de ter sido o alvo de um momento especial de carinho. Eu estava prestes a embarcar para auxiliar um grupo que estava em conflito. Dois amigos apareceram no aeroporto para desejar-me boa viagem. Eles sabiam o quanto eu acho desgastante esse tipo de situação e sabiam também que eu não estava indo lá para o meu próprio benefício. Pensar em seus rostos sorridentes e sentir o carinho que tinham por mim enquanto enfrentava uma questão difícil foi uma injeção de ânimo, um verdadeiro estímulo. Eles me deram um presente que levei comigo: um sininho atado a uma fita azul. Ele me fez levar a grave situação que tinha diante de mim com leveza e com a alegria de estar trabalhando. O sininho está pendurado até hoje em meu gravateiro, onde me faz lembrar a importância da leveza e dos amigos queridos sempre que faço as malas para viajar.

Aquela manifestação de carinho foi uma dádiva que enriqueceu uma amizade e me ajudou naquele e em outros momentos com a energia transformadora da Lei do Amor. Ela é também um retrato da Lei Mestra dos Relacionamentos em sua mais forte expressão.

Ao praticarmos algum dos milhares de atos que expressam carinho, como: cozinhar, prover financeiramente, ajudar colegas no trabalho ou ouvir um amigo, podemos não acionar o poder transformador da Lei do Amor. O amor só está presente quando o carinho também está. Se o sentimento for a obrigação, o ressentimento ou a frustração, pergunte-se se essa é a forma como você quer que os outros manifestem carinho por você. Quando o sentimento é o carinho autêntico e equilibrado, a atividade é energizante e gratificante para a pessoa que a perfaz. Ela estará promovendo também o retorno desse carinho para a sua própria vida.

O ESPÍRITO DE NOSSAS AÇÕES

A redação empregada nessa lei ("*Assim como* fizeres aos outros") explica-se porque, como ela vai além do plano físico, não é somente *o que* fazemos — a ação, o fato — que nos será devolvido. Isso seria uma simplificação. É mais exato pensar que as coisas que nos farão serão **como** nós próprios as fizemos, ou seja, **terão o mesmo espírito** com o qual tratamos os outros.

Sabe que o espírito com o qual fizeres algo será o espírito que reagirá
a ti! (1688-9)RA

A lei funciona de forma que o espírito ou intenção de um ato sejam dados ou recebidos juntamente com aquele ato. Um ato pode transmitir o espírito do amor, da manipulação, do ódio, da paz, da compreensão ou da alegria.
Esse espírito se reproduzirá na reação ao ato em questão.

O ESPÍRITO DE UM PRESENTE

Digamos, por exemplo, que eu resolva dar um presente a um amigo. Eu
poderia estar sendo movido por muitos diferentes espíritos ou motivações que
fariam muita diferença no ato final. Se eu estivesse me sentindo obrigado a
comprar um presente, poderia ressentir-me pelo dinheiro gasto e acabar promovendo uma transação de ressentimento disfarçado. Eu poderia querer manipular o amigo para que ele se sentisse em dívida ou simplesmente dar-lhe um
presente com amor e generosidade para proporcionar-lhe alegria e bem-estar.
Os resultados desencadeados a partir dessas motivações distintas seriam muito
diferentes. Em todos os casos, o fato de eu ter dado alguma coisa criaria uma
situação em que eu seria receptor no futuro. Entretanto, o que eu receberia iria
variar: poderiam ser presentes que transmitissem ressentimento, desejo de
manipulação ou amor e generosidade autênticos, dependendo do espírito de
meu presente original.
Se eu estivesse ressentido, poderia ter comprado o presente numa liquida-
ção, numa venda de pertences de família, por exemplo. Assim, o dinheiro poderia ter sido recebido com animosidade pelos membros de uma família em dificuldades, pelo fato de eu estar levando vantagem à sua custa. Se eu estivesse
tentando manipular ou cair nas boas graças de meu amigo, poderia, por exemplo, ser convidado para jantar por um vendedor que não se importasse nem um
pouco comigo e só quisesse obrigar-me a comprar seu produto. Se eu desse com
espírito de amor e generosidade, então me veria recebendo dos outros de formas que me beneficiassem sem me obrigar a nada e me fizessem ver o amor que
as pessoas sentem por mim. Em todos os casos, eu receberia de volta o mesmo
espírito com que eu dera. A motivação e o espírito de nossos atos são elementos essenciais naquilo que construímos.

A VIZINHA PRESTATIVA

Quando examinamos o valor dado, vemos exemplos nos quais o valor recebido em troca não é em dinheiro, mas sim um valor que se mede pelo espírito

do presente. Uma família de nossa comunidade teve de sair da casa que ainda estava construindo para que o pai pudesse fazer uns cursos de que necessitava no trabalho. Eles estavam tentando terminar o que faltava fazer na casa para que, ao voltar, pudessem instalar-se mais facilmente. Sabendo dessa necessidade, uma vizinha ofereceu-se para ajudá-los a pintar as paredes, sem cobrar nada, só para fazer algo pelos amigos num momento difícil em termos de tempo e dinheiro. Sendo de uma solicitude tão genuína e pronta, é fácil imaginar que ela já tivesse ajudado outras pessoas em sua vida.

Anos depois desse episódio, ela se divorciou e ficou sem dinheiro suficiente para sustentar-se e a seus filhos. Os vizinhos que ela havia ajudado e muitos outros também se prontificaram a ajudá-la com dinheiro e objetos que ela pudesse usar ou vender para arrecadar dinheiro. O valor financeiro da ajuda que ela recebeu foi maior que o do trabalho que fizera para os amigos, mas a natureza do presente era a mesma: os outros se dispuseram a ajudá-la tanto quanto podiam, de forma que ela pudesse superar aquele momento difícil. O que ela recebeu em troca não se limitava a um valor em termos de dinheiro; era apoio desinteressado, semelhante ao que ela fora capaz de dar.

Para ensinar essa lição, Jesus deu aos que O cercavam o exemplo da mulher do templo, que doou dois óbolos, os únicos que possuía. Por intermédio dela, Ele mostrou aos apóstolos que o importante não era o valor, mas sim o espírito da doação.

As Leis Universais são imparciais. Elas não recompensam nem punem ninguém. Não nos obrigam a abraçar nenhuma religião nem nenhuma filosofia política específica. Em vez disso, a compreensão da lei simplesmente nos garante que aquilo que criamos na vida dos outros e o espírito com o qual o criamos nos serão retribuídos.

O CUIDADO COM O PRÓPRIO EU

É possível que você se veja num relacionamento no qual o carinho que dedica ao outro não é correspondido. Isso não é raro, pois todos nós temos a capacidade de aceitar ou recusar o amor, da mesma forma que podemos aceitar ou recusar presentes concretos. A presença de carinho e sabedoria sinceros será de extrema importância para você, na medida em que você os der no relacionamento, não só pelo que isso representa para o outro, mas também pelo fato de que é a melhor maneira que você pode encontrar de cuidar de si mesmo.

Quando alguém não reage a seu carinho, você talvez fique ressentido ou zangado, e isso é natural. Porém a presença desses sentimentos é sintoma de excesso de carinho e é extremamente tóxica para o seu organismo. Nesse tipo de situação, ele secreta hormônios como a adrenalina e o cortisol, que o fazem envelhecer mais depressa, sobrecarregam seu coração, esgotam sua energia, diminuem sua inteligência e enfraquecem seu sistema imunológico. Não é de admirar que então o excesso de carinho o faça sentir-se verdadeiramente esgotado. Reagindo com o coração a essas situações, você impede a descarga hormonal e equilibra o ritmo do coração, pois ele cuidará de você ainda que a outra pessoa não queira o seu carinho. Esse é o tipo de ocasião mais indicado para se utilizar a técnica *Freeze-Frame* (Capítulo 5). O retorno ao que o coração sente e à sabedoria e orientação que ele pode lhe trazer é restaurador e tornará mais fácil a solução.

A REAÇÃO DO SISTEMA IMUNOLÓGICO AOS SENTIMENTOS E EMOÇÕES

A experiência relatada a seguir demonstra o que aconteceu com os níveis de IgA de um grupo de indivíduos que simplesmente recordaram por cinco minutos uma situação em que sentiram raiva. O IgA — imunoglobulina A — é um importante anticorpo do sistema imunológico: está na primeira linha da defesa contra gripes e resfriados e é um indicador da saúde geral do organismo. Quanto mais alto o nível de IgA, mais forte o sistema imunológico e maior a capacidade de resistência do organismo. Depois dos cinco minutos exigidos pela experiência, os indivíduos inicialmente apresentaram um aumento do nível do IgA. Mas em seguida ele caiu abaixo do normal e, decorridas seis horas, o sistema imunológico ainda estava deprimido. Seis horas de baixa defesa imunológica são um preço alto para apenas cinco minutos recordando a raiva.

No segundo teste, as pessoas recordaram por cinco minutos um momento em que sentiram carinho. Houve um aumento imediato do nível de IgA, e esse aumento superou aquele inicialmente verificado no primeiro teste. Em seguida, o nível do anticorpo voltou ao normal. Nas seis horas subseqüentes, ele aumentou de forma constante. Cinco minutos de carinho fortaleceram o sistema imunológico pelas seis horas seguintes.

Demonstrações anteriores indicaram que estima e apreço têm efeitos benéficos: padrões coerentes de freqüência cardíaca, ritmos cardíacos equilibrados e o alinhamento altamente eficaz de vários sistemas biológicos. As Figuras 9A e 9B mostram que outros sentimentos provenientes do coração — como o carinho — também promovem melhora sensível do funcionamento biológico do organismo.

QUEM REAGE?

Independentemente da reação das pessoas, quando o carinho que sentimos por elas é sincero, nosso organismo imediatamente nos recompensa: ele

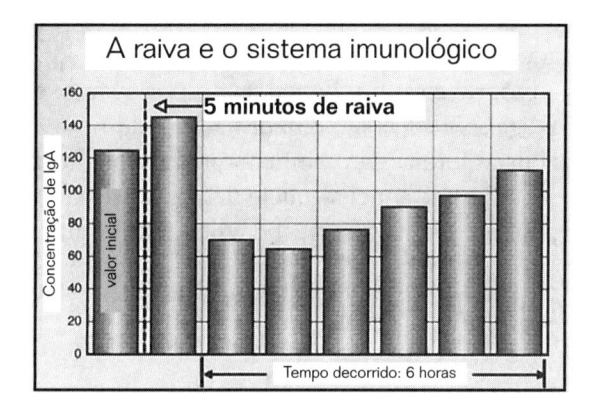

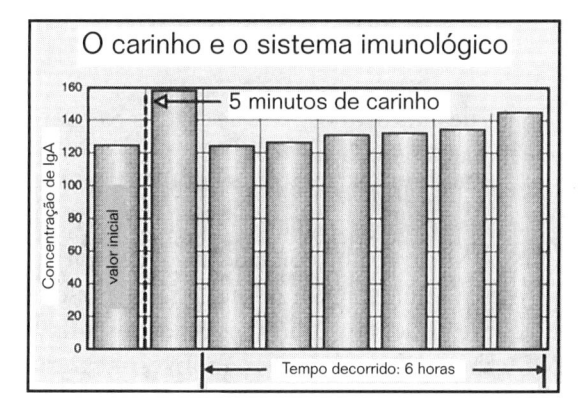

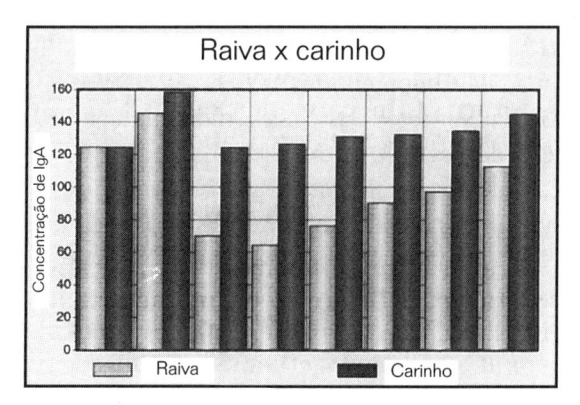

Figuras 9A, 9B e 9C

As Figuras 9A e 9B ilustram o efeito provocado por cinco minutos em que os indivíduos de dois grupos pensaram, respectivamente, em raiva e carinho sentidos anteriormente. Mediu-se o nível médio do anticorpo IgA dos dois grupos ao longo do dia. Em ambos verificou-se um aumento imediato e significativo do nível do anticorpo. No caso da raiva, ele atingiu padrões abaixo do normal uma hora depois e assim permaneceu nas seis horas seguintes. No caso do carinho, o maior aumento inicial voltou ao normal uma hora depois, mas continuou a aumentar nas seis horas subseqüentes.[5]

nos dá seu carinho. A Lei de Ouro já terá entrado em ação, e os efeitos podem ser bastante duradouros. Aquilo que tivermos feito a outra pessoa já nos terá sido devolvido: o próprio carinho. Beneficiamo-nos quando a Lei Mestra dos Relacionamentos age sobre o nosso organismo, dando-nos carinho biológico enquanto damos outras formas de carinho às pessoas que nos cercam.

A lei não pressupõe que aquele a quem damos nosso carinho também nos dará o seu. Ela diz simplesmente que receberemos carinho autêntico. Isso ocorre não só no sentido exterior como também no biológico. A lei não afirma que haverá retorno exterior imediato. No caso de minha amiga Maria, o retorno do carinho que ela deu aos que a cercavam veio de outras pessoas e num outro momento.

MARIA

Maria, uma amiga de muitos anos, teve de esperar bastante até poder beneficiar-se com o que havia desencadeado. Ela fazia parte de um grupo de amigos que, juntos, tinham aberto um negócio. Ela acreditava no negócio e no efeito que ele teria sobre as pessoas da pequena comunidade em que viviam. Investiu muito tempo e empenho no trabalho como forma de dar seu carinho aos outros, mesmo tendo um retorno financeiro mínimo. Assim, passou a ser quem mais entendia das operações e foi acumulando mais e mais responsabilidades. Muitas das pessoas que lá trabalhavam, além de não investir tanto tempo, também tinham menos compromisso com o que faziam. Mas Maria desincumbia-se de suas tarefas com toda a disposição, pois essa era a sua forma de dar apoio aos outros. Graças a sua capacidade e dedicação, sustentava muitas pessoas da comunidade com aquele empreendimento.

Anos depois, Maria interessou-se por estudar num país estrangeiro. O custo da passagem e as despesas de instalação no exterior não eram baixos, principalmente no caso dela, que era uma pessoa de poucas posses. Muita gente ficou sabendo daquela sua vontade e ofereceu-se para ajudá-la financeiramente. O que ela dera aos outros anos antes lhe foi devolvido nessa oportunidade, quando se lançava a um novo empreendimento.

O EXCESSO DE CARINHO

Se o carinho energiza, por que os relacionamentos às vezes nos esgotam? Muitas vezes, dar carinho àqueles com quem mais nos importamos — como os filhos, os pais ou o cônjuge — deixa-nos exaustos porque é muito fácil ultrapassar, sem perceber, o limite do carinho. No Capítulo 6, começamos a examinar o excesso de carinho. Ele se verifica quando esse sentimento, que é em si energizante, se torna esgotante. Isso ocorre quando sua origem não está no coração, mas sim em nossos temores e inseguranças. O excesso de carinho é o carinho que perdeu o equilíbrio. Ele nos esgota porque já não tem em si o carinho que vem do coração ou porque é contrário à sua sabedoria.

Cayce, incentivando o carinho e, ao mesmo tempo, desaconselhando o seu excesso, posicionou-se assim a respeito do casamento:

P: De que forma eu poderia ajudar mais o meu atual marido?
R: Surgiram decepções e desentendimentos. Não *te dês por vencida*. Em vez disso, deixa tua relação transformar-se numa *amorosa* indiferença — não dando atenção às faltas e deslizes, mas com a plena certeza de que aquilo que se semeia se colhe — não só em teu trato com ele como também em tudo que partir dele para ti. Age com teu marido, *qualquer* que seja a circunstância, como tu gostarias que ele agisse contigo. (1125-1)RA

No Capítulo 6, relatei a estafa de que fui vítima por causa de meu excesso de carinho como ministro. Os padrões desse excesso são os mesmos que vivemos em nossos relacionamentos pessoais e profissionais. Recebia vários telefonemas com pedidos de assistência, muitas vezes a pessoas hospitalizadas e suas famílias; em geral ao fim de um dia longo e agitado. Esses pedidos representavam a doação de um pouco mais de meu tempo e de minha energia, quando eu já havia dado muito. Descobri que algumas dessas situações eram as mais esgotantes, e outras, as mais gratificantes e que me davam mais energia. Por quê? Qual era a diferença? Quando compreendemos a Lei do Amor, vemos que tudo tem potencial transformador. A diferença estava em meu coração estar ou não envolvido pelo sentimento do carinho. Descobri que, às vezes, enquanto repetia para mim mesmo o quanto estava cansado ou o quanto queria estar com minha família, eu me distanciava de meu coração. Em vez de veicular um profundo sentimento de carinho, a assistência que prestava nesses casos era *pro forma*, e eu acabava por sentir-me esgotado. Estava fazendo apenas o que minha mente mandava. "A responsabilidade é minha. Isso é o que devo fazer. Eles precisam de meu apoio." Outras vezes, recorria ao carinho profundo que existia em meu coração e me energizava. Por mais tarde que fosse, chegava em casa sentindo-me gratificado.

Descobri também, consultando meu próprio coração, que às vezes aquela sabedoria me impelia a reagir de modo diferente do que havia planejado. Às vezes, ela me orientava no sentido de não ir, simplesmente, ou de ir em outro horário, delegar a tarefa a outra pessoa, mudar de atitude ou interagir com as pessoas e a situação de uma forma diferente daquela que eu previra. Devo essas mudanças e reações à mais profunda sabedoria do coração. Ela estava tomando conta de mim como eu cuidava dos outros. Foram essas orientações que meu coração me deu que me fizeram ater-me à Regra de Ouro. Sua sabedoria me ajudou a encontrar o equilíbrio entre minha dedicação às necessidades alheias e as minhas próprias. E é assim que desejo que as pessoas me dêem seu carinho.

Em cada um dos casos, a mudança do foco de atenção da mente para o coração e a entrada em ação do carinho é que foram responsáveis pela mudança na compreensão e na atitude. Não adiantaria continuar repetindo que deveria me interessar mais pelas pessoas ou estabelecer meus limites, pois isso não refazia minhas energias nem me ajudava a enfrentar com êxito o desafio. Fosse a mudança exterior ou interior, ela precisaria vir do coração. É nele que o poder transformador da Lei do Amor é desencadeado.

Em situações como essa é que descobrimos o potencial da Lei Mestra dos Relacionamentos. Quando fazemos aos outros aquilo que gostaríamos que eles nos fizessem partindo de uma reação puramente intelectual, vemos que a lei nos devolve reações semelhantes, mas elas não são nem gratificantes nem transformadoras. Para introduzir nos relacionamentos todo o poder da transformação, aquilo que fizermos aos outros deve vir do coração. Assim, transformamos a nós e a nossos relacionamentos.

A PREOCUPAÇÃO

Um dos fatores que mais nos esgotam nos relacionamentos está na preocupação e nos cuidados excessivos da mesma natureza, como quando reagimos de determinada maneira porque pensamos no que "os outros vão pensar". Essas reações não provêm do carinho do nosso coração, mas sim de nossas inseguranças, e são esgotantes não só para nossos sistemas como também para nossos relacionamentos. A preocupação não nos ajuda a cuidar melhor do outro; todos sabemos o quanto ela nos rouba as energias. No entanto, muitos de nós aprendemos com a família e os amigos que, quando se gosta de alguém, é preciso preocupar-se com essa pessoa. Uma amiga com quem trabalho estava me contando sua experiência de transformação do excesso de preocupação que era a tônica em sua família.

PREOCUPAÇÃO DE AVÓ

Angela lembrava-se de como agia sua avó quando se aproximava a hora de seu avô voltar para casa: sentava-se à janela esperando o marido aparecer na esquina. Se ele se atrasava um minuto que fosse, ela, nervosa, começava a perguntar: "Será que aconteceu alguma coisa? Será que ele está bem?" Querendo tranqüilizar a avó, Angela, ainda criança, dizia-lhe que o avô, mesmo estando atrasado, sempre chegava em casa são e salvo.

Já adulta, Angela percebeu que tendia a preocupar-se demais com suas tarefas no trabalho e com muitas outras coisas em sua vida. Fazendo uma retrospectiva, percebeu que a mãe, filha única, crescera num lar em que a preocupação era uma constante. A avó era imigrante, não tinha facilidade de comunicação e contraíra uma doença que a tornara muito dependente do marido. Era fácil entender por que tinha as inseguranças subjacentes às suas preocupações. A mãe tivera uma infância cheia de amor e segurança, mas convivera tanto com a preocupação que desenvolvera um padrão que a fazia preocupar-se também, ainda que menos que a avó de Angela. Esta, como a mãe, adquirira o hábito de preocupar-se por haver crescido num lar cujos adultos sistematicamente o faziam. Angela percebeu então que a preocupação era parte do excesso de cuidado que a atrapalhava no trabalho e a impedia de divertir-se e realizar-se. E começou a transformar esse padrão usando a técnica *Cut-Thru*.

CUT-THRU

Cut-Thru é uma técnica que, pela Lei do Amor, transforma o carinho excessivo. Ela é muito eficaz quando se trata de mudar padrões profundamente arraigados, codificados nas próprias células do sistema, como é o caso da preocupação. Angela vivenciou essa codificação depois de ter começado a usar *Cut-Thru*. Ela me disse que, ao empregá-la contra os pensamentos e a sensação de preocupação, conseguira afastá-los de si quase totalmente — os padrões que "herdara" da mãe e da avó tinham sido aparentemente expurgados de seu sistema. Sentia-se já livre deles quando notou, certo dia, que estava sentada muito tensa diante do computador. Percebeu então que esse era um padrão de reação celular de seu organismo. O corpo continuava a conduzir-se como se ela estivesse preocupada. Angela voltou a utilizar a técnica *Cut-Thru* e logo eliminou também o padrão de tensão corporal.

No Capítulo 3, dei um exemplo da preocupação excessiva de que fui vítima diante do encontro com algumas pessoas e de como me libertei usando a técnica *Cut-Thru*. A razão pela qual essa técnica é tão eficaz está no fato de ela aplicar a Lei do Amor. A energia do amor existente no coração é usada para transformar os padrões que vivenciamos sem que precisemos evocar lembranças do passado nem analisar a experiência.

As etapas da técnica são progressivas. Elas devem ser usadas na seqüência apresentada até que se obtenha o resultado desejado. Quando isso acontece, as etapas que porventura ainda restem são deixadas de lado e vai-se diretamente à etapa final, a quinta. Daí vem o nome dessa técnica, que literalmente significa "tomar um atalho". O tempo de aplicação vai depender de sua própria disponibilidade: desde alguns poucos minutos até meia hora diariamente.

Já que ela é um dos melhores métodos de aplicação da Lei do Amor que conheço, apresento agora cada uma das etapas dessa técnica para que você possa usá-la. Elas foram cuidadosamente criadas visando a utilização de certos aspectos específicos da energia do amor, que flui através do coração. Recomendo aqui a leitura do livro *Cut-Thru*, de Doc Lew Childre, e a observação das orientações que ele dá para a aplicação dessas etapas para transformar suas preocupações.[6] (Escreva para Planetary Publications, P.O. Box 66, Boulder Creek, CA 95006, ou ligue 800-372-3100.) Quando reduzimos a taxa de preocupação e de excesso de carinho na vida, a Lei de Ouro e a Lei do Amor nos trazem os relacionamentos gratificantes que tanto desejamos.

AS ETAPAS DA TÉCNICA *CUT-THRU*

Etapa 1. Detecte a presença de sentimentos e pensamentos próprios ao excesso de carinho fazendo um boletim meteorológico interior. Observe se dentro de você chove ou faz sol. Então, para evitar inundações, faça o tempo mudar. Escolha a perspectiva mais favorável.

Etapa 2. Leve esses pensamentos e sentimentos ao coração. Lembre-se, a adaptação interrompe a fuga de energia. Imagine-se flutuando num bote inflável ou imerso em água morna durante alguns minutos. Se as inquietações não cederem ou as emoções entrarem em turbilhão, procure harmonizá-las no coração para que a energia se disperse, permitindo-lhe ver uma nova perspectiva.

Etapa 3. Encontre sua paz e guarde-a. À medida que a corrente de mal-estar se dissipar, pode surgir uma nova sensação de paz e compreensão intuitiva. Procure ver e refletir com a "justiça e a beleza do coração".

Etapa 4. Identifique o ponto de origem de seu carinho e pergunte-se: "Qual a minha motivação para o carinho, antes de mais nada?" Procure relembrar por alguns instantes como eram seus sentimentos de carinho no início. E então pergunte-se: "Como pôde o excesso ir aos poucos acabando com meu carinho original, deixando-me tão esgotado?" Veja como o seu carinho foi levado a extremos que de nada adiantam. Relembre o carinho original e tente encontrar a perspectiva superior do coração.

Etapa 5. Siga a inteligência do seu coração. Nesta última etapa, percebendo claramente o retorno da sinceridade, escute seu coração para saber qual o *verdadeiro carinho* que estaria presente nesta situação de agora e aja de acordo com o que ele lhe indicar: isso é carinho por si e pelos outros.[7]

Esse processo interno tem tamanho efeito transformador que os pesquisadores chegaram a conclusões espantosas num estudo sobre um grupo que usou regularmente esse método, juntamente com a música *Speed of Balance* [*Velocidade do Equilíbrio*], de Doc Lew Childre.[8] O estudo acusa um aumento médio de 100% nos níveis do hormônio DHEA (depois de um mês de uso diário da técnica conjugada com a música). Esse hormônio é chamado de hormônio da vitalidade ou antienvelhecimento. Muita gente, ao inteirar-se dos efeitos do DHEA sobre a saúde, procura aumentar seu nível por outros meios. *Cut-Thru* emprega apenas a Lei do Amor e é muito mais eficaz. O estudo provou ainda que houve uma redução de 23% no cortisol, o hormônio do *stress*, o que representa um importante e significativo decréscimo.[9]

ESCUTAR E FALAR COM O CORAÇÃO

As palavras que vêm do coração penetram no coração.

Moses Iben Ezra

Um dos melhores efeitos da combinação da Lei de Ouro com a Lei do Amor é o diálogo entre dois corações. Queremos não apenas falar, mas realmente também escutar o que os outros têm a nos dizer. A dificuldade é que nossa mente processa a informação e forma idéias acerca do que constitui essa comunicação, predispondo-nos a certas respostas. Como podemos levar nossos relacionamentos a um plano superior de comunicação e transformação? Não pela mente. Não adianta repetir que deveríamos ouvir com mais atenção porque a mente não pode controlar a si mesma.

Se concentrarmos a atenção na área do coração e sentirmos carinho por aquilo que nos estão dizendo, se realmente sentirmos o carinho do amor, o coração nos fará escutar. Como foi dito no Capítulo 6, é quase como se estivéssemos escutando com o coração. Não há possibilidade de interrupções internas ou externas, o que permite ao outro comunicar tudo aquilo que quiser enquanto você lhe dá toda a sua atenção, com receptividade e carinho. Se depois, ao refletir um instante sobre o que ouviu, você notar a presença de níveis essenciais ainda mais profundos na comunicação que foi estabelecida com seu coração, terá conseguido fazer uma ponte entre dois corações.

A etapa seguinte é falar a partir do seu coração. Isso não é o mesmo que "dizer a nossa verdade", como ouço muito por aí. O que eu geralmente vejo quando as pessoas dizem sua verdade é que elas "põem para fora tudo o que têm dentro". Não é nem mesmo aquilo que elas realmente querem comunicar, porque está tudo misturado a muitas emoções ainda em processamento, e o resultado é que a mensagem é recebida como ataque, raiva, frustração, rejeição, etc. Na verdade, o que elas querem é dizer ao outro o que estão pensando ou o que as preocupa. As pessoas têm coisas importantes a comunicar. Quando você fala do coração, possibilita que tudo — as coisas emocionalmente difíceis, comuns e maravilhosas que existem na vida — seja comunicado e recebido.

Antes de falar, pratique rapidamente a técnica *Freeze-Frame*. Concentre-se em seu coração. Após ativar a energia existente nele, fale com toda a sinceridade de que for capaz. Diga ao outro o que realmente está em seu coração. A força do coração presente na Lei do Amor transforma a energia emocional em sinceridade. Ao sentir toda a sua sinceridade, seu interlocutor poderá receber a mensagem que você quer transmitir. E, assim, você terá colocado em ação essas duas leis em seu relacionamento. Com um pouco de paciência, você verá o quanto os resultados são transformadores.

Capítulo 10

A Lei da Fé

E tudo o que pedirdes com fé, em oração, vós o recebereis.

Jesus (Mateus 21:22)

Um dos mais poderosos efeitos das Leis da Transformação é a experiência que parece colocar em suspenso as leis naturais. De repente, presenciamos a ação de outro reino da lei e queremos chamar isso de milagre. Muitas dessas experiências consistem em cura ou prosperidade súbitas, além de outros eventos semelhantes totalmente imprevistos no curso normal dos fatos.

Um de meus amigos mostrou-me um anel que lhe fora dado por um mestre oriental. Ele simplesmente tirou do ar aquele anel que cabia perfeitamente em seu dedo. A análise a que essa pessoa depois submeteu o objeto desconcertou os analistas porque nele havia elementos que eles desconheciam. Jesus alimentou um grupo de 5 mil homens, o que — incluídas as mulheres e crianças — representa provavelmente cerca de 10 mil pessoas. Ele o fez elevando uma oração com o que tinha: cinco pães e dois peixes. Outro de meus amigos, visitando um hospital infantil, foi presa de um forte desejo de orar ao lado de um garotinho. Pediu permissão à mãe e, juntos, fizeram sua oração. Algum tempo depois, soube que a doença do menino, que fora declarado paciente terminal, desaparecera naquele mesmo dia, por isso ele tivera alta e deixara o hospital.

Qual o segredo dessas pessoas? Elas deram margem a reações físicas imediatas a seus desejos. Para que essas mudanças ocorram, é preciso que haja algum meio compatível com a lei que as torne possíveis. É preciso que se compreenda a Lei da Fé, uma das Leis da Transformação, para entender o processo que essas e inúmeras outras pessoas usaram para manifestar no mundo aquilo que desejavam do Espírito.

A Lei da Fé: "A súplica interior mais a certeza interior resultam na manifestação."

Podemos exprimir a Lei da Fé com as palavras que Jesus usava para ensiná-la: "E tudo o que pedirdes com fé, em oração, vós o recebereis." (Mateus 21:22)

As condições colocadas por essa lei — a súplica e a certeza — constituem fatores primordiais em nossa capacidade de dar expressão às qualidades de vida que desejamos. A "certeza", aqui, não é a que provém da mente nem tampouco a mera crença: é a sabedoria do coração. A "certeza" é a experiência íntima que Jesus denominou "fé". A "certeza" — a profunda alteração interior da percepção que põe em funcionamento essa lei — é muito diferente da experiência associada pela maioria das pessoas à fé.

Quando se fala em fé, geralmente se está pensando num conjunto de crenças — a fé católica, a fé batista ou a fé muçulmana. Às vezes, o sentido se relaciona à força ou ao fervor com que alguém acredita em algo, como é o caso de: "Ele tem muita fé." Nessa lei, a crença constitui apenas uma pequena parte da experiência. Na verdade, a lei opera por intermédio da energia que é liberada por uma experiência que às vezes tentamos descrever como "certeza". A crença pode nos levar a ela.

A CONFUSÃO DA CRENÇA

Em diversos casos, a Lei da Fé é a causa do tipo de fenômeno mencionado acima. Contudo, essa lei é uma das menos compreendidas entre as Leis da Transformação. A razão disso é que ela foi descrita em termos de crença e associada ao ensinamento de Jesus:

Por isso vos digo: tudo quanto suplicardes e pedirdes, crede que recebestes, e assim será para vós. (Marcos 11:24)

Outra das associações que contribuem para confundir a compreensão dessa lei diz respeito a este ensinamento Seu: "Pedi e vos será dado." Por causa das palavras empregadas, as pessoas podem pensar que, acreditando suficientemente em alguma coisa, ela se tornará realidade ou que, se orarem para Jesus, terão aquilo que pedem. Isso de fato aconteceu com algumas pessoas, e nós apresentamos esses casos como exemplos da lei em ação. Já se disse muitas vezes àqueles a quem isso não ocorreu que eles não acreditaram ou não tiveram fé suficiente. Isso não é necessariamente verdade, de modo algum, pois muitos outros elementos e leis estão em jogo no processo da manifestação.

Eu também tive experiências pessoais de cura de doenças, de estar envolvido na cura de outras pessoas e de presenciar demonstrações que estavam além de qualquer lei natural identificável. Analisando objetivamente essas experiências, posso declarar que minha fé não era tão forte quanto a de outros cuja cura ou outra manifestação necessária não ocorreu. Eu tinha mais dúvidas e mais perguntas, e a cada desfecho me surpreendia. Apesar disso, a cura se processou em minha vida, e não na deles. Embora a fé ou a crença sejam elementos importantes na vida das pessoas, elas podem ser confundidas no sentido de dar ensejo à conclusão de que receberemos alguma coisa só por causa da profundidade de nossa crença. Em diversas experiências, como nas de doenças graves, estão em jogo outras leis, das quais uma das mais poderosas é a avassaladora influência do plano da alma por meio da Lei da Escolha.

Um lema popularmente conhecido diz que "tudo aquilo que se pode conceber e em que se pode acreditar se consegue". Trata-se de uma recomendação muito inspiradora, mas não de uma questão de lei. A conceptualização e a convicção são influências muito poderosas que representam aspectos consideráveis do sucesso de qualquer esforço. Sozinhas, porém, não garantem o resultado. Existem Leis Universais que se relacionam à crença, mas elas não querem dizer que iremos receber alguma coisa com base apenas na força de nossa convicção. Felizmente, podemos também ter experiências maravilhosas que jamais acreditamos serem realmente possíveis. Certo dia percebi o quanto as bênçãos que constantemente recebo estão além daquilo que eu imaginaria. Felizmente para mim, a crença não foi um pré-requisito. Minha impressão é que Deus acreditava em mim, apesar de minha relutância em retribuir plenamente essa graça.

Embora a crença seja um elemento importante para nossas orações, não podemos pensar que ela — nem a simples conceptualização — seja o único mecanismo que deflagra o poder transformador da fé. Vejamos como é que as experiências transformadoras se incluem naquilo que podemos chamar de "fé".

NECESSIDADE DE DINHEIRO

Presenciei o poder transformador da Lei da Fé há alguns anos, quando estava sem dinheiro. Vivia com minha esposa numa área rural em Montana e tínhamos um jipe para poder percorrer as estradas lamacentas. Ele estava na oficina para um conserto, só que não tínhamos dinheiro para pagar a despesa. Telefonaram-nos de lá pedindo-nos que fôssemos buscá-lo. Frustrado com a falta de dinheiro, fui para meu quarto orar. Compreendendo intelectualmente que Deus é a fonte de tudo de que necessitamos e tudo nos dá, e sabendo que é uma fonte sempre abundante, voltei-me para ela.

Depois de longas discussões com Deus, em que não faltaram dúvidas e críticas a mim mesmo, vi que minhas orações se destinavam ao fracasso. Recorri então à compreensão de que Deus é amor. Permiti a mim mesmo sentir-me amado e lembrei então diversas experiências em que fora amado pelas pessoas e tivera a nítida sensação do amor que Deus tinha por mim. Em seguida, consegui alcançar certa quietude interior que me trouxe uma imensa sensação de paz e libertou-me das frustrações, perguntas, dúvidas e preocupações que estivera guardando. Senti então um profundo conforto — uma "certeza" — que me tranqüilizou quanto à resolução favorável do problema — embora eu não tivesse a menor idéia de qual seria.

Saí e disse à minha mulher que tinha certeza de que as coisas estavam sendo bem encaminhadas. Sendo uma criatura muito paciente e compreensiva, ela sorriu e disse: "Ótimo", retornando a seus afazeres. Eu estava tão seguro daquela percepção que, algumas horas depois, entrei no carro e fui à cidade buscar o jipe, embora não tivesse nenhum dinheiro. Quando estava prestes a finalizar o percurso de meio quilômetro da estradinha que ligava nossa casa à estrada que levava à cidade, surgiu um carro. Uma senhora que morava numa cidade a mais de cem quilômetros dali parou ao meu lado, abriu o vidro e me deu um cheque, dizendo que tinha a nítida sensação de que eu precisava dele. Deu a volta e foi embora. O cheque, evidentemente, era no valor da conta da oficina mais um tanque de gasolina. "A súplica interior mais a certeza interior resultam na manifestação."

UM CONTATO COM O CORAÇÃO

Quando analisamos essa experiência para descobrir como a lei entrou em ação, vemos diversos elementos que nos dizem muita coisa a respeito dela. O primeiro é que não foi uma convicção minha que a fez funcionar — eu não acreditava que alguém me daria o dinheiro. Eu não sabia o que fazer, a não ser orar. Não fiz isso por acreditar que uma oração me daria o dinheiro de que precisava, mas sim porque o *stress* interno era tamanho que não sabia de que outra forma encontraria algum alívio. O que eu tinha não era fé: era esperança e convicção de poder relacionar-me com Deus. Minha convicção levou-me à oração. Minha esperança era a de que haveria alguma resposta para a minha necessidade, fosse ela uma ajuda para a situação do carro ou simplesmente alívio para o *stress* que estava sentindo. A esperança, mesmo quando pouca, é de tremenda importância, pois nos dá a energia necessária para uma nova iniciativa.

O ponto em que vivenciei um outro tipo de energia em ação foi quando tive a sensação de ser amado. Isso trouxe a meu ser uma mudança de freqüência, pois fez-me sentir minha preocupação dissolver-se e meu coração encher-se da positiva energia do amor. Nesse momento, atingi minha "certeza" — minha experiência de saber intimamente que aquela situação seria bem encaminhada.

Com o conhecimento atualmente existente a respeito do coração, sabemos que é no momento em que se vivencia um sentimento inerente ao coração, como o amor, que a transformação se processa nos sistemas biológico e eletromagnético. Com essa mudança, entra em jogo um outro plano de inteligência: a inteligência do coração. Esta representa um domínio de inteligência inteiramente distinto daquele que vivenciamos com o intelecto, pois seu caráter intuitivo é capaz de usar dados que extrapolam a percepção dos cinco sentidos.

Em minha experiência, a mudança da freqüência das preocupações de minha mente para a freqüência de amor do coração ativou minha capacidade de lidar com a situação num outro plano de inteligência. Aparentemente, naquele instante é que se processou a relação de cooperação com a senhora que desejava me ajudar dando-me o dinheiro de que eu necessitava. Eu sabia que minha necessidade provocaria uma reação, só não sabia qual seria a sua natureza. Não foi porque eu tivesse fé nisso que eu orei; foi pela minha certeza de que a situação seria resolvida, pois eu já sabia dessa solução num plano além do consciente.

MUDANDO HOLOGRAMAS

Outra forma de descrever essa experiência seria dizer que eu conseguira mudar o holograma em que estava. Um holograma é uma imagem tridimensional. Muitas das propriedades que entram em jogo em sua criação são análogas às que usamos para criar nossa realidade, tanto a percebida quanto a manifestada.

Na experiência da "certeza", o indivíduo estabelece a ligação com a energia espiritual que se manifesta pelo coração. No caso em questão, estabeleci a ligação quando senti e aceitei o amor. As mudanças biopsíquicas que ocorrem nesse estado são a expressão física das mudanças que estão se processando em outros planos do ser. A energia espiritual que penetra no sistema ativa um aspecto diferente do projeto da alma do indivíduo, ou seja, um novo holograma. Graças à minha intenção de resolver o problema da falta de dinheiro, um holograma no qual eu tinha dinheiro suficiente foi ativado. Como estamos todos interligados nesse campo de energia espiritual, a senhora que se dispunha a ajudar-me naquele holograma captou sua "certeza" e agiu de acordo com ela.

Podemos viver em diversos hologramas. Eles são os filmes que criamos: são produzidos, dirigidos e representados por nós. Qual o filme que você deseja? Aquele em que você se encontra é o que você escolheu no momento. Se você quer um filme — um holograma — diferente, como é que o cria? Precisa querer criá-lo e ligar-se intimamente à inteligência de seu coração, na qual — você **tem certeza** – o holograma será ativado.

O potencial do holograma que você deseja está contido nas freqüências e na inteligência guardadas nos cristais de seu coração. A relação sincera e profunda com as principais freqüências inerentes a seu coração estabelece a coerência do sistema eletromagnético (V. Fig. 3C), por onde a energia espiritual necessária para ativar esses cristais pode penetrar no sistema. É você quem a direciona com a sua súplica. Quando os cristais forem estimulados pela energia espiritual, a mudança holográfica pode se processar. É aí que surge a "certeza": ela é sua percepção intuitiva do novo holograma.

Embora certas fases desse processo ainda não sejam passíveis de comprovação em laboratório, já existem algumas provas científicas de partes dele. No livro *The Hidden Power of the Heart [O Poder Oculto do Coração]*, Sara Paddison descreve como a coerência do coração (Fig. 3C) facilita a entrada em cascata da energia de dimensão superior no sistema sem a perda do conhecimento transmitido pela formação em onda. É como um receptor de rádio com boa conexão, de modo que se ouvem claramente as músicas e as palavras, ao contrário do que ocorreria se houvesse distorção estática. Ela cita as pesquisas do Institute of HeartMath e de Daniel Winter, que mostram que a razão dos picos de onda no espectro eletromagnético do coração é 1,618, a razão do Meio de Ouro, que é a que mais propicia a descida em cascata da energia numa série sem perda de força ou geometria. Essa é também a razão da estrutura do DNA.[1]

AMOR E DNA

Uma interessante experiência demonstrou a existência de uma relação entre a coerência do coração (sentimentos de amor) e o DNA. A experiência destinava-se a verificar se a intenção (pedido/súplica) poderia afetar o DNA humano. Inúmeras amostragens foram realizadas. Os emissores das instruções para o DNA foram monitorados, e fez-se uma leitura do espectro de seu coração. O objetivo era ver se, pela intenção, se poderia fazer a espiral do DNA rotar ou desrotar. Ela gira naturalmente nos dois sentidos, embora seja bastante estável à temperatura ambiente.

Os emissores concentraram-se em tentar fazer seu DNA rotar ou desrotar. O grupo de controle nada fez para alterar seu DNA ao longo da experiência.

Conforme demonstram os gráficos abaixo, o grupo cujos emissores desejavam a rotação do DNA o conseguiu. O mesmo ocorreu na amostragem destinada à desrotação. Porém nem todos os sujeitos conseguiram repetir a experiência. O êxito da orientação intencional para rotação ou desrotação do DNA **somente se verificou entre os emissores que estavam imersos em profundo sentimento inerente ao coração**, o que é mostrado pelo espectro de freqüência coerente obtido no ECG. Sem a concentração nesse sincero sentimento, o emissor não pôde alterar intencionalmente o DNA.

O que a experiência nos mostra é que os sentimentos intrínsecos ao coração nos ligam por meio dele a um sistema maior de comunicação que pode levar nossa intenção a cabo no próprio plano de nossas células. Quando vemos a possibilidade de relação por meio do coração, a capacidade que a Lei da

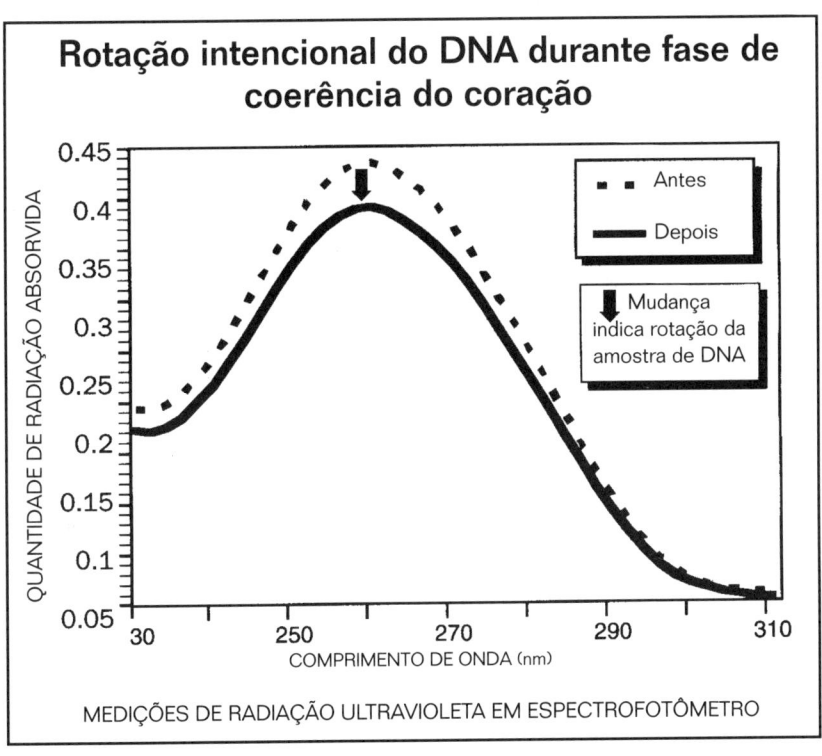

Figura 10A

Fé tem de promover grandes mudanças em nossa vida perde um pouco do caráter místico e misterioso que antes envolvia sua função. Ela passa a ser aquilo que sempre foi: um processo de transformação que depende de uma lei.

A CURA DE MYRTLE FILLMORE

Uma mulher chamada Myrtle Fillmore recorreu à Lei da Fé quando estava na fase terminal de uma tuberculose. Os médicos a haviam desenganado muito antes, dizendo-lhe que nada poderiam fazer, a não ser usar seus conhecimentos técnicos para acompanhar seu percurso inexorável até a morte.

Myrtle, que era uma estudiosa das coisas do espírito havia muito tempo, como qualquer um que tem sinceridade na busca, sondara diversos dos rumos e ensinamentos do Divino. Porém, em determinado momento, uma afirmação que ouvira sobre sua relação com Deus ganhou para ela uma conotação completamente diferente. O ensinamento "Tu és um filho de Deus e, por isso, não herdarás a doença" iluminou-se de repente em sua compreensão, de tal forma que teve a "certeza" de que era verdade. Ela havia ultrapassado o plano da per-

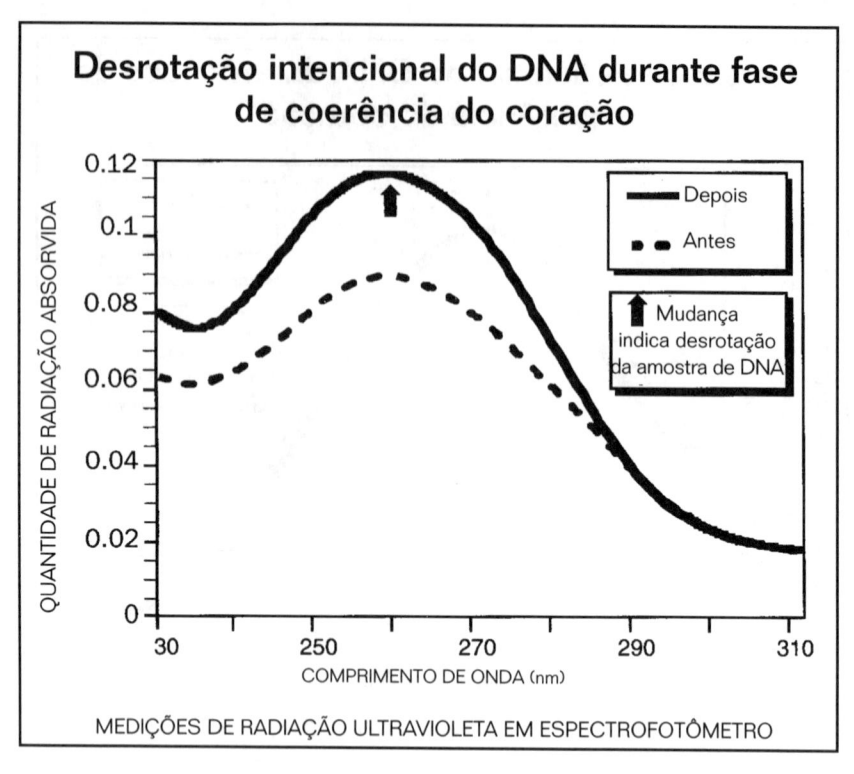

Figura 10B

As Figuras 10A e 10B provêm de experiências nas quais a rotação e a desrotação do DNA foram medidas por um espectrofotômetro. Os resultados decorrem da ação intencional de sujeitos cujos corações apresentavam eletricidade coerente. À intenção de rotação correspondeu a rotação do DNA; à de desrotação, correspondeu a desrotação do DNA. Onde a eletricidade não era coerente, não se mediu efeito intencional.[2]

cepção mental ou intelectual e, do espiritual, recebera essa nova visão de si mesma como um fato concreto e consumado.

Ela tinha certeza daquela verdade mas não de sua cura. Recebeu uma compreensão intuitiva de que poderia controlar conscientemente as células de seu corpo e de que elas reagiriam àquele controle. Usou então aquela inteligência intuitiva para entregar-se à tarefa de mudar o holograma relativo ao seu corpo. Sentou-se e dirigiu-se conscientemente aos seus órgãos, desculpando-se pelos pensamentos limitantes e agradecendo a nova compreensão que ganhara: a de que eles eram canais perfeitos de expressão de vida divina. Myrtle fez isso diariamente por dois anos, e assim conseguiu eliminar toda a doença de seu corpo físico.

Vejamos quais as palavras que ela empregou nesse processo. Da experiência anteriormente apresentada, sabemos que apenas as intenções de alguém imerso no amor do coração pode alterar intencionalmente o DNA. Será que se consegue ouvir esse amor em suas palavras?

Eu disse à vida em meu fígado que ela não estava nem entorpecida nem inerte, mas cheia de vigor e energia. Disse à vida em meu estômago que ela não era nem fraca nem inepta, mas enérgica, forte e inteligente. Disse à vida em meu abdômen que ela não estava mais infestada de idéias ignorantes sobre a doença, colocadas lá por mim e pelos médicos, mas sim que vibrava com a doce, pura e sã energia de Deus. Disse a meus membros que eles eram ativos e fortes. Disse a meus olhos que não viam por si, mas que exprimiam a visão do Espírito e que bebiam de uma fonte inesgotável. Disse-lhes que eram olhos jovens, brilhantes e límpidos porque a luz de Deus resplandecia através deles. Disse a meu coração que a vida pura de Jesus Cristo fluía e refluía em suas pulsações e que o mundo inteiro sentia seu pulsar radiante.
Dirigi-me a todos os centros vitais de meu corpo e disse-lhes palavras de Verdade — palavras de força e poder. Pedi-lhes perdão pelo curso tolo e ignorante que tomara no passado, quando os havia condenado e chamado de fracos, ineptos e doentios. Não me senti desencorajada por sua lentidão no despertar. Insisti, em silêncio e em voz alta, declarando as palavras da Verdade até que meus órgãos reagiram. Tampouco esqueci de dizer-lhes que eles eram Espírito, livre e infinito. Disse-lhes que já não estavam escravizados pela mente carnal; que não eram carne corruptível, mas centros de vida e energia onipresente.
Então pedi ao Pai que me perdoasse por levar Sua vida a meu organismo e ali usá-la de forma tão mesquinha. Prometi-Lhe jamais voltar a estorvar o livre fluxo daquela vida em minha mente e meu corpo com falsos juízos ou palavras, mas sempre abençoá-la e estimulá-la com palavras e juízos verdadeiros em seu sábio empenho de construção do templo de meu corpo, valendo-me de toda a diligência e sabedoria para dizer-lhe que isso era exatamente o que eu queria.
Vi também que estava usando a vida do Pai para formar pensamentos e dizer palavras e tornei-me muito cautelosa com tudo o que pensava e dizia.
Não permitia que preocupações e ansiedades me viessem à mente, e parei de pronunciar qualquer palavra de fofoca, frivolidade, petulância, raiva. Erguia uma pequena oração a cada hora para que Jesus Cristo estivesse comigo e me ajudasse a pensar e dizer apenas palavras de bondade, verdade e amor, e estou certa de que ele está comigo, pois me sinto muito alegre e em paz agora. Myrtle Fillmore[3]

Myrtle aplicou a Lei da Fé. Ela não afirma que aquilo de que temos certeza se manifestará instantaneamente. Com sua "certeza" veio a relação com a inteligência do coração, indicando a Myrtle que rumo seguir para fazer com que aquela certeza se manifestasse. Ela usou as orientações que recebeu em sua experiência íntima para levar a cabo o processo de construir a relação com Deus que lhe havia sido mostrada e, assim, introduzir na realidade de seu corpo físico a vibração da saúde.

ELLIE

O diagnóstico — câncer — atingiu Ellie em cheio. Era jovem e estava em pleno processo de abandonar a carreira de enfermagem para dedicar-se ao ministério. Ouvira falar de pessoas que haviam recorrido à sabedoria do Espírito para promover a cura, mas jamais pensara que aquilo um dia se aplicaria a ela. Depois de diagnosticada a malignidade do tumor, ela deu início a um trabalho íntimo de oração e análise de si mesma.

A primeira cirurgia a que se submeteu teve o êxito permitido pelas circunstâncias. Entretanto, o câncer estava num local difícil, e os médicos não puderam extirpá-lo totalmente. Programaram então uma segunda operação para retirar o que achavam que ainda restava. Ela retornou a seu trabalho interior, tentando descobrir sua própria fonte de cura. Voltou-se para dentro de si mesma para encontrar aquilo que era são — a parte espiritual de si mesma. Com seu esforço, seu desejo, conseguiu desviar a mente de seu corpo, da doença e dos medos e preocupações que trazia para a parte espiritual de seu ser.

Depois, ao descrever-me a experiência, ela disse que ficou extremamente consciente, naquele exato momento, de que era saudável. Vivenciou então sua própria integridade, com a certeza de estar bem e sã, independentemente do que acontecera com seu corpo. Falou sem o menor resquício de medo quando disse que teria paz mesmo que seu corpo morresse, pois ela sabia que não era apenas corpo e que conservava sua integridade.

Ellie vivenciou seu verdadeiro eu. Foi uma experiência direta de sua natureza divina ou espiritual. Sua percepção se deslocara da identificação com o corpo para a identificação com aquela parte do ser que o animava e que continuaria existindo muito depois que ele morresse.

Essa é uma experiência de fé — uma certeza da presença divina, ou, como disse um mestre espiritual, a consciência do criador na criação. Em todos os casos, como também no de Ellie, a fé é vivencial por natureza. Ela resulta, não em idéias intelectuais, mas numa percepção ou certeza do próprio eu. Este é um dos sentidos da fé: não um pensamento ou uma crença, mas uma experiência da qual saímos com a certeza de saber qual é a nossa verdadeira natureza.

Ellie também recorreu a outros instrumentos — à oração e ao amor por si mesma — na tentativa de vivenciar em seu próprio corpo a integridade. Compreendeu a maneira como deveria lidar com os padrões interiores que descobriu e, enfrentando a auto-rejeição, amando a si mesma e perdoando os outros, utilizou a força da certeza recém-adquirida.

A cura de Ellie poderia ter se processado de diversas maneiras: poderia ter sido uma operação bem-sucedida, a descoberta de uma nova droga, anos de convalescença gradual (como aconteceu com Myrtle Fillmore) ou, se o desígnio de sua alma estivesse cumprido, a libertação do corpo. Mas foi afinal a descoberta, quando da realização da segunda cirurgia, de que o câncer havia abandonado seu corpo.

A experiência de Ellie nos permite uma visão da experiência da fé. A busca dentro do eu para encontrar sua própria natureza dá o tom da experiência. As pessoas geralmente têm dificuldade de descrever o que encontram lá. Mas era desse poder de perceber e vivenciar o verdadeiro padrão ou holograma superior dentro de nós que Jesus falava quando ensinou a Lei da Fé: "E tudo o que pedirdes com fé, em oração, vós o recebereis."

Todas as formas da fé conduzem à manifestação. Cada uma das experiências de fé implica uma espécie de certeza que decorre do contato com a inteligência do coração. A depender do grau da abertura provocada por esse contato — que permite a entrada de energia espiritual suficiente para promover a mudança de hologramas —, a manifestação acontecerá.

IDENTIDADE

O caso de Ellie é um exemplo de vivência direta do eu espiritual. Ela teve a consciência de ser sã, não a de que se curaria. Entrou em identificação total com seu eu espiritual, recebendo a revelação não apenas de sua verdadeira natureza, mas também de sua capacidade de vivenciá-la. Deslocou-se para outra dimensão do ser com a força presente em seu coração. Naquele momento, viveu no outro holograma como se fosse sua realidade. Ao voltar para o antigo holograma, a sanidade de seu eu espiritual se tornou manifestada.

REVELAÇÃO

Outro tipo de experiência da fé ocorre quando se tem uma revelação da relação com o Divino, mas, no entanto, não se verifica uma identificação com aquela parte do ser. A cura de Myrtle Fillmore aparentemente envolveu esse tipo de experiência. Ela foi capaz de ter a certeza de ser uma filha de Deus e compreendeu que não herdara a doença. Sua experiência íntima fez com que aquela revelação lhe preenchesse a mente de modo que ela tivesse "certeza" da verdade daquela relação. Dimensionalmente, isso é diferente de perceber intelectualmente a verdade da afirmação. A percepção intelectual não teria exercido um impacto transformador.

LIBERTAÇÃO

Este tipo de experiência da fé requer que se busque resolver um problema pela oração ou súplica interior e que se vivencie a libertação da preocupação, da consumição e das convicções limitadoras associadas ao problema. Foi o que me aconteceu no caso da falta de dinheiro. Não se trata aqui da experiência de revelação em que a compreensão da percepção limitadora é trazida à luz e substituída pela verdadeira relação, como ocorreu com Myrtle, nem de uma sensação de identidade com a natureza Divina, como ocorreu com Ellie. No entanto, existe um contato com a energia e a inteligência do coração, e o indivíduo vivencia, num plano não consciente, um holograma no qual a solução é real e lhe dá a certeza de que o problema foi encaminhado.

SÚPLICA

A análise da dinâmica da fé, que é o mecanismo apontado por Jesus para a operação dessa lei, mostra ainda um elemento: "a súplica interior". A súplica é requisito necessário à operação dessa lei. A razão para suplicar é o fato de a dádiva buscada ainda não ter se manifestado. Quando algo ainda não se manifestou, geralmente é porque a consciência do indivíduo não está plenamente aberta para receber aquilo que é desejado. Ele não adquiriu o domínio interior daquela freqüência. O problema não é que Deus queira privar alguém de alguma coisa. O que buscamos já está disponível no plano espiritual, mas ainda não estamos preparados para recebê-lo nos planos mental, emocional e físico. A súplica é uma maneira de conseguirmos superar os bloqueios e sintonizar o holograma no qual o que desejamos é uma realidade. Não estamos pedindo uma coisa a Deus, pois Ele é dádiva infinita. Estamos reconhecendo n'Ele a fonte, ao mesmo tempo que pedimos à nossa natureza espiritual ou à inteligência de nosso coração que nos faça receptivos.

Só uma súplica interior, como a oração, tem o caráter infalível de uma lei. Suplicar ao mundo não nos garante nada. Só quando suplicamos à nossa natureza divina é que conseguimos voltar-nos para aquilo que é a fonte da transformação que buscamos. Não importa em que consiste o objeto dessa súplica — se em sabedoria, cura, abundância ou numa mudança em um relacionamento —;

a presença divina nos ajudará a abrir-nos para o que buscamos quando elevamos nossa súplica.

A súplica e a certeza trazem a manifestação. Elas não a produzem imediatamente; em vez disso, colocam-nos diante da maneira como devemos sintonizar a faixa da freqüência do holograma que queremos ver manifestado. A maneira que Myrtle Fillmore encontrou para sintonizar-se foram as instruções dadas de coração às células de seu corpo. A de Ellie foi a continuação de seu processo de afirmação e de cura emocional. A minha foi a espera para que a intuição me guiasse, assim como a receptividade à dádiva que me fosse oferecida. Ao escutar a orientação da intuição, estamos promovendo os ajustes necessários à plena manifestação do holograma no mundo tridimensional.

Muitas pessoas, logo após a experiência interior, retornam a seus antigos padrões mentais e de raciocínio e não continuam a sintonizar-se com a orientação que as ajuda a desdobrar o novo holograma. Lembro-me de ouvir falar de um homem que recebera a cura por meio de um agente espiritual. Ele estava vivenciando a manifestação do holograma de sua sanidade com intensidade total e comentava que aquilo provavelmente não duraria muito. Naturalmente, não durou. Ele não estava disposto a aceitar como realidade a freqüência em que se mantinha saudável. Muitas pessoas já receberam orientação sobre como proceder para tornar manifestada uma introvisão espiritual — um novo holograma. Entretanto, isso implicava mudar a forma como pensavam e agiam. Myrtle precisou abandonar a autopiedade e o drama da morte e dedicar-se ao que deve ter parecido ridículo aos olhos de qualquer pessoa instruída de sua época: conversar com as próprias células.

Há um limite para nossa capacidade de afetar outras pessoas com nossa própria experiência interior. Não podemos controlar alguém a ponto de fazê-lo reagir de uma forma predeterminada. Não podemos obrigar alguém a mudar como queremos ou achamos que seja melhor para ele. As pessoas têm a opção e o direito de escolher suas reações. Contudo, podemos ajudá-las a adentrar um novo holograma se elas se dispuserem a ser receptivas.

A CURA DE UMA FILHA

Vivenciei essa interação com outra pessoa quando Lisa, minha filha mais velha, tinha uns cinco anos de idade. Eu era viúvo e estava profundamente atento a seu bem-estar. Certa vez ela teve uma febre muita alta, que eu não conseguia controlar. Era tarde da noite, e ela, apesar de exausta, não conseguia dormir por causa do mal-estar que sentia. Eu havia lido a respeito do poder da oração, mas jamais presenciara uma cura por meio dela. Fosse como fosse, era o único recurso que me restava e, na minha vida, a oração fora muitas vezes o ponto em que me voltara para Deus. Assim, concentrei-me em orar com todo o coração pela cura de minha filha. Repassei todas as palavras típicas de uma súplica. Não havia nada de diferente, a não ser meu ardente anseio pelo bem-estar dela. Então fiz silêncio e, com profunda concentração e carinho, criei um fluxo de energia entre meu coração e o de minha filha durante cerca de quinze minutos. A sensação que tive foi de alívio e completude. Não sei a extensão dos efeitos sobre ela, mas, naquele ínterim, Lisa finalmente dormiu e conseguiu um pouco de repouso após horas de desconforto. O rubor da febre havia desaparecido de seu rosto e, apesar de ainda febril, sua temperatura já não era tão alta.

Lisa já havia caído doente diversas vezes antes desse episódio. O processo sempre se repetia: recuperação gradual seguida de, pelo menos, um ou dois dias até que ela conseguisse recuperar toda a sua energia e vigor. Daquela vez, porém, ela entrou em meu quarto na manhã seguinte como se nada houvesse acontecido na véspera; como se tivesse acabado de despertar de uma longa e reparadora noite de sono.

Ela estava receptiva, e eu fui capaz de dar-lhe meu apoio na troca de holograma por intermédio da energia do meu coração. Ao relembrar essa experiência, vejo que não foi a minha súplica que promoveu a mudança de freqüência. A súplica trouxe consigo a sensação intuitiva daquilo que deveria ser feito para que ela tivesse apoio na mudança para o holograma da saúde. Ao fazê-lo, sentia que o fluxo de energia era bastante tangível. Senti também muito claramente quando havia terminado. A certeza, neste caso como também no de Myrtle, estava na compreensão da forma como deveria continuar e na sensação da realidade do que estava se desenrolando, em vez de simplesmente rotular tudo como idéia boba ou pensamento positivo.

Podemos orar e enviar a energia espiritual resultante para dar apoio a outra pessoa. O processo de envio desse apoio pelo coração é muito importante. Hoje é a forma mais satisfatória que tenho de ajudar meus filhos. Lisa já está casada e vai se formar numa faculdade que fica do outro lado do país. Eu já não posso velar seu sono quando ela está doente nem estar a seu lado quando ela precisa enfrentar os desafios do dia-a-dia. Mas posso enviar-lhe o profundo amor que tenho no coração para ajudá-la na transição para outros hologramas em sua vida. Posso também sentir quando minha mãe faz o mesmo por mim. Neste mundo em que vivemos, que nos obriga a afastar-nos cada vez mais uns dos outros, sou grato à Lei da Fé, pois sei que minha súplica interior me leva ao ponto em que se encontra a certeza interior. E o contato com ela propicia, sem forçar, a manifestação do mais sublime holograma possível na vida das pessoas a quem amo.

A LEI MESTRA DA TRANSFORMAÇÃO

Aquele que me adorar com amor que não hesita transcenderá essas *gunas*.[4] Ele ficará apto a atingir a união com o brâmane. Pois eu sou brâmane dentro deste corpo, Vida imortal Que não perecerá: eu sou a Verdade e o Júbilo eternos.

Bhagavad Gita[5]

(...) E conhecereis a verdade, e a verdade vos libertará.

Jesus (João 8:32)

A Lei da Verdade: "Conhece a Verdade, e a Verdade te libertará."

Todas as Leis da Transformação são dinâmicas que dão expressão a essa lei mestra. A Lei da Verdade diz respeito à "certeza", como esta é aplicada na Lei da Fé. É a vivência do eu espiritual. Não é um conceito ou compreensão, mas antes a vivência daquele eu. A liberdade que ela proporciona aplica-se aos padrões limitadores existentes em nosso consciente. Esses padrões nos impedem de exprimir a força e a beleza de nossa verdadeira natureza.

Nós já examinamos outra das leis fundamentais da transformação, a Lei do Amor: "O amor transforma." De acordo com ela, o próprio amor é a vivência da certeza. Deus é amor, portanto amar é estar em contato com essa presença divina e ser uma expressão dela. A transformação é a libertação dos padrões limitadores à medida que um padrão superior se cria.

Essas leis são os instrumentos com os quais podemos transformar constantemente nossa vida.

O espírito da verdade está junto a ti (...) busca-o em teu próprio coração (...) (5752-5)RA

Capítulo 11

A Sintonização por Meio da Misericórdia e do Equilíbrio

Examinamos as leis que a todo instante trazem a transformação a nossa vida. Mas elas também têm outra função em nosso crescimento. Elas nos ligam à sabedoria divina e nos ajudam a elevar nossa criação a um novo plano.

Manter essa nova criação em seu rumo e em seu propósito mais sublimes cabe a outro grupo de leis: as Leis Universais da Sintonização. Elas existem para manter-nos sintonizados e receptivos ao fluxo da energia e da inteligência superior, estimulando assim a harmonia naquilo que criamos.

As leis que veremos em seguida — as Leis da Misericórdia, do Equilíbrio, da Iluminação, da Unidade e do Vir-a-ser — são Leis da Transformação, mas são também Leis da Sintonização. À medida que você as viver, elas lhe darão esse redirecionamento e tal contato com sua vida que você se tornará uma força para a manifestação do propósito divino em nosso mundo.

A Lei da Misericórdia: "Se queres misericórdia, demonstra-a."

Sempre que você age com misericórdia, está fazendo uso de todo o poder que o amor tem de mudar ou transformar qualquer situação em que você esteja. Como é que demonstramos misericórdia? De acordo com as leituras, a misericórdia é uma qualidade que podemos usar em nossos relacionamentos em dois grupos muito distintos de circunstâncias. Esses dois extremos da vida que põem à prova nossa autenticidade na demonstração de misericórdia são duas das provações mais duras que a pessoa pode enfrentar:

- a primeira: quando você tem alguém sob sua influência, poder ou controle e essa pessoa se opõe a você ou diz ou faz algo a que você tem objeções, a questão é: você é capaz de ser misericordioso?
- a segunda — e pior: numa situação que é o inverso da descrita acima, ou seja, quando é você quem está sendo injustamente subjugado, dominado ou controlado, a questão, mais uma vez, é: você é capaz de ser misericordioso?

O que é que essas situações exigem de você? Esta leitura mostra um vínculo muito próximo entre a capacidade de misericórdia e a de perdão:

Se tua vontade estiver então em unidade com a d'Ele, talvez se incluam entre as tuas experiências a capacidade de perdoar aqueles que *deliberadamente* te prejudicaram. Pois tua oração não poderá acercar-se do trono da misericórdia se não tiveres sido misericordioso até mesmo com os que, em sua força e poder, te prejudicaram. (1435-1)RA

Isso faz sentido. Enquanto sentirmos que fomos maltratados, desrespeitados ou prejudicados, certamente não teremos vontade de ser bondosos e clementes (misericordiosos). Para mudar essa atitude, precisamos realmente perdoar quem agiu mal conosco.

A MISERICÓRDIA COMO UMA LEI SUPERIOR

As leituras referem-se a uma Lei da Misericórdia que é nitidamente superior à lei que trata unicamente de causa e efeito. Elas indicam que, à medida que você se conscientiza da Presença em seu interior, aceita-A ou volta-se para Ela, sujeita-se não só à lei da Misericórdia como também às Leis de Causa e Efeito. Isso quer dizer que, aceitando a presença de um poder superior dentro de você, sujeita-se à misericórdia desse poder superior e, portanto, vive conforme um conjunto distinto de regras, uma dimensão superior da consciência que lhe permite enfrentar com misericórdia seu próprio karma, em vez de reagir como normalmente faria. Quando se atinge essa mudança na consciência para aceitar o poder superior que há dentro de nós, vê-se o karma com outros olhos. Fica-se à mercê da misericórdia. Como está escrito nas leituras:

Pois Ele já te perdoou. (262-81)

Quando você percebe isso, fica fácil agir de acordo e perdoar aqueles que o cercam. Quando aprendemos a perdoar, a não emitir juízos nem guardar ressentimentos dos outros, somos capazes de ter misericórdia e, com esse simples ato, pôr em ação essa lei maravilhosa.

A JUSTIÇA OU A MISERICÓRDIA COMO OPÇÃO PESSOAL

Certa vez tive de tomar uma decisão baseada nessa lei. Havia estudado as leituras de Cayce por alguns anos e chegado à conclusão de que seria aquilo que decidisse ser. Naquela época, era um bem-sucedido advogado. Tinha até mesmo o papel de "mocinho" — estava lutando para proteger o meio ambiente e os direitos do consumidor. Naquele momento, a minha especialidade era muito querida pela imprensa, então eu tinha muita publicidade e estímulo. Entretanto, via minhas atitudes sob outra luz: sob a luz das leituras de Cayce. Em que acabaria me transformando se investisse em minha carreira de direito nos anos que tinha pela frente?

Concluí que o máximo a que podia aspirar como advogado era a justiça. Mesmo incorporando à minha prática os conceitos de serviço público, ela poderia dar manifestação a um grau superior de justiça. Sem dúvida, um objetivo nobre. Porém, já havia começado a sondar-me em profundidade. Iniciara o estudo das Leis Universais. As Leis de Causa e Efeito são leis da justiça. Por meio delas, nossos atos, convicções, pensamentos e sentimentos nos são devolvidos. Nossas vidas não são senão a ilustração exterior dessas coisas. Aprendemos ao encontrarmos a nós mesmos — a nossa criação — a cada dia.

Eu sabia muito a meu respeito. O Espírito me concedeu a graça de lembrar muitas vidas na Terra. Lembrava-me nitidamente de tudo que criara e de tudo que vivera em minha aprendizagem. Havia visto as leis kármicas girarem aquilo que os budistas chamam de roda do nascimento e da morte; conhecera-a intimamente. Sabia que não queria a justiça. Não queria enfrentar minhas criações porque nelas havia pouco amor, mas havia, sim, muita ignorância, medo e egoísmo.

Indagava-me qual seria a diferença entre hoje e aquelas épocas em que eu vivera na Terra. A diferença era que nelas havia aqueles que me deram não a justiça, mas a experiência da misericórdia. Essas experiências foram como verdadeiros faróis no mar revolto do karma. O dom da misericórdia. Fora pela misericórdia de muitos corações que eu conseguira começar de novo, pensar no outro, deleitar-me com o bem que flui através do mundo e que se tornará o mundo se o deixarmos correr livremente. Não quero levar a justiça a ninguém. No entanto, estaria grato se pudesse retribuir um pouco da misericórdia que recebi. Procure entender-me: não se trata aqui de uma confissão de culpa por pecados passados — é apenas uma visão honesta do quanto somos escravos de nossa ignorância e do quanto o amor nos coloca acima dessa ignorância, dando-nos sentido e realização.

Abandonei a prática do direito porque não podia almejar a plenitude da misericórdia como a entendia. Isso não quer dizer que não existam advogados que sejam verdadeiros instrumentos da misericórdia sobre a Terra. Eles existem, sim, e eu tive o privilégio de conhecer alguns. Simplesmente não era a minha forma de atingir aquele objetivo. Dei início então a um trabalho que ensinava as pessoas a conhecer seu coração e as grandes Leis da Transformação, que as elevam da justiça em que estão até a liberdade com a qual seus corações sonharam. Posso dizer, com toda a sinceridade, que, ao escolher trilhar esse caminho, recebi em amor e misericórdia muito, mas muito mais do que jamais dera. Se compartilho com você essa bela lei é porque ela não é de causa e efeito. Você não receberá de volta a misericórdia e o amor que der: você os receberá multiplicados por mil.

A LEI DO EQUILÍBRIO

Sob o céu todos vêem a beleza como beleza somente porque existe a feiúra.
Todos conhecem o bem como bem porque existe o mal.

Portanto, ter e não ter andam juntos.
O difícil e o fácil se complementam.
O longo e o curto realçam-se um ao outro;
O baixo e o alto valem-se um do outro;
A voz e o som entram em harmonia um com o outro;
A frente e o fundo seguem-se um ao outro.

Portanto, o sábio procura nada fazer, ensinar o não pronunciamento.
As dez mil coisas surgem e se vão sem cessar.
Criar, sem no entanto possuir,
Trabalhar, sem no entanto buscar reconhecimento.
O trabalho é feito e então esquecido.
Portanto, dura para sempre.

Lao-Tsé[1]

A Lei do Equilíbrio: "Todos os intercâmbios se equilibram."

Devo uma de minhas mais claras introvisões acerca da lei do equilíbrio a um grupo de mulheres. Elas falavam sobre alguns homens que, evidentemente, não se haviam dado ao trabalho de aplicar essa lei. Do primeiro, disseram: "Ele é tão físico que chega a ser chato"; do segundo: "Ele é tão mental que nem deve ser levado em conta"; do terceiro: "Ele é tão espiritual que não tem nenhuma utilidade prática."

Naturalmente, a Lei do Equilíbrio não apenas se aplica a nossa sintonia pessoal como também é reconhecida nas ciências físicas, em que o equilíbrio nas equações de energia, nas reações químicas e na matemática é praxe. Nas Leis da Origem, vimos também como o dar e o receber se igualam.

A sintonia implica trazer energia e idéias puras do reino espiritual de nosso ser para o mental/emocional e então para os planos da expressão física. O equilíbrio existente entre esses nossos aspectos influencia fortemente esse movimento. Uma das maneiras mais elementares de trabalhar com a Lei do

Equilíbrio consiste em garantir que a nossa atenção esteja ocasionalmente concentrada em cada uma de nossas naturezas básicas — corpo, mente, coração e espírito. Uma vez que a atenção dirige a energia, voltando-se para nossas necessidades em cada um desses planos, estaremos facilitando o movimento de nossa energia espiritual vitalizante através deles. Quando não conseguimos uma atenção equilibrada, descobrimos a força da Lei do Equilíbrio ao sermos forçados a levar nossa atenção à área negligenciada em nós mesmos, geralmente por meio de uma crise relacionada a ela. Para restabelecê-la, devemos concentrar a atenção na área negligenciada até ela poder novamente funcionar de uma maneira sadia.

O DESEQUILÍBRIO DA ADVOCACIA

Lembro-me de um daqueles encontros "fortuitos" que sempre são obra das Leis de Causa e Efeito. Aconteceu no *Inn of Loretto* de Santa Fé, Novo México. Era uma reunião de quase uma dúzia de colegas de formatura. De repente, nos vimos tecendo comentários sobre nossa vida. Tínhamos nos formado em direito quase cinco anos antes e, embora nossas especialidades fossem diferentes, já éramos todos advogados bem-sucedidos. Fiquei surpreso ao descobrir que mais da metade do grupo estava muito insatisfeita com a carreira e com a vida. Apesar de no fim ter abandonado a prática da advocacia, eu era um dos que não estavam insatisfeitos. Na época não entendi por que tanta gente bem-sucedida estava tão insatisfeita. Agora, depois de ter trabalhado com profissionais e de ter aprendido a Lei do Equilíbrio, sei que essa situação é muito comum.

Ao seguir a advocacia ou qualquer outra carreira, a atenção se concentra quase exclusivamente nela. Como a prática do direito é basicamente intelectual, os aspectos físicos e emocionais da vida — como a saúde, o relaxamento e o relacionamento com cônjuge e filhos — ganham cada vez menos atenção. As necessidades espirituais são praticamente ignoradas, tal é a necessidade de solidão para contemplar, orar e meditar. Com esse desequilíbrio, o fluxo da energia espiritual responsável por manter as diferentes áreas da vida cheias de saúde e vitalidade fica mais lento. Nossos relacionamentos e nossa saúde sofrem, e acabamos não tendo nenhuma satisfação no que realizamos na carreira porque ela é qualidade da natureza espiritual, e, com o eu espiritual negligenciado, a energia vitalizante diminui. A carreira reflete apenas a energia mental, que não é, a longo prazo, vitalizante nem satisfatória.

A Lei do Equilíbrio diz que todos os intercâmbios se equilibram. Isso significa que, se ignorarmos uma parte de nossa vida, a lei entrará em ação para fazer-nos atentar para essa parte, para equilibrar os outros investimentos de energia que fizemos. E essa experiência não é privilégio das pessoas que trabalham em áreas cujo esforço é basicamente mental. Sei de vários agricultores e operários, cuja vida é basicamente física, que experimentaram um desequilíbrio por não dedicar tempo suficiente ao investimento espiritual. Também eles se sentiam frustrados por não analisar com cuidado suas decisões mentais e emocionais, deixando assim de desenvolver seu potencial nessa área. Seu trabalho sofria os efeitos, levando-os a ter problemas com a família e depressão emocional. Sua necessidade de tempo para a família, de renovação espiritual, de relaxamento e de uma análise em profundidade das atividades e decisões exigia-lhes agora mais atenção.

Ao reconhecer que o equilíbrio requer que nos concentremos em todos os diversos aspectos que nos integram, temos o direito de perguntar: "E quanto será suficiente?" Existem certas diretrizes que podem servir como pontos de referência, embora não funcionem como leis, pois o relacionamento é individual e varia de pessoa para pessoa. A primeira recai sobre o padrão reconhecido pela Bíblia na história da criação: seis dias de atividade criadora e um de descanso. Ao longo de vários anos, tenho observado que, em termos de dispêndio e renovação, a razão de um para sete é útil para muita gente, apesar de que, por ser tão pessoal, não possa ser considerada uma lei.

O DÍZIMO

A única diretriz que sei que funciona de modo sistemático é o dízimo. Ele é o reconhecimento da presença espiritual no reino material. No direito judaico, o primeiro décimo de tudo aquilo que é recebido no reino material é ofertado ao trabalho espiritual do templo como forma de gratidão e de reconhecimento por Deus ser a fonte de tudo. Conforme essa prática, logra-se a expressão do reconhecimento da presença espiritual no plano físico não só mentalmente — dando-se graças, por exemplo — mas também fisicamente, com a entrega do dízimo ao lugar onde se recebeu alimento espiritual. Essa constitui uma maneira muito eficaz de harmonizar a Lei da Manifestação (o Espírito é a vida, a mente é o construtor, o físico é o resultado) e a Lei do Equilíbrio com o fluxo de energia espiritual através dos planos da expressão espiritual, mental, emocional e física. Por isso, a doação do dízimo representa um instrumento essencial para alcançar uma vida na qual a abundância se exprime livremente no plano físico, bem como nos planos mental e espiritual.

Não posso apresentar o dízimo como uma lei em si porque algumas pessoas, ao começar a doá-lo, tiveram de partir de menos de um décimo e, no entanto, imediatamente sentiram o fluxo da sintonização. Já outros, avançados em seu trabalho espiritual, tiveram de doar mais que um décimo para promover a expansão de sua consciência da presença divina expressa no reino físico.

O dízimo é um instrumento para equilibrar a atenção e a energia em vários planos de consciência. O reconhecimento consciente da fonte espiritual é crucial à sua operação satisfatória. Muitas pessoas doam regularmente às obras espirituais e algumas doam um décimo. Mas se essa doação for proveniente de uma sensação de culpa ou de obrigação, não trará o equilíbrio buscado.

A EXPERIÊNCIA COM O DÍZIMO NUMA FAZENDA EM MICHIGAN

Embora haja muitos casos em que o dízimo é cobrado como forma de aumentar a abundância, existe o registro concreto de uma experiência conduzida por um grupo de pessoas em Michigan por volta de 1940. Eles a conduziram publicamente, fazendo registros minuciosos.

A experiência começou com 360 grãos. Os participantes abençoaram o trigo e assumiram o compromisso de doar 10% da colheita à sua igreja. Então o semearam num pequeno lote atrás dela.

No primeiro ano, colheram 18 mil grãos. Doaram 10% à igreja, para o café da manhã do ministro, e plantaram os 90% restantes.

No segundo ano, colheram cerca de trinta quilos de trigo. O dízimo doado foi de três quilos. Àquela altura, já havia muita gente interessada na experiência. A cerimônia de entrega contou com a presença de mais de 350 pessoas, entre as quais Henry Ford (que sempre fora, ele próprio, um defensor da instituição do dízimo).

No terceiro ano, o interesse despertado havia crescido enormemente, e a cerimônia de entrega do dízimo contou com um público de mais de mil pessoas e participação da imprensa. No quarto ano, o governador do Estado compareceu à cerimônia, que teve ampla divulgação. Quando chegaram ao sexto e último ano da experiência, já não tinham terra suficiente para plantar o trigo. Venderam-no então a fazendeiros da região, que concordaram em registrar cuidadosamente as colheitas e doar um décimo do trigo à igreja de sua preferência.

A colheita final — após seis anos de semeadura de nove décimos de cada colheita anual — foi de 1.832 toneladas de trigo. O dízimo correspondente foi de 183 toneladas.

No início da experiência, as pessoas combinaram com um moleiro local para que ele não apenas registrasse o total colhido mas também comparasse os lucros obtidos com os de outros fazendeiros da área. Partindo da média produzida no Estado a cada ano, o moleiro calculou que, se eles tivessem usado 100% da produção, em vez de doar o dízimo, teriam obtido um lucro de 134 toneladas.

Plantar 100% = 134 toneladas

Plantar 90% (10% para Deus) = 1.832 toneladas

Seu dízimo foi maior do que o total da colheita que teriam feito se não o tivessem doado.

O espantoso resultado desse estudo não está no que os participantes receberam, mas sim no que foi indicado pelos cálculos do moleiro, caso continuassem com a experiência por mais seis anos. No sexto ano (ou seja, no décimo segundo, a contar do início da experiência), não haveria terra suficiente no planeta para a plantação dos 90% do trigo colhido.

No livro bíblico de Malaquias está registrada a promessa divina de que, se doarmos o dízimo, "(...) abrirei as janelas do céu e derramarei sobre vós bênção em abundância". O grupo de fazendeiros de Michigan demonstrou de modo concreto que a promessa é literalmente verdadeira.

Essa experiência prova que o dízimo é uma maneira eficaz de expandir a experiência da abundância. Ela mostra ainda que deve entrar em jogo um outro plano da lei para que o resultado seja tão diferente do que seria obtido pelo emprego normal das leis físicas. A presença do grande poder criador do espiritual no reino físico não é de surpreender — é o resultado natural do estabelecimento do equilíbrio entre esses planos criadores distintos pelo uso correto das Leis Universais.

O EQUILÍBRIO MENTAL/EMOCIONAL

Até agora, examinamos o equilíbrio de um ponto de vista bastante físico: o investimento de tempo e dinheiro. Na verdade, não se pode falar em encontrar equilíbrio enquanto não se começar a trabalhar o equilíbrio entre a mente e o coração. A mente controla o tempo e os recursos de modo sempre calculista, definidor e diferente. Sei disso porque era assim que fazia. De que outro modo se poderia permanecer em equilíbrio senão conhecendo seus próprios limites, estabelecendo novos e controlando o tempo? Bem, há um outro modo: valendo-se da inteligência do coração. Na maioria das situações, o desequilíbrio não está naquilo que estamos fazendo, mas sim no ponto dentro de nós em que o fazemos. Cayce chamou a atenção de um empresário com problemas físicos para isso:

P: Será que caminhar no parque todo dia de manhã ajudaria a resolver o problema?
R: Contanto que ele não pense em quem vai encontrar na esquina seguinte nem na reunião que vai ter às onze ou doze horas (...). O ato em si seria bom, se (...) os companheiros quisessem falar sobre a cor do céu ou dos pássaros, o verde do gramado ou a mudança da estação, mas não sobre o trabalho. O relaxamento faria bem, mas ficar pensando sobre outras coisas só serviria para fazer o sangue ferver: "Mal vejo a hora de acabar com isto para sair e fazer outra coisa."
P: O que trará alívio às dores de cabeça?
R: Rir. (257-62)

À primeira vista, essa leitura quase parece uma leviandade — caminhar e rir para curar doenças físicas reais. Mas um exame mais aprofundado nos leva até o conhecimento atual de que a maioria das doenças decorre do *stress*. Com efeito, 75% de todas as consultas a médicos devem-se a distúrbios decorrentes da tensão. Mas não se trata aqui do *stress* que é exigência do trabalho, e sim de nossa reação a ele — nossa constante preocupação, o excesso de análises e a obsessão. O que Cayce, na verdade, fez foi sugerir àquele homem que procurasse entrar em contato com as coisas de que seu coração gostava e se libertar de sua preocupação mental, que debilitava o corpo, fazendo-o reagir com tensão. Certa vez, ouvi um mestre muito sábio dizer que a vida era importante demais para ser levada a sério. Como é diferente a reação do coração, que sabe as soluções e vê a presença do Criador em todas as coisas. Como é bom rir de nossas criações. O mais leve toque do amor do Criador em nosso coração exalta-nos e nos traz soluções.

Para aqueles que vêem o mundo do ponto de vista da mente — um mundo de decisões e análises —, há boas notícias: mesmo os nossos esforços mais intelectuais podem ser feitos com o coração. Assim, eles se tornam emocionantes, restauradores e mais rápidos em seus resultados também. A sugestão de Cayce — rir — é, muitas vezes, o melhor remédio para a dor de cabeça intelectual.

Quase sempre tentamos controlar e equilibrar nossa vida controlando o tempo. À medida que o equilíbrio aumenta, a natureza temporal da equação de equilíbrio muda radicalmente. Porém as verdadeiras mudanças promovidas por essa lei ocorrem quando trabalhamos o equilíbrio mental/emocional. É assim que lidamos com os pensamentos de nossa mente e nossas reações emocionais e sentimentais. Quando elas são reativas e quando os pensamentos giram em círculos, nossa energia "vaza". Temos de equilibrar essas reações acalmando-nos e dedicando mais tempo a outras áreas da vida, pois, do contrário, não teremos energia para lidar satisfatoriamente com elas.

Na maior parte das vezes não estamos reagindo — estamos apenas procurando chegar ao final do dia com neutralidade na cabeça. Em vez de raiva ou agitação, sentimos como se estivéssemos na terra da indiferença — fazemos as coisas simplesmente porque precisamos. Isso é bem melhor que reagir, mas está longe da sensação de satisfação que ganhamos quando entramos em contato com o coração. Ficamos cansados ao fim de um dia comum. Mas nenhum dia precisa ser comum! Todos podem ser divertidos e energizantes! A Lei do Equilíbrio age de tal modo que, se nos alimentarmos da imensa inteligência e energia espiritual disponíveis no coração, iremos senti-las e apreciá-las. Brindamos os que nos rodeiam com elas e elas retornam a nós; portanto, ganhamos mais. Quanto mais tivermos dessa energia espiritual vitalizante, mais ela equilibrará os outros aspectos de nossa vida.

O desequilíbrio mental/emocional acontece porque perdemos o contato com nossa fonte da orientação: o coração. A partir dele, entendemos como lidar bem com as coisas e dele ganhamos a energia para fazê-lo com rapidez. Quando estabelecemos contato com o coração e introduzimos carinho equilibrado em nossos relacionamentos e a inteligência do coração em nossas atividades, ganhamos energia extra. Nossas atividades passam a ser produtoras de energia. Como não precisamos ficar todo o tempo remendando problemas de relacionamento, ele nos traz mais energia, em vez de roubá-la. No fim, atingimos o equilíbrio fazendo mais, e não menos, e ganhamos mais tempo para a diversão!

Quando o equilíbrio está no fundo de nosso coração, atingimos nossa "essência" — estamos em contato com o ser que realmente somos. A inteligência e a energia de quinta dimensão podem trabalhar através de nós e, assim, podemos vivenciar aquilo que Doc Lew Childre denominou "fluxo líqüido": o ponto a que uma ordem superior de inteligência nos leva por meio de nossa criação, facilitando aquilo que estamos promovendo. Estamos escutando nossa orientação e reagindo com criatividade. A partir desse espaço intuitivo do coração, escutamos as reais necessidades dos outros e dispomos da sabedoria do coração para reagir a elas. O trabalho que levaria meses leva dias. O problema com que estávamos lutando por tanto tempo de repente se mostra aberto a uma abordagem diferente e encontra uma solução. Isso acontece porque, quando entramos em contato com o coração, invocamos a Lei do Amor. Ela é o mais alto equilíbrio. O amor nos orienta, mas essa energia é também, ela própria, inteligente. O contato estreito e profundo com o coração resulta em fluxo líqüido.

Ao encontrarmos nosso equilíbrio no coração, evitamos a necessidade de equilibrar-nos com o controle do tempo. Ele, a suprema atenção que podemos ter por nós, leva diversão ao trabalho e o sentimento de família a todos os relacionamentos. As técnicas *Freeze-Frame* e *Cut-Thru*, a estima, o cuidado e a total atenção ao coração são as ferramentas da Lei do Amor e da Lei do Equilíbrio, representando nossa relação com nossa inteligência superior e o caminho para a graça.

Tenho tido o privilégio de apresentar esses instrumentos em *workshops* em todo o país. É como dar a um carpinteiro sua primeira serra elétrica ou, a uma criança, seu primeiro cavalinho. De repente, a vida se transforma — e não é porque alguém lhe diz que ela se transformará, mas porque, ao usar esses instrumentos, você vê que a vida, de fato, pode ser diferente. É tudo tão emocionante para um alto executivo quanto para um operário ou uma criança. Quando você toca o poder transformador da Lei do Amor, deixa de estar a serviço do tempo e da ignorância e passa a ter acesso fácil a mais força e mais inteligência. E isso se inicia a partir do seu ponto de equilíbrio: o coração.

Com o equilíbrio, vem a alegria de viver. Você não gostaria de viver com mais alegria?

Capítulo 12

As Leis da Unidade, da Iluminação e do Vir-a-ser

A luz que brilha sobre os céus e sobre a Terra, a luz que brilha no mundo do sublime, além do qual não existe mais nada, é a luz que brilha no coração dos homens.

Upanishades, Chandogya[1]

A LEI DA UNIDADE

Todos os homens virão àquele que se mantém na unidade,
Pois ali estão o descanso, a alegria e a paz.

Os que passam podem parar pela música ou pela boa comida.
Mas uma descrição do Tao
Não tem substância nem sabor.
Ele não pode ser visto, ele não pode ser ouvido,
E, no entanto, ele não pode ser esgotado.

Lao-Tsé[2]

A Lei da Unidade: "Deus é Uno."

A Lei da Unidade é uma das grandes Leis da Sintonização. Ela é a premissa ou o princípio fundamental do qual decorrem todas as Leis Universais; a base absoluta de nossa vida e da criação.[3] As leituras de Cayce se referem a ela como lei porque, como uma lei, nossa relação com ela determina a natureza de nossa experiência de vida. Entretanto, sua redação não se assemelha à de uma lei, pois, com efeito, não se trata tanto de uma lei quanto de uma Verdade — uma verdade que dá fundamento e origem às leis. Pelo fato de constituir a base das leis, iremos referir-nos a ela da mesma forma que Cayce, ou seja, como "A Lei da Unidade". Essa lei é tão profunda e tão simples que sua importância e seu significado em nossa vida podem facilmente passar despercebidos. Apesar disso, ela é o princípio fundador de várias das maiores religiões do mundo.

A Lei da Unidade foi expressa pelo judaísmo como:

Que saibas, ó Israel, que o Senhor teu Deus é uno.

Na religião muçulmana, esse ensinamento se exprime pela oração:

Não há senão um Deus, Alá (...)

No Upanishade Katha, lê-se:

O Senhor é Uno em todos os momentos. No homem e em toda a criação Ele fez a Sua morada. Ele projeta o universo, sustenta-o e o recolhe a Si.

Para que essa lei se nos revele a nós em toda a sua plenitude, vejamos uma afirmação de Cayce na qual ele descreve nossa origem:

(...) no início (...), quando Ele [Deus] vivia, almas — partes d'Ele — eram geradas. (263-13)

Já que Deus é uno e que nós, como almas, somos cada um uma parte de Deus, decorre que a lei — Deus é Uno — inclui a todos nós. A grande mensagem da Lei da Unidade é que você e eu somos um com o Uno. Isso contradiz frontalmente a consciência, que diz que você e eu estamos separados do Uno. Já que somos um com Ele, decorre que você e eu somos um também entre nós e com nossos semelhantes. Na verdade, poderíamos dizer que a Lei da Unidade é: "Tudo é um."

UNIDADE DE DESÍGNIO

Como podemos entender isso se, de acordo com nossos sentidos, estamos tão nitidamente separados? E até que ponto vai essa lei? A resposta a um homem que havia perguntado acerca de sua vida cotidiana, de seus relacionamentos no trabalho e na vida social e de sua forma de veneração demonstra que não há limites para essa unidade:

Tudo é um, meu irmão. Tudo é um; tanto quanto o Pai, o Filho e o Espírito Santo são um — em desígnio; mas cada um em sua fase de experiência, de manifestação; tanto quanto seu corpo, sua mente e sua alma são uma só coisa. (2524-3)RA

Qual o caráter dessa Unidade? De que modo podem todas essas diferentes formas e manifestações ser uma só coisa? A leitura acima sugere como podemos vivenciar essa unidade: "em desígnio". Geralmente, consideramos nossos seres como um só, isto é, como se nossos braços, nossas pernas, nossos olhos, nossa mente fossem parte de uma só coisa. E eles o são no objetivo: cumprir nossa vontade. Estão fisicamente interligados, o que faz a unidade mais fácil de perceber, embora a verdadeira unidade esteja no objetivo, e não na interligação física. Percebemos, além disso, que duas pessoas dedicadas à mesma tarefa — pintar uma sala, digamos — estão unidas em seu objetivo.

JARDINEIROS

Ampliando um pouco mais o conceito, se você e seus amigos resolverem cultivar uma horta para ter comida no ano que vem, uns vão plantar milho, outros vão plantar rabanetes; uns vão revolver a terra, outros vão fazer as covas para o plantio. Cada um fará o que mais gostar e, no entanto, não estarão todos unidos no objetivo, todos trabalhando para o mesmo fim?

Se a analogia acima se aplica a nós, a questão é: qual é nosso objetivo comum? As leituras nos dizem que é estar em união com o desígnio da Força Criadora — Deus. Como podemos saber qual é esse propósito? Bem, se você quisesse participar de nossa horta, chegaria, travaria conhecimento conosco, conversaria, trabalharia como nós e assim entraria em sintonia com o objetivo do grupo. Da mesma maneira, estar em união com o desígnio de Deus, a Força Criadora, requer um relacionamento, uma aproximação, uma conversa e um trabalho conjunto. Felizmente, há leis muito simples, porém muito eficazes, que explicam como fazer isso. O processo descrito acima é de sintonia — estabelecer um relacionamento, aproximar-se, conhecer o outro e dar-se a conhecer. Quanto maior a sintonia com o Uno, mais você sentirá a unidade; quanto mais você sentir a unidade, maior será a sua capacidade de concretizar o desígnio divino para sua vida.

AMOR: A CHAVE DA UNIDADE

Qual é a chave para compreender e vivenciar a unidade? A leitura abaixo nos leva de volta ao amor:

Pois sempre existiu e sempre existirá a Lei da Unidade. "Ama em teu dia-a-dia. Aplica, em tuas atividades diárias, o amor que gostarias que o Pai te desse. Em tua relação com teus companheiros, age [como se] conhecesses a Lei da Unidade." (497-1)RA

E que tipo de amor você gostaria que os outros lhe dessem? Não seria maravilhoso se o amassem exatamente como você é, sem reservas, sem exigências de que você faça nem mude nada; em outras palavras, sem nenhum tipo de julgamento. Isto é que seria amor incondicional: ser amado não a despeito das condições, mas sim pelo que se é. É com esse amor incondicional que você precisa amar a si mesmo e aos outros se quiser viver segundo a Lei da Unidade.

EXPERIÊNCIAS DE UNIDADE

Captar a plena importância da Lei da Unidade consiste, para a consciência humana, numa exploração cada vez mais profunda. Talvez ela seja, para nós, um ponto final que buscamos entender e descobrir em desenvolvimentos cada vez maiores da inteligência.

Existem pessoas que vivenciaram essa unidade num profundo nível pessoal profundo. Ao menos uma vez, conseguiram promover a transição para a percepção da unidade e tentaram compartilhar essa experiência, embora todas concordem que ela está além das descrições. Essas experiências não são algo que se possa buscar. As pessoas que as vivenciaram não as buscaram e, além disso, as leis e os ensinamentos nos dizem que, em vez de buscar experiências cósmicas, devemos procurar viver com mais eficiência nossa vida na Terra. Contudo, essas experiências nos proporcionam um vislumbre da realidade maior, da qual todos fazemos parte. Elas podem ajudar-nos a abandonar muitos dos conceitos de separação com que encaramos nossa vida e a dos outros.

Quando Bruce e eu começávamos a estudar ou aplicar uma lei, sempre surgiam oportunidades que nos ajudavam a compreender melhor a sua verdade. Esse foi o caso da Lei da Unidade. Em 1980, num seminário de uma semana na sede da A.R.E., apresentamos aos participantes a nossa compreensão das leis. Bruce fez uma palestra sobre a Lei da Unidade. No final, um jovem aproximou-se de Bruce e contou-lhe uma experiência: por muito tempo, sua vida pareceu-lhe desprovida de sentido até que um dia, perplexo, percebeu que, sempre que olhava para alguém, via seu próprio rosto. Não importava quem eram as pessoas nem o que faziam: ele via seu rosto em cada uma. Aquilo durou vários dias, fazendo-o perceber de maneira drástica que afinal somos todos um. A experiência mudou sua vida por completo, pois deu-lhe uma nova perspectiva e uma nova compreensão do sentido que a vida tinha para ele.

Em 1901, um médico canadense chamado Richard M. Bucke publicou um estudo que se tornou clássico. Nele descrevem-se várias experiências de unidade ou, como ele as denominava, de consciência cósmica. Depois de relatar mais de cinqüenta casos, o dr. Bucke fala das características da experiência:

A principal característica da consciência cósmica é, como o nome já diz, uma consciência do cosmos, isto é, da vida e da ordem do universo. Juntamente com essa consciência, advém um esclarecimento ou iluminação que, por si só, colocaria o indivíduo num novo plano da existência, tornando-o quase um membro de uma nova espécie. A isso acresce um estado de exaltação moral, uma indescritível sensação de elevação, de elação e júbilo, um aguçamento do sentido moral que é tão espantoso e mais importante que o aumento da força intelectual, tanto para o indivíduo quanto para a própria raça. Depois de tudo isso, surge aquilo que poderia ser chamado de sensação de imortalidade, uma consciência da vida eterna — não é uma convicção de que se terá isso, mas sim a consciência de que já se tem.[4]

Não muito tempo após a publicação de seus primeiros artigos sobre as Leis Universais, Bruce recebeu uma carta de uma senhora que dizia ter vivenciado a unidade. Ele escreveu pedindo que ela relatasse a experiência. Esta é a carta que ela lhe enviou em seguida:

Em primeiro lugar, gostaria de dizer que, quando eu era adolescente, minha mãe, muito religiosa, me havia dito que às vezes, num momento especial na vida, as pessoas podem receber uma "bênção". Eu esperava que ela me fosse concedida, mas achava que provavelmente não era "boa" o suficiente. O que estou querendo dizer é que, além de minha crença nessa bênção, nada mais tinha nem fiz quando tive essa experiência espiritual. Não orei por ela, não meditei nem tentei fazer com que acontecesse — ela simplesmente veio. O que também me surpreende é o fato de que eu era uma jovem de vinte anos igual a qualquer outra.

A experiência na verdade se prolongou por quatro ou cinco meses. Começou com uma sensação de destemor — era tão intensa que eu fiquei intrigada e me disse que precisava encarar a realidade e ver que há coisas que se devem temer. Mas, mesmo assim, continuei a não sentir medo. Com o tempo, aquilo evoluiu para um maravilhoso estado de tranqüilidade que não era apenas a sensação de sossego e quietude, mas uma espécie de tranqüilidade mais dinâmica na qual não havia medo, tensão nem nervosismo. Isso culminou na coisa mais maravilhosa que já me aconteceu e na maior felicidade que conheci. Entrei em unidade (em harmonização) com todas as pessoas que vivem sobre a Terra. Não perdi minha identidade, mas não havia separação, tudo era uma coisa só. Sabia que o Deus que havia em mim era o mesmo que havia em todo mundo, e aquela unidade impossibilitava a separação. No mundo inteiro havia apenas o uno, e essa unidade preenchia todo o espaço. Não era uma visão. Eu não via nada, apenas via o que me parecia um vulto preenchendo todo o espaço. E no entanto eu sentia, eu vivia, eu conhecia aquela presença. Ela era tão real; até mais que a assim chamada vida real. É difícil descrevê-la com palavras porque a sensação de júbilo, a ausência total de medo e a maravilhosa sensação de segurança ("seguro estou nos braços de Jesus", como diz a canção) eram tamanhas — "n'Ele vivemos, agimos e somos". Foi uma experiência tremenda.

Eu não tinha lido nem ouvido nada sobre a unidade antes dessa experiência. E sinto que não a exprimi adequadamente — as palavras não conseguem transmitir toda a maravilha que ela contém.

Essas duas experiências e os diversos casos citados pelo dr. Bucke demonstram a possibilidade de uma realidade além da realidade de separação na qual normalmente transitamos. Essa realidade é desencadeada ou definida pela Verdade da Unidade. A realidade é que somos todos um.

A LEI DA ILUMINAÇÃO

A lâmpada do corpo é o olho. Portanto, se o teu olho estiver são, todo o teu corpo ficará iluminado.

Mateus 6:22

A Lei da Iluminação: "Quando se vê apenas a Deus, todo o ser se enche de luz."

Através da Lei da Iluminação, podemos aplicar a poderosa verdade da Lei da Unidade em nossa vida. Em sua forma mais simples, essa lei diz que tudo na vida é fruto da expressão Divina e que, quando se pode ver a vida dessa perspectiva, vive-se a experiência de estar cheio de luz: a iluminação. Estar cheio de luz é vivenciar a paz e o amor. Deus é bondade absoluta. Viver conforme essas leis é vivenciar na vida essa bondade absoluta.

O desafio de compreender a idéia do "Uno", da presença divina, que põe essa lei em ação na vida de uma pessoa é que, de acordo com o que vemos no cotidiano, o mundo parece ser tremendamente dualista. Onde quer que olhemos, vemos saúde e doença, alegria e sofrimento, opulência e pobreza, guerra e paz, justiça e injustiça, sabedoria e ignorância.

Logo que se tenta aplicar essa lei, há um estágio intermediário no qual se descobre que a bondade de Deus pode ser encontrada em meio até ao maior dos sofrimentos. Dizemos que ela está em meio ao sofrimento, mas ainda não podemos dizer que essa bondade seja tudo o que existe. Ainda há a identificação do mal aparente como real, embora ele não consiga ofuscar a experiência da presença divina nem a sua luz. Conseguimos vivenciar a paz e a integridade em meio ao que é negativo. É preciso lembrar que as leis operam em proporção: os resultados que elas produzem são proporcionais ao cumprimento de suas condições. Temos aí um exemplo em que se vê parcialmente a unidade de Deus na situação. Então a iluminação leva parcialmente à mente a nova perspectiva, permitindo ao indivíduo um pouco de paz — um pouco da presença do amor de Deus em ação.

Como essa é apenas uma aplicação parcial, podem seguir-se outras etapas à medida que se vai aproximando a plena aplicação da lei.

> Que saibas, antes de mais nada, como já se disse, que o Senhor teu Deus é *uno*! E que saibas, também, que tu és uno — teu ego, teu Eu Sou. Teus objetivos, então: teu coração e tua vida devem ser algo *coerente*!
> Pois, se tua visão for pura (...), *todo o teu corpo* se encherá de luz! (1537-1)RA

A leitura acima nos estimula a concentrar-nos em nosso objetivo e viver coerentemente em nosso coração. Isso é parte do estabelecimento de uma relação mais plena com essa lei. Conforme aumenta a proporção em que vemos Deus na vida, tudo o mais — até mesmo aquilo que julgamos como errado, mau ou pernicioso — será percebido como a mesma bondade divina. Embora a experiência em si seja difícil de descrever com palavras, a idéia em questão é, até certo ponto, explicável.

É como se vivenciássemos nosso crescimento. As Leis Universais permitem-nos viver nossas criações, que exprimem menos do que o total de amor que podem exprimir. Elas podem ser criações exteriormente dolorosas, mas a experiência mais profunda é a da presença do amor ensinando, elevando e libertando. Só existe Deus. A criação é apenas uma forma que sobrepomos ao Divino. Quando nos voltamos para a presença, em vez da forma, existe apenas a absoluta bondade que é a presença de Deus.

ESCULTURAS DE NEVE

Se você olhasse para um campo cheio de bonecos de neve, acharia que alguns parecem monstros de guerra, expressando as coisas negativas da vida. Outros representariam coisas belas, cenas emocionantes, bailes reais. A neve de algumas das esculturas estaria coberta de poeira, a de outras se teria transformado em gelo duro e, em algumas, seria simplesmente neve: macia. Ao ver as esculturas, você se dá conta de que foi você quem as fez. Numa, aprendeu a trabalhar o gelo; noutra, a exprimir a alegria; noutra, a expressar medo e ódio; noutra, paz e suavidade. Ao esculpir algumas delas, você estava em contato com a ordem e a beleza inerentes à neve. Ao esculpir outras, vivenciou e exprimiu por meio de suas formas o que é a perda do contato com a ordem, a majestade e a beleza da neve. Entretanto, em cada uma delas, as próprias leis que dirigiram suas ações e sua experiência em relação à neve mostraram-lhe as opções que você tinha como escultor e as experiências divergentes que você desencadeou ao fazê-las.

Ao rever suas esculturas de neve, você descobre que sua perspectiva mudou, permitindo-lhe uma maior introvisão. Você se lembra de ter sentido o amor que se irradiava de cada floco de neve até você, dando-lhe apoio em todo o seu processo de aprendizagem e criação. A cada passo, ele lhe dizia: "Entenda essa criação da alegria; entenda essa criação do medo." No entanto, ele nunca julgou nenhuma de suas criações, permitindo-lhe sempre a compreensão de si mesmo como criador. Ao rever cada escultura, o que você viu não foi a forma que deu à neve, mas sim a beleza da neve. Seus olhos já não se prendiam à forma, mas enxergavam diretamente a perfeita ordem, a beleza e a palpitante energia presente em cada floco, independentemente da forma que você lhe deu. Você percebe que seu maior ganho no processo todo não foram as formas nem a aprendizagem, mas a capacidade de relacionar-se com a perfeição da neve em si. A partir daquele instante, cada escultura que você via era aquela presença cristalina: a beleza perfeita em forma de escultura, que continua a ser perfeita quando a forma se acaba e apenas a perfeita presença da neve permanece.

Embora não alcance representar a verdadeira relação com o Divino, a analogia com a neve permite compartilhar um pouco da visão de que fala essa lei. Parte da dificuldade de compreendê-la está em que ela requer uma capacidade de ver além não apenas das aparências, mas também do paradoxo.

ENCHER-SE DE LUZ

Em que consiste a experiência de "encher-se de luz" que essa lei promete? Provavelmente todos já a tivemos em algum grau, pois tentamos atingir o mais sublime em nós quando nos vimos em situações difíceis ou desagradáveis. Todos nós já tivemos a oportunidade de romper com nossos padrões de julgamento e simplesmente perceber a expressão do Divino em coisas corriqueiras do dia-a-dia.

Pense na experiência de observar seus filhos brincarem. Ela propicia o deleite, não pelo fato de eles estarem fazendo algo certo ou errado, mas pela simples beleza da força vital que os anima e os torna seres maravilhosos. Essa sensação de júbilo que você teve era a luz. Pense em quando olhou para a pessoa amada — vocês podiam estar fazendo a coisa mais boba; ele(a) podia até estar dormindo — e você se permitiu amar e aceitar completamente ele(a) exatamente como era, sem julgamentos, sentindo o calor e o prazer tocar-lhe o coração. Essa é a experiência da luz.

A dificuldade com as palavras empregadas nesta lei é que, quando ouvimos "encher-se de luz", pensamos imediatamente em cenas como a de Moisés recebendo as tábuas, lutando contra forças sobrenaturais, no filme *Os dez mandamentos*. Conceptualizamos experiências extraordinárias que nada têm que ver com nossas vidas. Essa lei funciona para todos, todos os dias. Ocasionalmente ouvimos falar de experiências extraordinárias, de um livro sobre alguma delas. Todavia, a beleza dessa lei é que ela enche de beleza aquilo que é comum, dando ao cotidiano o calor e o sentido que tornam a vida satisfatória.

Lembra-se de quando parou, no meio de um problema, e de repente começou a rir de si mesmo, tão sério e tão preocupado? Você sabia que estava simplesmente vivendo a vida e que, mesmo naquela situação, podia sentir a bondade. Seu riso era a dádiva da luz, uma perspectiva iluminada ou mais ampla de sua própria vida.

Muitas vezes ouvi das pessoas que trabalham com o Hospice — uma organização de auxílio a pacientes terminais e suas famílias — a descrição de uma experiência na qual encontram muita paz para si e para as pessoas que ajudam, ao perceber, de repente, a beleza do que exteriormente era apenas um processo difícil e trágico. Elas dão exemplos de famílias que passam a conhecer-se e ajudar-se mutuamente, de pessoas que encontram dentro de si mesmas a solução de suas questões e, subitamente, vivem momentos de amor e de crescimento conjunto. Esses são exemplos de experiências de luz: esclarecimento ou iluminação da verdade maior que existe em cada experiência.

Observe que todos esses exemplos têm no âmago uma expressão de amor. Quando procedemos ao alinhamento com o Uno, somos o amor se exprimindo. A presença divina é amor e flui através de nós. A dádiva do amor é luz. Portanto, quando amamos, nos enchemos de luz — iluminamo-nos.

Há ainda os casos dos místicos e visionários que, em todas as eras, viveram grandes, poderosas e transformadoras experiências com aquilo que chamaram de luz. Também a elas temos acesso através da Lei da Iluminação. Porém ela não se aplica apenas aos místicos. Quando nos permitimos ver no dia-a-dia a presença una que é a única verdadeira realidade da vida, vivenciamos o cumprimento dessa que é a mais bela de todas as leis espirituais.

Talvez você saiba de alguém que tenha passado por uma experiência de "iluminação" ou que seja um ser iluminado. Talvez você ache que esses conceitos de iluminação estão muito longe de nós, pessoas comuns que estamos lutando para pôr comida na mesa, levar os filhos à escola no horário e manter o carro funcionando. Mas a Lei da Iluminação funciona para todos nós. Ela é uma questão de proporção, como, de resto, todas as leis. Você está falando a um amigo sobre um desafio que está enfrentando e o vê encher-se de coragem. Isso é ver a presença de Deus nesse amigo. Você se encherá de luz na medida em que vivenciar essa presença. Talvez isso volte a acontecer na semana que vem. Em seis meses, pode ter-se tornado uma ocorrência freqüente. A lei nos garante que cada passo que dermos trará a reação da luz e do amor a nosso ser.

INVOCAR A LEI

Como podemos invocar a Lei da Iluminação? Como, se em meio ao *stress* da vida tudo parece tão dualista, podemos valer-nos de nossa capacidade de perceber a presença de Deus em ação na nossa vida, desdobrando-se em cada uma de nossas experiências? Como é que promovemos essa mudança de perspectiva? A resposta é muito simples: vá até o seu coração!

No Capítulo 3 (Fig. 3C), vimos a ordem bela e harmoniosa das freqüências coerentes, geradas quando os sentimentos do coração estimulam o neurocórtex cerebral. Juntamente com o sinal eletromagnético do coração, isso promove uma mudança de perspectiva orientada pela inteligência do coração. Ela é capaz de levar a percepção e a compreensão da presença divina à sua experiência — de abrir sua visão superior para que ela "só veja Deus". Através da Lei da Iluminação, você se enche de luz: a luz da compreensão, da alegria e da paz. Como é belo o mundo que se vê então! Vê-se o céu na Terra!

O CÉU NA TERRA

Bem, como é que você acha que a coisa será aqui? Nuvens flutuando logo acima do chão? Isso é neblina. Ruas cobertas de ouro? Mau uso dos recursos naturais. O céu é percepção. Quando vemos Deus em toda parte, quando vivemos Deus naquilo que fazemos, estamos no reino de Deus. Estamos no céu com Deus bem aqui na Terra. O céu na Terra é uma freqüência dada pelo Criador à medida que exprimimos Sua força e Seu desígnio superior por meio de Suas leis. O código de acesso a essas freqüências — a chave para essas leis — é o amor que temos no coração.

A Lei do Vir-a-ser: "Ao viver a lei, tu te tornas a lei."

Essa lei é evidente mesmo no plano do funcionamento de nossa sociedade. Já tivemos a oportunidade de ver, repetidas vezes, as pessoas que se dedicam diligentemente à expressão de um princípio se tornarem inseparáveis dele: é o caso de Martin Luther King Jr. e os direitos civis, de George Washington e Thomas Jefferson e a fundação dos Estados Unidos, de Freud e a psicanálise.

Quando pensamos em direitos civis, temos de levar em conta os conceitos manifestados por Luther King, o progresso que ele ajudou a nação a fazer e o sonho que colocou diante de nós. Hoje vivenciamos parte da criação que seus esforços ajudaram a promover. Quando exercemos ou analisamos os poderes inerentes ao governo, temos de levar em conta aquilo que foi expresso por George Washington, que liderou a luta pela liberdade e estabeleceu o modelo para a presidência, e as idéias de Thomas Jefferson acerca do que o país idealizava quando fez a Declaração de Independência. Quando trabalhamos nosso próprio íntimo ou buscamos a ajuda de um psicoterapeuta, os conceitos básicos com que lidamos estão lá, em nosso consciente e no da sociedade, associados a Sigmund Freud.

Essas pessoas deram tal expressão aos princípios que desenvolveram que, embora tenham deixado seu corpo há muitos anos, suas idéias continuam aí, em nosso trabalho com elas e em nosso esforço por desenvolvê-las.

Quando se trabalha com os planos espirituais de expressão, há uma experiência ainda mais evidente do tornar-se a lei. Nós nos tornamos aquilo que exprimimos. Se optarmos por exprimir o amor, tornamo-nos a expressão desse amor naquele instante, naquele lugar e naquela situação. O mesmo é válido quando preferimos exprimir a raiva, o poder, a alegria ou a paz.

> Através do amor que o homem manifesta em seu coração e sua vida, cumpre-se a lei e, no cumprimento de uma lei, a lei se torna *uma* parte do indivíduo. (3744-5)

A fim de compreender essa lei em sua plenitude, lembre-se de uma situação em que alguém exprimiu amor completo e incondicional por você. Essa pessoa se tornou, naquele momento, a presença do amor em seu mundo. Pela Lei da Atração, sua expressão do amor fomentou a reação do amor, que era a presença divina em você. A Lei do Amor entrou em ação em seu interior porque aquela pessoa era o amor. Qual a diferença entre o amor dessa pessoa, a presença de Deus e seu próprio amor? Não há uma linha divisória, a não ser que nós mesmos a tracemos. Deus — Amor — é Uno.

> Porque a Lei foi dada por meio de Moisés; a graça e a verdade nos vieram por Jesus Cristo. João 1:17

Ao entendermos as Leis Universais, o sentido da afirmação do capítulo inicial de João fica claro. A lei que Moisés ensinou foi a de Causa e Efeito. Com o intuito de ajudar o povo de Israel a se libertar da dor e do sofrimento mediante o cumprimento dessas leis, Moisés apresentou os Dez Mandamentos, que se tornaram a base das leis sociais e religiosas do judaísmo. Jesus não apenas nos ensinou a Lei da Graça e a da Verdade, como também as viveu de forma tão completa que com elas formou uma só expressão na Terra. É por isso que milhões de pessoas conseguiram e conseguem aplicá-las e demonstrá-las por meio de sua relação com Ele. Jesus tornou-se literalmente a expressão das Leis da Graça e da Verdade.

No entanto, essas leis são universais: não são propriedade do cristianismo nem de nenhuma doutrina ou movimento religioso. Elas foram também demonstradas e ensinadas por todos os grandes mestres religiosos do mundo e por todos aqueles que amaram e buscaram a verdade da presença divina.

A AVÓ DE PATRICK

Patrick era um homem de seus quarenta anos que havia enfrentado e superado muitos desafios na vida, mas ainda duvidava de seu próprio valor e capacidade. Ao explorar esses sentimentos, sua memória o levou a uma experiência da infância na qual fora rigidamente punido e criticado pelo pai. Embora se esforçasse muito para ganhar a aprovação paterna, Patrick jamais a recebera. Para curar essa ferida, ele tentou chegar àquele garotinho amedrontado e cheio de mágoa, mas descobriu que não conseguia amá-lo. Sabia o quanto aquela parte magoada e imatura de si mesmo se expressara em sua vida, e sempre nos momentos em que mais precisava de maturidade, criatividade e sensatez. Como o resultado vinha sempre na forma de decisões erradas e fracasso, via aquela parte de si como fraca, errada e inaceitável.

Patrick tentou pedir aquele amor a Jesus, mas Jesus se havia tornado para ele uma figura como a do pai, que o julgava quando ele cometia erros. Assim, não conseguia chegar ao amor por aquele meio. Lembrou-se então de que havia uma pessoa que sempre o amara: sua avó. Para ela não importava o que ele tivesse feito; estava sempre pronta a abraçá-lo e compreendê-lo. Ao evocar a lembrança da avó, sentiu-lhe a disposição de tomar nos braços aquela criança apavorada que havia dentro de si e acalentá-la em seu amor. Na mente de Patrick, ela abraçou aquele garotinho. Enquanto lhe vinham as lágrimas, a força daquela presença divina tocava todas as feridas e mágoas, trazendo a paz e a cura. O amor daquela avó foi a presença que libertou Patrick das idéias limitadoras que tinha de si mesmo e que tanto lhe estorvavam a vida. Ela era o amor que permitiu a Patrick retomar o contato com seu próprio coração. As feridas cicatrizaram, permitindo que sua vida começasse a refletir a segurança e a criatividade inerentes à sua capacidade por tanto tempo reprimida.

Aquela avó vivia a Lei do Amor. Aceitava aquele garoto incondicionalmente, dando-lhe seu amor. Anos depois de sua morte, ela ainda era para o neto a expressão da presença do amor na Terra. Tornara-se a Lei do Amor, uma presença eterna que trazia a cura, a expressão do Divino. Ao viver a lei, você se torna a lei.

Capítulo 13

A Graça

Todo este universo está na glória de Deus, de Shiva, o deus do amor. Os rostos e as cabeças dos homens são os seus, e ele está em todos os corações. Ele é, com efeito, o Senhor supremo cuja graça move o coração dos homens. Ele nos conduz ao seu próprio júbilo e à glória de sua luz.

Upanishade Svetasvatara

Assim, ao crescer na graça, usando-a, saiba que a força, a esperança e a paz serão concedidas. A paz que nem o mundo nem a turba conhecem, mas a que, mesmo em face do desastre iminente, possibilita que através das lágrimas brilhe a luz de Seu amor — aquela paz que tu poderás transmitir àqueles que encontrares na rua, no lar, na quietude de tuas meditações, na multidão. Que cada pensamento, cada ato se transforme numa *canção* no coração e no júbilo de estar a serviço, não apenas do tornar-se bom, mas do tornar-se bom em Seu nome! (272-7)RA

O QUE É A GRAÇA?

A questão da graça é um mistério para a maioria, um mal-entendido para muitos e um segredo envolto nos véus da ilusão para todos nós. Entretanto, com o estudo das leituras de Cayce, pode-se chegar à apreciação de parte do sentido e da importância da graça. Aprendi que a descrição fornecida pela canção "Amazing Grace" não é um exagero. A graça de Deus é o catalisador que possibilita nossa vida e nosso crescimento na Terra, agindo continuamente por nós. As leituras afirmam que tudo depende e resulta da graça de Deus: nosso lugar no mundo, nossa condição ou posição, nossa raça, nossa cor, o próprio fato de estarmos vivos aqui, tudo o que temos, tudo o que vemos, tudo o que nos acontece, enfim.

Vivenciamos a graça como o movimento do amor de Deus. Pelo fato de ela ser tão presente em nossa vida cotidiana, não percebemos que é a mesma coisa que está em jogo naquilo que parece ser um milagre. Sentimos seus efeitos das formas mais simples, como a exaltação de nossos pensamentos e sentimentos. Lembra-se de alguma situação em que estava preocupado e, de repente, deixou de lado a preocupação e foi invadido por uma sensação de bem-estar, de esperança, de certeza da possibilidade de um bom resultado? Esse terá sido um exemplo de experiência da graça. Ela é simples como o testemunho da beleza da luz do sol dançando nas folhas ou a sensação de serenidade diante da neve caindo. E é espantosa como a cura milagrosa de uma doença ou o nascimento de uma criança. Seus efeitos se vêem na solução de problemas mundiais e na crescente compreensão entre as pessoas. Seu poder é ilimitado.

Embora a graça (o movimento daquilo que é Divino) esteja se processando continuamente, nós só podemos vivenciá-la e conhecer conscientemente sua natureza quando nos abrimos para ela. Toda a nossa experiência de criar é expressão da graça, pois é o movimento da presença espiritual desde o plano espiritual até os planos mentais e físicos de nosso ser o que empregamos para manifestar nossa criação. Porém, na maior parte do tempo, nos concentramos na natureza limitada do que criamos ou nos perdemos em reações mentais, emocionais ou físicas. Só vivenciamos a presença da graça quando nossa percepção está aberta à sua natureza. Às vezes o conseguimos agindo intencionalmente; às vezes nossa percepção é despertada por eventos como uma cura inesperada, a apreciação da beleza da natureza, o fim de uma guerra ou o nascimento de uma criança.

A graça não é uma lei, mas a estrutura de apoio sobre a qual nossa vida se constrói. Sem ela, não existiríamos. Ela está sempre disponível para nós. Ela está disponível para todos, tanto para os santos quanto para os criminosos, sem distinção. Ela não é algo pelo que se tenha de lutar; tampouco se pode promover seu início ou seu fim. Como Deus, a graça divina simplesmente é.

> Pois Sua graça é suficiente até o fim. Aquele que suportar a cruz terá a coroa; não o que desiste, o que grita "Basta!" e se dispõe a renunciar, mas sim os que insistirem até mesmo quando tudo levar a crer que não há saída. (303-6)

Essa leitura nos diz que a graça de Deus sempre é suficiente. As coisas nunca são irreversíveis, não há mal que seja incurável, sempre há uma saída, e tudo é possível pela graça. Tendo em mente o que afirmam as leituras, pode-se traçar uma analogia entre a graça de Deus e a troca de um ingresso para o jogo adiado pelo mau tempo. Ou seja: por mais que as coisas pareçam desalentadoras, difíceis ou impossíveis, a bondade e a graça estão dentro delas, escondidas apenas pelas nuvens de nossa falta de compreensão. Virá o dia em que o sol brilhará para você, permitindo-lhe ver, sentir e apreciar a beleza do universo e encontrar a bondade e o sentido na vida. A graça é uma garantia de Deus![1]

A ANALOGIA COM O SOL

Outra analogia válida é a que se pode traçar entre a graça e o Sol. A radiação solar é a nossa fonte de vida, da mesma forma que o fluxo do amor de Deus. Ela é indispensável a nossa existência e a tudo de que dispomos no meio ambiente. Tudo que vivenciamos aqui depende do Sol, que nos permite assumir esta forma de vida e possibilita os processos vitais que empregamos em todas as nossas interações. Tudo que tem existência concreta e faz parte de nossas interações é resultante do Sol, esteja sua origem nas árvores a que ele dá vida ou nos elementos químicos e minerais que se formaram ao longo da evolução do planeta enquanto parte do sistema solar. Entretanto, o Sol não diz como devemos usar aquilo que se criou a partir dele.

Nessa analogia, como a radiação solar no plano físico, o movimento do Divino é a força que anima nossa vida. Ele é aquilo que nos dá consciência e vitaliza o plano mental e emocional do ser. No plano físico, esse amor é também a presença divina que leva nossas criações à manifestação no mundo físico. Ele não nos diz como utilizar aquilo que nos fornece. Contudo, ao contrário do Sol, essa presença divina tem sua própria inteligência, à qual podemos recorrer para descobrir uma forma superior de relação com suas expressões de vida.

Da mesma forma que se passa com o Divino, nem sempre temos consciência do Sol nem de seus efeitos sobre nossa vida. Podemos pensar que o Sol está distante demais da Terra e de nossa experiência ou que ele tem uma influência limitada sobre elas: é apenas o calor e a luz que presenciamos. Podemos até esquecer, às vezes, que o Sol está sempre presente apenas porque à noite não podemos vê-lo diretamente. O mesmo pode acontecer com a expressão do Divino: podemos considerá-la distante, desprovida de influência direta sobre nós e até mesmo ausente por não sermos capazes de percebê-la diretamente. No entanto, mesmo na noite de nossa ignorância, é essa presença que nos mantém a vida, quer saibamos ou não de sua onipresença e de nossa verdadeira relação com ela.

A GRAÇA E AS LEIS

As Leis Universais são Leis da Graça. Elas são parte da graça de Deus, que nos permite compreendê-Lo melhor e ter a certeza de que somos um com Ele. O objetivo do Espírito é ajudar-nos a alcançar isso; portanto, o objetivo da graça é dar-nos o dom, a capacidade e a força de que precisamos para elevar a consciência até reconhecermos nossa união com Deus. Além disso, ela nos dá ainda o livre-arbítrio para que usemos essa orientação e esse poder da forma que quisermos.

Através das leis, utilizamos tudo isso para co-criar a nossa realidade — para vivenciar a nossa criação. Cabe a nós decidir como fazê-lo. Quando utilizamos mal esse poder e aplicamos indevidamente as Leis Universais que nos foram concedidas pela graça, o resultado é o caos, a miséria, os traumas, as guerras e o sofrimento, tanto para os indivíduos quanto para as nações. Muitas vezes, o fazemos inadvertidamente ao fiar-nos em nossos poderes mentais, esquecendo o mais importante aspecto da graça: a orientação Divina. Assim, nós mesmos é que acabamos criando nossas dificuldades e problemas. As leis nos dão a oportunidade de aprender a lição e despertar aos poucos para quem realmente somos e podemos ser. Por fim, aprendemos que podemos obter toda a orientação de que necessitamos e usá-la de maneira a trazer alegria, paz e felicidade para nós e para todos.

A GRAÇA ESPONTÂNEA

Lynn Sparrow descreve muito bem o caráter espontâneo da graça no livro *Reincarnation: Claiming Your Past, Creating Your Future [Reencarnação: Reivindicando o seu Passado, Criando o seu Futuro]*:

A percepção direta da graça — aquilo que chamei de apreensão — às vezes nos ocorre espontaneamente, como um acaso ou uma feliz surpresa. (...) Numa das leituras, Cayce descreve com precisão essa percepção espontânea da graça: uma súbita vivência da "harmonia e da beleza da graça" que nos faz perguntar o que nos provocou a sensação tão diferente daquele momento (n⁰ 3098-2). Podemos vivenciar um momento assim numa manhã de primavera, quando a vida que surge à nossa volta reafirma que a vida é boa, apesar de tudo; ou numa fria noite de inverno, quando a casa está quentinha e aconchegante. São esses os momentos que vão além da alegria ou do prazer e até mesmo da satisfação: são momentos breves, em que o mundo exterior e o interior se encontram em harmonia, dando-nos um vislumbre da suprema bondade da vida, e também são lembretes de que somos parte dessa harmonia. Nesses momentos, vivenciamos a graça, mesmo que não consigamos defini-la.[2]

A Lei do Cumprimento: "O amor cumpre a lei."

Mestre, qual é o grande mandamento da lei?
Ele respondeu: "Amarás (...) O segundo é semelhante a esse: Amarás (...). Desses dois mandamentos depende toda a Lei (...)."

Jesus (Mateus 22:36)

(...) o amor é a plenitude da lei.

Apóstolo Paulo (Romanos 13:10)

Parte do segredo para compreender as Leis da Transformação está no fato de que elas não contradizem nem ignoram a operação das Leis de Causa e Efeito. As Leis da Transformação cumprem o propósito das Leis de Causa e Efeito. Isso porque elas são parte da Lei do Cumprimento e da experiência da graça que se expressa mediante essa lei. A Lei do Cumprimento é: "O amor cumpre a lei." Isso não representa a totalidade da graça, pois esta é muito mais que uma lei. Todas as leis são expressão da graça. Todavia, esta particularmente exprime com tanta clareza o estado de graça que poderia chamar-se a Lei da Graça.

JIM E SHEILA

Como a Lei do Cumprimento é ampla e infalível, podemos presenciar sua ação nas mínimas coisas. Jim e Sheila o fizeram num momento delicado de sua vida. Ele havia chegado em casa muito cansado, não só de exaustão física mas também por ter que lidar com a falta de responsabilidade das pessoas com quem trabalhava. Ela, que estava cansada por ter cuidado das crianças e do recém-nascido o dia inteiro, estava irritada com as vãs tentativas de preparar um bom jantar para a família. A tensão dos sentimentos de ambos traduziu-se inicialmente no silêncio em que permaneceram até os filhos dormirem. Mas depois vieram à tona na forma de uma discussão.

Passaram a acusar-se mutuamente cada vez mais. A mágoa e a raiva cresceram até que, de repente, no meio da exaltação, Jim percebeu o que realmente o estava magoando. Nada do que discutiam o feria tanto quanto magoar Sheila, uma pessoa que ele amava. Ele então disse isso a ela e pediu-lhe perdão. Quando cessaram os ataques e Jim reconheceu seu amor por Sheila, ela pôde fazer o mesmo. O amor que se deixaram sentir curou a dor das palavras ríspidas. Em vez de culpar-se mutuamente, vivenciaram a ajuda e o apoio mútuos de que precisavam. Tinham começado a criar ressentimento, culpa e separação no casamento. Ao sentirem seu amor e seu interesse um pelo outro, libertaram-se da limitação que haviam começado a criar.

O CUMPRIMENTO DA LEI

O único objetivo dessa criação limitada seria o de fazer o casal vivenciar o que suas palavras ríspidas criara no casamento e, assim, permitir-lhe desenvolver sua capacidade para criar com mais sabedoria. Ao escolher exprimir o que havia de mais sublime, seu amor cumpriu a lei. A experiência da graça consistiu na libertação da raiva, na sensação de intimidade e na renovação do apoio mútuo.

A melhor interpretação da Lei do Cumprimento foi compartilhada com a humanidade pela imagem e o exemplo de Jesus Cristo. Ele explicou que Sua função era a de personificar o amor e, desse modo, dar expressão à graça que age por meio da Lei do Cumprimento: "Não penseis que vim revogar a Lei e os Profetas; não vim revogá-los, mas dar-lhes pleno cumprimento." (Mateus 5:17)

Um dos desígnios das Leis de Causa e Efeito é permitir-nos, como co-criadores do Divino, a plena vivência de nossas criações. Dessa forma, tomamos consciência do que nossos atos e pensamentos criaram e desenvolvemos a capacidade de criar manifestações da integridade, do amor e da sabedoria de que somos capazes por meio de nossa natureza espiritual. Aprendemos passo a passo, à medida que vivemos aquilo que criamos. Ao aprendermos a reagir às situações da vida com a sabedoria do coração, podemos dar expressão mais plena ao amor que reside em nós. O amor é a expressão de nossa natureza espiritual.

O amor cumpre a lei. No momento de nosso desenvolvimento em que dermos plena expressão ao amor que habita em nós, já não haverá necessidade de voltar à antiga criação por duas razões: em primeiro lugar, porque teremos atingido o objetivo de sua existência, que é ensinar-nos a viver o amor que é a expressão de nossa verdadeira natureza; em segundo, porque teremos enfrentado a antiga criação com amor suficiente para que ela se transforme. Ao enfrentar a antiga situação com amor, estaremos vivendo conforme a Lei do Cumprimento. Nosso amor terá cumprido o desígnio das Leis de Causa e Efeito. O resultado da Lei do Cumprimento é que ela nos liberta da natureza limitante da antiga criação. Ao aprendermos o significado dessa lição, ganhamos nosso diploma.

Existe uma Lei da Graça? Das cerca de 14 mil leituras de Cayce, mais de trezentas fazem referência à graça. Todavia, em nenhuma delas há menção a uma Lei da Graça. A graça é abrangente demais para que sua ação possa estar contida numa definição. A Lei do Cumprimento dá expressão à experiência da graça, por meio da qual a presença amorosa de Deus nos liberta de um determinado plano e nos eleva a outro. Cada vez que damos um passo em direção a uma reação superior à vida, a graça entra em ação, tornando o processo mais brando e mais humano. O desonesto que dá um passo em direção à honestidade conta com a graça para torná-lo mais fácil, suavizando aquilo que as Leis de Causa e Efeito lhe devolverão. Cada passo ganha corpo até que, na consciência do amor, vemos cumprido o propósito da lei.

As senhas para o maravilhoso universo da graça são as Leis Universais. A Lei do Cumprimento é uma das senhas mais importantes. Precisamos conhecê-la e vivê-la se quisermos ganhar o diploma nessa escola de direito e promover nossa transformação no universo da graça. É aprendendo e vivendo essa lei que poderemos realmente apreender a graça que há em nossa vida e criá-la para outros.

A importância da Lei do Cumprimento é tremenda. *O único propósito das Leis Universais é ajudá-lo a crescer na graça, no conhecimento e na compreensão, de forma que você possa, como Cristo, superar este mundo. Isso significa que você pode superar julgamentos, tribulações, problemas e tristezas, sejam eles quais forem, e entrar em estado de graça, de paz, de júbilo e de alegria. Essa é uma verdadeira transformação. A Lei do Cumprimento lhe fornece a única chave para a obtenção do céu na Terra. Ela fornece a chave para a solução de todo o "pacote", não apenas para um probleminha ou um problemão: para todos os problemas. E o mais importante: você pode sair do karma para o estado de graça mediante a Lei Universal! E você sabe que isso quer dizer que ela é imutável, inalterável: funciona para todos, em qualquer lugar e a todo momento! Não há senão, talvez, mas, nem porém com a Lei Universal: ela funciona sempre. Você só precisa aplicá-la.*

CRESCER NA GRAÇA

Para aplicar essa lei corretamente, é preciso saber como. As leituras denominam esse processo de "crescer na graça". Eis a descrição de Bruce de uma experiência assim:

Posso garantir-lhes que esse processo de sair do karma para um estado de graça funciona. Há muitos anos, enfrentei a situação kármica mais difícil de minha vida. Tinha um excelente emprego — era um dos altos executivos de uma grande empresa — e uma família maravilhosa. Deveria estar muito feliz, mas não estava. O diretor, com quem trabalhava diretamente, era um empresário muito astuto. Quase sempre concordávamos com o que tinha de ser feito, mas nunca com a maneira de fazê-lo. Fazia cada vez mais críticas a ele e à sua maneira de administrar a empresa. Aquela era realmente uma situação kármica, embora na época eu nem soubesse direito o que aquilo significava. Então ouvi falar de Edgar Cayce e comecei a participar de um grupo de estudos dedicado a ele.

Aos poucos comecei a perceber que estava, com efeito, numa situação kármica, que eu era responsável por ela, que o que não gostava em meu chefe era reflexo de minhas próprias falhas e que tinha algumas lições a aprender. Alguns anos se passaram até que eu viesse a aceitar e compreender plenamente aquilo tudo, pois primeiro teria de promover uma grande mudança em minha consciência. Mas, quando de fato compreendi e aceitei minha responsabilidade pela situação, consegui parar de culpá-lo, ver a lição que aquilo me trazia, agradecer por ela e reconhecer que meu chefe estava me dando uma excelente oportunidade de conhecer-me melhor e crescer.

Deixei de lado as queixas e as críticas e passei até a apreciar suas grandes qualidades e capacidade. Não muito depois dessa mudança em minha consciência, surgiram condições que me permitiram aposentar-me bem antes da idade normal e mudar-me para um belo lugar nas montanhas: realmente, a saída do karma para o estado de graça.

A PERCEPÇÃO DA GRAÇA

A graça é muitas vezes apresentada como uma coisa surpreendente ou misteriosa que acontece ou ocorre sem a menor razão a qualquer um, sem distinção. Embora até certo ponto isso seja verdade, trata-se apenas de um dos aspectos da graça. Além disso, as leituras mostram um outro quadro, muito importante e mais completo e realista. Elas mostram a graça como uma parte significativa de nossa vida, que podemos não só desenvolver como aplicar. E não apenas isso: elas mostram também — com base nas Leis Universais — como podemos fazer para merecer ou receber a graça.

Como podemos perceber a graça? A resposta é viver uma vida com base no espiritual. Isso quer dizer que nossos desejos e esperanças não serão fortuna, posição nem poder, mas sim manifestar e glorificar o Espírito, trazer ao mundo mais amor e carinho e aprofundar a relação espiritual existente em nossa vida. Tendo isso como base e aplicando as Leis Universais das formas mais nobres e elevadas — em especial, a Regra de Ouro —, cresceremos em nossa percepção da graça permanente, a graça que sempre está conosco.

OBRIGADO, PAI

Quero compartilhar com você uma maneira muito simples, mas muito eficaz, de promover a abertura para a percepção da graça. Everett Irion, respeitado escritor, estudioso e mestre das leituras de Cayce, descobriu uma das melhores maneiras de lidar com as situações kármicas. Independentemente de qual for a situação, ele sugere que se deve enfrentá-la dizendo com real convicção: "Obrigado, Pai", para agradecer-Lhe a oportunidade de aprender uma lição valiosa.

EXEMPLOS

Shirley estava tendo muitas dificuldades com um colega de trabalho. Ela tomara conhecimento da abordagem do "Obrigado, Pai" e finalmente, desesperada, resolveu experimentá-la num fim de semana. Com a oração e o reconhecimento do fato de que havia atraído a si aquela situação, acabou conseguindo aceitá-la com amor e dizer com convicção: "Obrigada, Pai." Logo que chegou ao trabalho na segunda-feira de manhã, foi procurada por um supervisor que desejava oferecer-lhe uma transferência para outro departamento!

Pelo simples fato de encontrar e agir de acordo com o amor que havia na situação, Shirley cumpriu a lei. Assim, lidara com o karma presente, encerrando a necessidade daquela situação em sua vida. Ela mudou sua perspectiva e adentrou um novo holograma; portanto, sua situação exterior também mudou.

Temos outro exemplo, o de uma jovem que foi a Virginia Beach para assistir a uma palestra de Everett Irion. Algumas semanas depois, acordou com um terrível torcicolo. Apesar de não ter dinheiro, decidiu ir ao médico. Antes de sair, lembrou-se da abordagem do "Obrigado, Pai" e a utilizou no intuito de aceitar o sofrimento com amor e gratidão. Saiu de casa segurando o pescoço com as mãos para aliviar a dor e, nesse instante, a porta bateu, empurrando-lhe o cotovelo e fazendo estalar o pescoço, que voltou à posição normal! Mera coincidência? Uma das Leis Universais diz: "Nada acontece por acaso."

Uma carta à circular da A.R.E. revelou mais um exemplo: um casal de funcionários públicos que foram transferidos para um posto remoto, no último lugar que eles poderiam desejar. Apesar disso, eles se esforçaram para aceitar a situação e ver o bem que nela havia a fim de poder dizer com toda a sinceridade: "Obrigado, Pai." Pouco antes da data da partida, sua transferência foi cancelada, e eles foram encaminhados ao local onde realmente queriam trabalhar! Isso é sair do karma para entrar em estado de graça!

O que na verdade acontece quando se usa a frase "Obrigado, Pai" é que se passa a ver a situação de um ponto de vista superior, que permite a visão do bem (amor do Pai) nela presente. Assim, ao levar o amor à situação, você aplica a Lei do Cumprimento: **O amor cumpre a lei**. Ele realmente o faz e, assim, a situação se resolve. Quando isso ocorre, você se apercebe da graça que advém daquele ato de amor em sua vida.

Dizer "Obrigado, Pai" não é simplesmente empregar uma técnica. Quando usada com sinceridade, essa frase é um autêntico reconhecimento tanto da Lei do Cumprimento quanto das leis kármicas, as Leis de Causa e Efeito em jogo na situação. Ela funcionará se você realmente reconhecer e aceitar que é a causa de tudo que lhe acontece; que o Pai, por Seu infinito amor por você, estabeleceu essas leis para o seu benefício e crescimento; e que tudo que lhe acontece, não importa quão doloroso ou perturbador, é uma oportunidade para que você cresça e é aquilo de que você precisa naquele instante. De coração, você pode dizer com convicção: "Obrigado, Pai." Quando isso ocorre, a situação já não é necessária, já foi tratada no plano kármico, já foi aceita e superada. Você levou seu amor à situação e cumpriu a lei — saiu do karma para o estado de graça! Então você se conscientiza dela.

AS DIMENSÕES DA GRAÇA

Vivenciamos a graça de muitas formas diferentes, a depender da energia dimensional com a qual estivermos lidando. Na terceira dimensão, uma das expressões da graça é a experiência de um evento de cada vez. A dádiva do tempo nos permite agir seqüencialmente, de modo que não sofremos pressões avassaladoras por parte dos eventos ao vivenciar nossa criação. A graça muitas vezes parece fazer os eventos se tornarem mais lentos enquanto os assimilamos. À medida que nos aproximamos da energia de quinta dimensão, ocorre que a graça acelera a velocidade com que os eventos se apresentam. A expressão da graça nessa dimensão é que ela transforma, em vez de processar, o que não está de acordo com o desígnio divino. Essa energia de quarta e quinta dimensões superiores deixa isso bem claro quando não estamos em harmonia com o desígnio das leis. Quando não damos ouvidos à orientação ou não estamos integrados a nós mesmos, ela nos dá o retorno muito rapidamente, de modo que aprendemos mais rápido e não precisamos passar muito tempo num estado de desarmonia.

A aceleração que vivenciamos em nosso mundo atualmente é parte da graça. É a energia divina de uma dimensão superior entrando no sistema da Terra e, ao mesmo tempo, trazendo a inteligência superior para mais perto do nosso coração e tornando mais rarefeita a densidade de nossos pensamentos e criações passados. Em seu amor, ela está lhe pedindo que desperte para quem você realmente é e que estabeleça um contato com seu amor e seu carinho para que possa entrar em sintonia com a vida. Ela está lhe oferecendo soluções de uma inteligência superior para seus problemas. Mas, como toda graça, cabe a você decidir percebê-la ou não — voltar-se para o seu coração, ou permanecer vinculado à mente. A maravilhosa dádiva dessa graça é que o imenso amor de Deus estará lá, pronto para guiá-lo, envolvê-lo e elevá-lo quando você abrir o coração para a graça arrebatadora.

Conclusão

As Leis de Causa e Efeito são as forças com as quais criamos nossas experiências de vida em quase todos os momentos do dia. Nossos pensamentos, sentimentos, atos, convicções e escolhas criam a maioria de nossas experiências. Com a energia que Deus nos dá livremente, através de Suas leis, somos os criadores de nossa vida. Essas leis nos dão a oportunidade de vivenciar e compreender nossas criações e nossa natureza criadora. Elas nos dão o dom da responsabilidade por nossa vida. As leis são a expressão de um amor e uma ordem tremendos. Entretanto, em nossa imaturidade, muitas vezes as utilizamos para criar experiências dolorosas e dar continuidade à criação de padrões muito limitantes. Felizmente, a oportunidade de criar algo superior, cheio da promessa de realização e sentido, é constante.

Para libertar-nos dos padrões limitantes que criamos, voltamo-nos para as Leis da Transformação. Cumprimos o desígnio das Leis de Causa e Efeito quando introduzimos a expressão do amor em nossa experiência. Quando amamos, a Lei do Amor transforma nossos antigos padrões. Por meio de leis como a da Fé, podemos dar expressão ao plano divino que está codificado em nosso coração. As Leis da Transformação são os instrumentos com os quais damos expressão em nossa vida à bondade e à inteligência de Deus.

Não é difícil pôr em ação essas leis infalíveis em nossa vida. Há instrumentos e técnicas — *Freeze-Frame*, *Cut-Thru*, orações, meditação, carinho e apreço — que até o mundo da ciência vem descobrindo e que dão expressão a esses planos superiores de inteligência e ordem. Trata-se de chaves simples, porém muito eficazes, que destrancam a porta para o infinito por intermédio do amor que há em nosso coração.

À medida que vivenciamos nossa nova criação de plenitude, buscamos algum meio de evitar voltar aos antigos padrões de criação de experiências limitadoras. Para isso, dispomos das Leis da Sintonização.

Nossas experiências com as Leis da Sintonização são tão diversas quanto as questões mundanas e de orientação exterior sobre o preço de uma casa e, ao mesmo tempo, tão fortes e profundas quanto a percepção de quem realmente somos e a compreensão do que estamos fazendo aqui na Terra. Ao voltar-nos para nosso coração para perguntar, a orientação e a inteligência divinas virão ao nosso encontro. O caminho da transformação nos é indicado a todo instante. Ao optar pela reação do amor, crescemos em nossa capacidade de manifestar o que há de superior em nós. Ao viver de acordo com essas leis, começamos a andar na Terra atentos para a graça arrebatadora que constantemente nos eleva, dando expressão em nosso mundo às dimensões superiores do padrão divino. Com o amor profundo de nosso coração, cumprimos verdadeiramente o desígnio de nossa alma.

Como o fazemos? Quais as medidas que podemos tomar para empregar essas grandes leis e criar a vida que desejamos? Como é que podemos amar e relacionar-nos com a nossa natureza espiritual para buscar sua orientação? O lema de todas as Leis Universais é este ensinamento simples, que nos foi dado há tanto tempo:

"Amai-vos uns aos outros."

❤

Notas

Capítulo 1
As Leis Universais

1. GANDHI, M. K. *Gandhi: An Autobiography*. Boston: Beacon Press, 1957, p. 28.
2. Todas as citações assim marcadas provêm de leituras de Edgar Cayce, *copyright* Edgar Cayce Foundation. Para detalhes sobre as notações das leituras, ver nota preliminar: "Emprego das Leituras de Edgar Cayce."
3. MCARTHUR, B. *Your Life: Why It Is the Way It Is and What You Can Do About It*. Virginia Beach: A.R.E. Press, 1993, p. 5.

Capítulo 3
A Lei do Amor

1. CANFIELD, J. e HANSEN, M. V. *Chicken Soup for the Soul*. Deerfield Beach: Health Communications, Inc., 1993, pp. 3-4.
2. *Cut-Thru* é marca registrada do Institute of HeartMath.
3. TILLER, W., MCCRATY, R. e ATKINSON, M. "Toward cardiac coherence: A new noninvasive measure of autonomic system order. *Alternative Therapies*, 1996. 2(1): pp. 52-65. MCCRATY, R. *et al*., "The effects of emotions on short-term heart rate variability using power spectrum analysis." *American Journal of Cardiology*, 1995, 76: pp. 1089-1093.
4. *Ibid*.
5. *Freeze-Frame* é marca registrada do Institute of HeartMath.
6. TILLER, W. *et al*. "Toward cardiac coherence", *op. cit*., pp. 52-65.

Capítulo 4
A Sintonização

1. *New York Post* (28, Nov. 1972). Extraído de PETERSON, R., *Everyone Is Right*. Marina del Rey: DeVorss & Co., 1986, p. 184.
2. © 1993 Institute of HeartMath.
3. Ver leituras 257-85 e 333-1.
4. CADY, Emilie. *Lessons in Truth*. Unity Village: Unity Books, p. 79.
5. Ver leitura 262-89.
6. PETERSON, R. *Everyone Is Right*. Marina del Rey: DeVorss & Co., 1986, p.173.

Capítulo 5
Como Amar

1. MONTESSORI, M. *The Secret of Childhood*. Notre Dame: Fides Publishers, 1970.
2. TILLER, W. *et al.* "Toward cardiac coherence", *op. cit.*, pp. 52-65.
3. *Ibid.*
4. CHILDRE, D. L. *Freeze-Frame®, Fast Action Stress Relief*. Boulder Creek: Planetary Publications, 1994, p. 27.
5. MCCRATY, R., TILLER, W. e ATKINSON, M. "Head-heart entrainment: A preliminary survey", Institute of HeartMath, pp. 1-9.
6. PADDISON, S. *Hidden Power of the Heart*. Boulder Creek: Planetary Publications, 1992, pp. 160-61.

Capítulo 6
A Lei da Doação

1. CHILDRE, D. L. *Cut-Thru®*. Boulder Creek: Planetary Publications, 1996, p. 80.
2. MCARTHUR, B. *Op. cit.*, p. 147.
3. Brother Lawrence, *Practice of the Presence of God*, 1980, Westwood: Fleming H. Revell Co.

Capítulo 7
A Liberdade Pelo Perdão

1. PETERSON, R. *Op. cit.*, p. 11.

Capítulo 8
A Lei da Sabedoria

1. FILLMORE, C. *The Twelve Powers of Man*. Unity Village: Unity School of Christianity, 1995, pp. 90-1.
2. *Ibid.*, p. 90.
3. *A Search for God, Book I*. Virginia Beach: Virginia Beach: A.R.E. Press, 1993, pp. 33-4.
4. PADDISON, S. *Op. cit.*, pp. 17-8.
5. WAKESTER, A., "Helen Ellington, A Profile", *The A.R.E. Journal*, 1984, julho/agosto, Virginia Beach: A.R.E. Press.
6. Ver leitura 2533-1.
7. Ver leitura 1158-5.
8. Madre Teresa de Calcutá, *The Love of Christ: Spiritual Counsels*, p. 7.
9. *Daily Word*, Unity Village, MO 64065: Unity Books.
10. FREEMAN, J. D. *The Story of Unity*. Unity Village: Unity School of Christianity, 1997, pp. 52-3.

Capítulo 9
A Lei Mestra dos Relacionamentos

1. BUTTERWORTH, E. *Discover the Power Within You*. Nova York: Harper and Row, 1968, p. 144.
2. PETERSON, R. *Op. cit.*, pp. 74-5.
3. Ver leitura 3661-1.
4. CHILDRE, D. L. *Self-Empowerment: The Heart Approach to Stress Management*. Boulder Creek: Planetary Publications, 1992, p. 40.
5. REIN, G., MCCRATY, R. M. e ATKINSON, M. "Effects of positive and negative emotions on salivary IgA". *Journal for the Advancement of Medicine*, 1995, 8(2): pp. 87-105.
6. CHILDRE, D. L. *Cut-Thru®*, *op. cit.*, pp. 48-63.
7. *Ibid.*, pp. 48-9.
8. CHILDRE, D. L. *Speed of Balance: A Musical Adventure for Emotional and Mental Regeneration*. Boulder Creek: Planetary Publications, 1995.
9. CHILDRE, D. L. *Cut-Thru®*, *op. cit.*, pp. 80-4.

Capítulo 10
A Lei da Fé

1. PADDISON, S. *Op. cit.*, pp. 173-75.
2. REIN, G., MCCRATY, R. M. "Modulation of DNA by coeherent heart frequencies", *International Society for the Study of Subtle Energies and Energy Medicine*, 1993, Third Annual Conference, pp. 58-60.
3. WITHERSPOON, T.E. *Myrtle Fillmore, Mother of Unity*, 1977, Unity Village: Unity Books, pp. 41-3.
4. Gunas: "Os laços que mantêm aprisionado no corpo seu morador imortal" (Bhagavad Gita, V. 47).
5. *Song of God, Bhagavad Gita.* Tradução de Sqami Prabhavananda e C. Isherweed, Mintor Books, cap. 14. Extraído de PETERSON, R., *op. cit.*, p. 148.

Capítulo 11
A Sintonização por Meio da Misericórdia e do Equilíbrio

1. Lao-Tsé. *Tao Te King* © G. Feng e J. English, 1974, Nova York: Vintage Books, nº 2.

Capítulo 12
As Leis da Unidade, da Iluminação e do Vir-a-ser

1. PETERSON, R. *Op. cit.*, p. 42.
2. Lao-Tsé. *Op. cit.*, nº 35.
3. Ver leituras 5149-1 e 5142-1.
4. Bucker, R. M. *Cosmic Consciousness.* Nova York: E. P. Dutton and Company, p. 3.

Capítulo 13
A Graça

1. Ver leituras 2812-1, 2448-2, 1449-1, 1971-1 e 987-4 e BUTTERWORTH, E., *op. cit.*, p. 39.
2. SPARROW, L. *Reincarnation: Claiming Your Past, Creating Your Future.* Virginia Beach: A.R.E. Press, 1995, pp. 124-25.
[*Reencarnação: Reivindicando o seu Passado, Criando o seu Futuro*, publicado pela Editora Pensamento, São Paulo, 1992.]

A.R.E. Press

A A.R.E. Press publica livros, vídeos e audiolivros destinados a melhorar
— pessoal, profissional e espiritualmente — a qualidade de vida de nossos leitores. Esperamos que nossos produtos o ajudem a realizar plenamente o seu
potencial na carreira, nos relacionamentos e na saúde, estimulando-o a fazer
as mudanças necessárias para uma vida cheia de amor, alegria e realização.

Para obter maiores informações ou nosso catálogo, ligue para
1-800-723-1122
Ou escreva para
A.R.E. Press
P.O. Box 656
Virginia Beach, VA 23451-0656

Descubra como as leituras de Edgar Cayce podem ajudá-lo!

A Association for Research and Enlightenment, Inc. (A.R.E.®), foi fun-
dada em 1931 por Edgar Cayce. Sua sede, visitada por milhares de pessoas
anualmente, fica em Virginia Beach, Virginia. Muito mais pessoas encontram
ajuda e inspiração por intermédio de nossas atividades em sua cidade natal ou
por carta (e, agora, pela Internet!) à nossa sede.

Gente de todas as classes, de todos os locais do mundo, vem encontrando importantes e transformadoras introvisões por meio de nossos programas e
material impresso, voltados para as áreas de saúde holística, sonhos, vida familiar, adequação profissional, reencarnação, meditação, espiritualidade pessoal
e crescimento espiritual. Telefone hoje mesmo para
1-800-333-4499
ou visite nosso site na Internet:
http://www.are-cayce.com
Nós teremos prazer em informar-lhe como nosso trabalho pode ajudá-lo!
A.R.E.
67th Street and Atlantic Avenue
P.O. Box 595
Vírginia Beach, VA 23451-0595

TAO-TE KING

Lao-Tzu

O *Tao-Te King,* obra de Lao-Tzu, a mais alta expressão do pensamento chinês, constitui por si só um completo sistema filosófico, dotado de uma Metafísica, que entrevê e descreve no Tao a causa primeira, o bem supremo do Universo; de uma Moral, que indica ao homem o caminho para alcançar o eu próprio fim; e de uma Política, que mostra aos governantes a estrada que estes devem percorrer para o progresso e o bem-estar do povo.

Nenhuma outra obra da literatura chinesa atraiu tanta atenção quanto esta. Com exceção da Bíblia, é o livro mais traduzido de quantos já foram escritos. Sobre ele foram publicados mais comentários do que sobre qualquer outro clássico da literatura chinesa.

A presente tradução baseia-se na versão alemã de Richard Wilhelm, célebre pela excelente tradução que fez do *I Ching, o livro das mutações,* já publicado por esta Editora. Sua introdução, comentário e notas aos ensinamentos de Lao-Tzu mostram o que o *Tao-Te King* significa para a cultura chinesa e o que pode significar para o leitor moderno.

EDITORA PENSAMENTO

REENCARNAÇÃO
Reivindicando o seu Passado, Criando o seu Futuro

Lynn Elwell Sparrow

Publicado em colaboração com a "Association for Research and Enlightenment, Inc.", que tem realizado e incentivado pesquisas sobre os escritos de Cayce desde 1931, este livro faz parte de uma série de volumes, explorando a filosofia, os ensinamentos, as visões e os métodos de Edgar Cayce — um dos mais importantes médiuns de todo o mundo.

Outrora apenas associada com religiões orientais, a reencarnação, uma das mais antigas filosofias da humanidade, está agora tendo uma aceitação muito difundida no mundo ocidental. Recentes pesquisas de opinião indicam que cerca de 50 milhões de americanos passaram a aceitar o conceito da reencarnação.

Aproveitando seu extenso conhecimento da obra de Edgar Cayce, Lynn Elwell Sparrow oferece aqui surpreendentes conhecimentos sobre a dimensão da alma, sobre a finalidade de cada período de vida e sobre o relacionamento entre almas individuais, além de propor métodos que os leitores podem usar para reconstituir e explorar suas próprias vidas passadas.

A autora oferece conselhos especiais sobre o carma e a graça como instrumentos para sanar memórias desafiantes e criar um futuro melhor, e inclui um exame da interação dessas leis universais. Ela separa a reencarnação do mundo da filosofia e da teologia e coloca-a no lugar que lhe cabe — no âmbito do crescimento pessoal e espiritual.

COLEÇÃO "EDGAR CAYCE"

SONHOS – Respostas desta Noite para as Dúvidas de Amanhã – *Mark Thurston*
O CRESCIMENTO ATRAVÉS DA CRISE PESSOAL –
Harmon Hartzell Bro e *June Avis Bro*
REENCARNAÇÃO – Reivindicando o seu Passado, Criando o seu Futuro –
Lynn Elwell Sparrow
DESPERTANDO SEUS PODERES PSÍQUICOS – *Henry Reed*

EDITORA PENSAMENTO

ILUMINAÇÃO INTERIOR

Razão de Ser do Caminho Espiritual

John White (Org.)

Neste livro, John White, um autor bastante conhecido e pesquisador no campo da consciência e do desenvolvimento espiritual, reuniu 15 dos mais respeitados mestres espirituais do mundo, cada um dos quais oferece uma resposta à questão fundamental: "O que é iluminação?" Todos esses colaboradores concordam em que a transformação da consciência representada pela iluminação não pode ser jamais adequadamente descrita apenas por meio de palavras. Ela só pode ser conhecida quando se passa pela própria experiência. Mas eles usam suas histórias, ensinamentos e estudos sobre a iluminação numa tentativa de esclarecer um ou outro aspecto da experiência da iluminação, colocando-a numa perspectiva que ajuda a elucidar sua natureza para os que a experimentaram e para os que não a experimentaram.

Em *Iluminação Interior – Razão de Ser do Caminho Espiritual*, figuras notáveis como Alan W. Watts, Aldous Huxley, Sri Aurobindo, J. Krishnamurti, Meher Baba, Evelyn Underhill, Ken Wilber, Roger N. Walsh e outras examinam os aspectos práticos, culturais, religiosos, intelectuais e psicológicos da iluminação. Sempre instigante e desafiador, este livro irá dar ao leitor uma compreensão sobre a mais profunda de todas as experiências espirituais.

* * *

"Uma excelente coletânea de artigos extremamente lúcidos sobre um tema de interesse universal. Esta seleção representa as mais argutas reflexões de eminentes estudiosos contemporâneos. *Iluminação Interior – Razão de Ser do Caminho Espiritual* interessa a qualquer pessoa que busca uma melhor compreensão da espiritualidade em nosso tempo."

Francis Vaugh

John White ocupa o cargo de Diretor de Educação do Instituto de Ciências Noéticas e de Presidente da Alpha-Logics, uma escola voltada para o crescimento pessoal autodirigido. É também o organizador de *O Mais Elevado Estado da Consciência*, publicado por esta Editora.

EDITORA CULTRIX